新型农村集体经济发展调研报告（2023）：

乡村振兴博士服务站蹲点调研观察

新型农村集体经济发展调研课题组 ○ 编著

西南财经大学出版社
Southwestern University of Finance & Economics Press

中国·成都

图书在版编目(CIP)数据

新型农村集体经济发展调研报告. 2023:乡村振兴博士服务站蹲点调研
观察/新型农村集体经济发展调研课题组编著.--成都:西南财经大学
出版社,2024.9.
ISBN 978-7-5504-6412-4

Ⅰ.F321.32

中国国家版本馆 CIP 数据核字第 20246WD494 号

新型农村集体经济发展调研报告(2023):
乡村振兴博士服务站蹲点调研观察
XINXING NONGCUN JITI JINGJI FAZHAN DIAOYAN BAOGAO(2023):
XIANGCUN ZHENXING BOSHI FUWUZHAN DUNDIAN DIAOYAN GUANCHA
新型农村集体经济发展调研课题组　编著

策划编辑:李晓嵩
责任编辑:李晓嵩
责任校对:杜显钰
封面设计:何东琳设计工作室
责任印制:朱曼丽

出版发行	西南财经大学出版社(四川省成都市光华村街55号)
网　　址	http://cbs.swufe.edu.cn
电子邮件	bookcj@swufe.edu.cn
邮政编码	610074
电　　话	028-87353785
照　　排	四川胜翔数码印务设计有限公司
印　　刷	四川煤田地质制图印务有限责任公司
成品尺寸	170 mm×240 mm
印　　张	15.5
字　　数	238 千字
版　　次	2024 年 9 月第 1 版
印　　次	2024 年 9 月第 1 次印刷
书　　号	ISBN 978-7-5504-6412-4
定　　价	98.00 元

前言
QIANYAN

　　强国必先强农，农强方能国强。党的二十大提出加快建设农业强国，对全面推进乡村振兴作出重大部署。2023 年 5 月，习近平总书记给中国农业大学科技小院的同学们回信，对青年学生提出殷切期望。受科技小院建设模式的启示，西南财经大学充分发挥财经学科与人才优势，谋划建设西财特色的"科技小院"。2023 年 6 月，经西南财经大学同意并与相关区（县）协商，西南财经大学中国西部经济研究院牵头，在成都温江（都市郊区）、德阳中江（粮食产区）、绵阳北川（盆周山区）、自贡沿滩（川中丘区）、巴中通江（革命老区）、阿坝金川（涉藏地区）、乐山马边（涉彝地区）等地启动建设了七个乡村振兴博士服务站。

　　改革开放 40 多年来，中国农业发展历程是通过制度、技术的创新不断突破要素约束的发展历程。家庭联产承包责任制是中国农业发展历程中制度创新的一个里程碑。这一制度创新在于不同于其他制度自上而下的顶层设计，它是源自基层，发端于群众自身的探索和诉求。另外，家庭联产承包责任制成为一个合意的制度安排还在于其"以家庭承包经营为基础、统分结合的双层经营体制"。该制度既尊重市场规律，通过明晰产权发挥"分"的作用，给予农民充分自由自主的承包经营权；又发挥"有为政府""有为集体"的"统"的作用，通过新型农村集体经济的发展，破解"市场失灵"问题。可见，新型农村集体经济发展是推进乡村振兴战略和实现农村农民共同富裕的重要支撑。习近平总书记在主持中共中央政治局就乡村振兴战略进行第八次集体学习时强调，"要把好乡村振兴战略的政治方向，坚持农村土地集体所有制性质，发展新型集体经济，走共同富裕道路"。

为深入了解新型农村集体经济发展的典型案例、发展成效、实践经验以及存在的难题，总结和探索出可借鉴、可持续的发展路径，2023 年 8 月，西南财经大学中国西部经济研究院组织师生 50 余人聚焦"新型农村集体经济发展"，分赴七个乡村振兴博士服务站所在区（县）开展了为期一周的蹲点调研，合计调研 40 多个新型农村集体经济组织，形成《新型农村集体经济发展调研报告（2023）》。

《新型农村集体经济发展调研报告（2023）》发现，各地新型农村集体经济组织发展有一定规模的集体资产与集体产业，但县域内、县域间极不平衡，集体经济的功能权责、激励机制、利益分配面临一系列共性问题，亟待加以解决。

第一，集体经济发展面临"谁来做"的主体困境，需要坚持"共营共赢"理念，进一步明晰集体经济的功能权责，激发多元主体互动的积极性。集体经济组织理应引入市场主体经营，并实现"政企分离"。然而，部分村庄难以引入市场主体，一些村干部反映，自己既当"政治家"又当"企业家"，集体经济经营知识十分欠缺、能力明显不足，部分上级领导和村民也有同感。村民作为集体经济组织成员理应共享收益、共担风险，然而村民与集体经济组织"若即若离"，村民的经济合约意识与信用不足，违约成本低，村集体对村民的经济约束力较弱。调研发现，某地通过集体经济组织与公司开展订单农业，出现市场价格高于收购价格时，签订订单的农民不愿把产品交给公司；而在市场价格低于收购价格时，未签订订单的农民也把产品交给公司，公司只收购签订订单的农民的产品，导致大量农产品积压在村委会代收点。

第二，集体经济发展面临"做什么"的产业困境，应加快"建圈强链"，完善生产资料丰富、产品质量可靠、销售渠道畅通的产业生态，增强集体经济市场适应力。涉农产业具有自然风险和市场风险较高的特点，导致产业发展顾虑多、办法少、步子小，集体经济组织产业发展方向不明晰，主导产业变化快。问卷调查数据显示，新引进或更换产业的村庄有107个，发展的产业能够持续10年以上的村庄仅有45个，产业对集体经济的贡献度不足。问卷调查数据显示，村级集体经济组织收入中近50%的收入来自集体资金借贷利息收益（平均借出款为34.6万元），平均经营性收入仅为4.9万元。另外，集体经济组织还面临贷款难的问题，金融对乡村产业发展支持不足。

第三，集体经济发展面临"怎么做"的机制困境，应深化"放权赋能"，优化集体经济的利益衔接，构筑跨区域多模式协同发展机制。调研发现，当前新型农村集体经济资产大都来自乡村振兴衔接资金，资金使用要求高、绩效考核严，保值增值与考核问责压力大，存在资金不敢用的现象。调研发现，一些村民对集体经济常年分不到红、不分红、分红太少有意见，一些贡献较大的村干部对分红比例太低也有意见。问卷调查数据显示，村级集体经济组织成员能够获得现金分红的村庄占比不到10%，分红最多的村庄每人年分红也仅约为100元。另外，集体经济开放度严重不足，与市场经济开放性严重错位，集体经济组织经营的产业往往只允许本村村民参与，难以跨村合作，而部分村庄并没有能力支撑建起一个集体经济组织。

虽然新型农村集体经济发展过程中存在一系列困境和问题，但是调研也发现，在政府、村集体经济和农户的积极推动下，各地新型农村集体经济发展稳步推进，形成了一些可借鉴、可推广的典型经验模式，如农业科技园带动发展模式、"粮食+"产业带动发展模式、民族特色产业带动发展模式、培训经济带动发展模式、红色经济带动发展模式、茶旅融合发展模式等。

通过蹲点调研，我们坚信，在习近平新时代中国特色社会主义思想、习近平经济思想、习近平总书记关于"三农"工作重要论述的指引下，通过"有为政府"和"有效市场"的双重作用，通过激发新型农村集体经济组织及广大农民的内生动力，发展新型农村集体经济道路正确、前途光明、未来可期。

本次调研和本报告得到西南财经大学乡村振兴博士服务站建设项目资助。杨奇才教授、贾晋研究员、伍骏骞教授主持了本次蹲点调研及报告总撰。伍骏骞教授、叶胥副教授主持了巴中市通江县的调研及报告撰写，丁玉莲教授主持了成都市温江区的调研及报告撰写，范丹教授主持了乐山市马边彝族自治县的调研及报告撰写，邱雁副教授主持了绵阳市北川羌族自治县的调研及报告撰写，谢小蓉副教授主持了德阳市中江县的调研及报告撰写，胡云一博士、文华成副教授主持了自贡市沿滩区的调研及报告撰写，夏添博士主持了阿坝藏族羌族自治州金川县的调研及报告撰写。同时，博士生刘涛、阎宇、贺文婷、罗庆凤、丁一玲、李溪铭以及硕士生曹楠楠、魏西梅、赵璇、陈亚丽、梁可、牟希子、郑诚、郭志林、罗芸莹、刘佳奕、夏迎、周建华、曾智鹏、石宛灵、窦德鸿、喻子豪、谢欣丽、黄薇、周颖闯、曹颖、贾志远、王沏、刘静、龙柔柔、雷熙玲、朱宏杨等也参与了本次调研及报告撰写。

由于调研时间较短，一些问题的调研还不够深入，也可能存在个别信息不够准确之处，提出的意见和建议的科学性、可行性也有待实践检验，敬请各位专家、读者批评指正！

新型农村集体经济发展调研课题组

2024 年 3 月

目录

温江区高山村
新型集体经济发展路径探究
——以川农牛科创农庄为例

为深入学习贯彻党的二十大报告中关于新型农村集体经济发展的指示和精神，进一步发挥新型农村集体经济对乡村振兴的推动作用，我们在四川省成都市温江区万春镇高山村进行了新型农村集体经济发展的实地调研。此次调研旨在全面了解高山村的新型农村集体经济现状，总结发展经验，探寻新型农村集体经济发展中存在的问题及解决方案。

在调研过程中，我们多次实地参观走访，深入了解高山村的生产经营情况以及发展潜力；与高山村村委会干部进行访谈交流，了解高山村管理经验和对未来发展的规划；采用问卷调查形式，广泛搜集村民的意见和反馈，了解村民的实际需求和期望。通过这些方式，我们希望能够全面了解高山村的集体经济发展状况，以获得准确的调研信息。

本调研报告详细阐述了我们在调研过程中所了解的信息，并结合党的二十大报告的精神、国家及地方政策，提出高山村新型农村集体经济发展的建议。通过这次蹲点调研，我们希望能总结高山村集体经济发展的成功经验、发现存在的问题，以助力农村集体经济的进一步发展。

一、基本情况

高山村位于四川省成都市温江区万春镇，距成都中心城区约11千米，地理位置优越，交通便捷，管辖范围由原高山村、三井村合并而成，辖区面积约4.63平方千米，耕地面积为5 000亩（1亩约等于666.67平方米，下同），建设用地面积 1 500 亩。地形主要是平原，东邻八角村，西邻三井村，南邻公平镇，北邻和林村，属于都江堰精华灌区。高山村是农业农村部授牌的全国农村创新创业孵化实训基地，也是温江区深入落实党的二十大"加快建设农业强国"要求，助推擦亮四川农业大省金字招牌，助力打造新时代更高水平"天府粮仓"的科技攻坚示范区①。高山村地处成都市"农高区"（农业高新技术产业园区）腹地和"环川农大（四川省农业大学）知识经济圈"，产学研合作基础优势明显，资源禀赋丰富，共有 21 个村民小组和 176 名在册党员，下设七个党支部。

2022 年，高山村新型农村集体经济组织总收入达 150 万元，其中经营收入为 30 万元，投资收入为 50 万元，补助收入为 30 万元，其他收入为 40 万元。高山村居民年均收入为 3.98 万元，其中农业收入为 1.2 万元，务工收入为 2.78 万元。2022 年村集体支出合计为 130 万元，包括经营性总支出、公益事业支出、行政管理费用支出、其他支出。由于村民数量较多、基础设施建设还有待完善等，高山村目前主要通过节日礼品、日常生活用品赠送和举办集体活动等形式实现分红。

2018 年之前，高山村面临许多挑战，包括经济发展缓慢、党组织力量薄弱、传统农业收入低。为了应对这些问题，村"两委"（村党支部委员会和村民委员会）采取了一系列措施，包括深入了解村民的需求和意见，整理惠农支农政策，并寻找合作伙伴。他们的目光最终锁定在一个废弃的猪场上，计划将其转变为现代化农业发展项目，引进"川农牛"项目，由高山村提供"川农牛"项目的建设用地和试验用田。该项目得到了成都都市现代农业产业技术研究院有限公司（以下简称"产研院"）的关注，计划在此处投建科创农庄。在万春镇政府的协助下，川农牛科创农庄成立了，高山村注资 600 万元，并提供价值 1 000 万元的土地。产研院与高山村达成了合作意向。村

---

① 王宇. 省委农办主任、省农业农村厅党组书记杨秀彬来宜调研交流［N］. 宜宾日报，2022-11-15（A1）.

民积极参与，帮助改善基础设施，美化环境。

2021年9月，闲置养猪场华丽"变身"成为川农牛科创农庄。也是从这时起，高山村的农田成了农业科技成果转化的试验田，专家学者手把手地为村民提供技术指导，而村级集体经济组织依托川农牛科创农庄每年有了21万元的稳定保底收入。高山村迎来新的发展机遇。

位于高山村的川农牛科创农庄占地200余亩，是由成都都市现代农业产业技术研究院有限公司和高山村共同创建，是高山村与四川农业大学共建的校地深度合作的载体，吸引了成渝地区的专家学者、业界人士，旨在推动现代农业发展，聚焦科技创新，引进和培养农业领域的专家和人才。川农牛科创农庄不仅是一个现代化的数字农园，还包含了科创云超市、乡村振兴领军人才特训中心、现代种业科服总部等多个功能板块，为区域内的现代农业和集体经济发展提供了强有力的支撑。

高山村依托丰富的高校资源、便捷的交通优势和厚实的农业基础，持续做精做特都市现代农业。多年来，高山村坚持党建引领，创新实践校地企协同，依托科技智慧赋能，深入推进乡村振兴，着力打造特色都市现代农业，走出了一条富有高山特色的兴业富民强村之路。

二、工作特色

（一）资源联用共享，产业联营共兴

位于高山村的川农牛科创农庄广泛聚集资源，主要以四川农业大学为核心，辅以成渝经济区的支持，汇集了相应的专家学者、技能人才、专利技术及人才孵化资源。无论是农民、农场主还是企业，当遇到问题时，都可以通过四川农业大学农科e站平台中的专家库找到匹配的专家和技能人才，以获得必要的技术支持。川农牛科创农庄不仅是当地农民的"植物诊所"，也是企业的"资源平台"。依托温江区涉农高校院所资源的优势，川农牛科创农

庄建立了一个"林盘+田园"的农业科技转化平台①。通过项目合作和柔性引进等方式，川农牛科创农庄聚集了 41 个现代种业、生物农业、数字农业领域的高端研发团队以及 125 位专家学者和 58 名博士研究生，推动了 64 家农业企业的发展，成功孵化了 2 家高新技术企业、3 家规模以上企业和 8 家国家科技型中小企业。此外，川农牛科创农庄还承接了 100 多场培训和研学活动，每年接待超过一万人次的参观考察，获得了全国农村创新创业孵化实训基地、省级众创空间等十余项荣誉。2022 年，川农牛科创农庄入驻及孵化企业的总产值达到了 2 亿元，初步形成了一个"田园总部"的产业形态。

基于川农牛科创农庄，中国农科院都市所、中国农业大学、四川省农科院、四川农业大学、成都市农林科学院和四川种业集团等单位在高山村开展水稻原种生产、分子生物定向选育、新品种示范等科研育种活动②。该项目与五粮液集团、荃银生物等市场主体合作，已落地了 2 000 余份水稻育种材料和 100 余个杂交稻新品种的筛选和试验。川渝重点龙头企业、川农大校友企业、环川农大科创服务企业等众多服务现代农业的新型科创服务企业，均可以提供从产业规划、农资供应、金融保险到产品销售的全产业链优质服务。同时，高山村聚焦成都都市圈、成德眉资同城化发展和成渝地区双城经济圈建设，按照"科技研发在温江、成果转化覆西部"的协同发展模式，推动了区内市场主体与周边现代农业园区紧密合作，成功落地巴南区数字农业科技园和凉山安宁河现代农业硅谷等项目。

高山村集体经济组织以土地、林盘和院落等乡村资源为基础，借助川农牛科创农庄的资源，引进前沿技术和产业，增强了集体经济组织的实力，并将其优势传递给周边地区。通过聚焦自身的产业，并孵化更多的企业主体，高山村以点带面，形成了一个产业集群。通过联合招引川农牛科创农庄、国

---

① 李娟. 温江做精做特都市农业振兴北林美丽乡村［N］. 成都日报，2022-01-04（05）.
② 佚名. 从废弃养猪场逆袭为乡村发展"新引擎"［N］. 成都商报，2023-03-28（02）.

际领创智慧数字设施农业（植物工厂）中心产研院①、冷链物流中心、榜样青年 CSA 共享社区等重点项目，高山村完善了现代都市农业的全产业链，探索了现代农业、商务林盘等新场景、新业态。

（二）建成行业公链，布局优质产品体系

在与高山村的合作中，川农牛科创农庄尤其重视该村的优质农产品体系。通过 CNG 农业链，川农牛科创农庄迅速整合了物联网、大数据、质量安全、农业金融及保险、供应链管理等关键领域的数据，将农产品的种植面积、生产管理、供应链等关键信息转化为不可逆代码。这一做法旨在保护优质农产品品牌，并指导生产环节。高山村的农产品通过这种方式实现了从田间到餐桌的全程溯源，确保了其品质和安全。

川农牛科创农庄在推动农业与互联网的融合应用方面取得了显著成就，特别是通过建设全国首条农业行业公链——CNG 农业链，实现了农业科研成果的商品化转化。川农牛品牌下的全产业链集成服务体系正是这一创新的核心部分。此外，"川农牛云平台""川农牛 e 购"和"川农牛生鲜"等多个平台相继上线，形成了围绕"川农牛"品牌的价值输出版图。川农牛科创农庄与高山村的紧密合作，已成功推动"稻见"大米等优质农产品的孵化。

（三）品牌联创共荣，延长产品价值链

面对现代农业发展中遇到的挑战，高山村采取了积极的应对措施。尽管村内农民普遍种植大蒜并小规模制作糖蒜，但由于生产规模不大、品质不统一以及缺乏认证，这些产品难以达到市场化水平。为解决这些问题，高山村与当地银行、协会及企业建立合作关系，共同发起建立稻蒜轮作产业的产供销联盟，通过构建"资产联营+折股量化+按股保底分红"的模式，促进风险共担、利益共享。特别是联合开发的糖蒜加工项目，预计将为高山村带来显著的经济收益，延长了农产品的价值链。

---

① 陈泳. 加快构建 4+6 现代农业产业链 [N]. 成都日报，2022-11-21（03）.

高山村积极发展自身的农产品品牌，成功创建了"红七星"大蒜和"稻见"大米等多个优质农产品品牌。村集体通过策划有针对性的品牌宣传活动，如产业发展研讨会和推介会以及运用直播、微视频和微信公众号等多渠道矩阵式宣传策略，有效提高了品牌的知名度和价值。

（四）创新消费模式，开发优质全产业链

高山村紧跟当前市民偏爱的消费趋势，与多家企业建立合作关系，共同开发了一系列新型消费场景。这些场景包括富农开心田园、见山·萤火虫露营基地、新农人直播和青年榜样社区等。这些创新项目不仅丰富了农田认种、亲子研学、露营聚会和直播带货等业务，而且使高山村成为新兴的"网红打卡地"。通过这些活动，高山村形成了从城市到郊区再到乡间的休闲农业产业集群，生动体现了具有特色、特产、健康和乡愁的现代农业公园新村的概念。这些举措有效提升了参与农户的经济收入。

在种业发展方面，高山村以水稻、大蒜、油菜等作物为主导，打造了区域优势种业。此外，生猪等畜牧育种业也在稳步发展。高山村旗下的见山农业新型发展有限公司承担了从高校及科研院所的科研成果转化到优质农产品试种、生产、加工、包装、仓储、物流、营销以及农创文旅融合发展的全产业链。目前，该公司已成功孵化出"稻见"大米、多种蔬菜和"黑蒜"等产品，为村集体带来了60万元的增收，并创造了超过百万元的产值。

在文化IP塑造方面，高山村塑造"姓温有据"新IP。榜样青年CSA共享社区项目立足温江农业特色本质，探索社区支持农业（CSA）新模式，坚持乡村服务青年的建设初心，通过"留灯书屋+大蒜咖啡"落地乡村振兴温江农业新IP，吸纳高校、企业和社会青年人才，探索发展"校院地企""以书为媒"的精神共育新模式，延伸农业高质产业链，推动乡村全面振兴。

三、发展举措

（一）多元化产业发展与资源协同利用

高山村深入推进"两项改革"，有效活化了村委会的经营。高山村通过

建设科农 inn 人才发展酒店项目及启动"共享农房"计划，鼓励村民参与院落优化改造和民房变客房项目，共享乡村联动发展的成果。此外，高山村股份经济合作联合社以四川农业大学的水稻科技成果为基础，牵头成立见山农业新型发展有限公司。该公司全面承接科研成果转化，涵盖优质农产品的试种、生产、加工、包装、仓储、物流、营销、农创文旅融合发展的全产业链，并创建了四个专业化的农民合作社，涉及生产、劳务和服务等多个领域。

（二）校院地企合作与农庄建设

位于高山村的川农牛科创农庄项目，立足温江、服务全市全川，致力于将高山村打造成"成渝农高科创第一村"。该项目利用优质林盘资源，与四川农业大学等院校和研究机构深度合作，建立起市场主体、高校院所、集体经济组织和农户之间的利益联结机制。通过构建"林盘+田园"农业科技转化平台，高山村集体经济组织与周边村民共同聚集了多个高端研发团队，形成了以"川农牛"为品牌的全产业链集成服务体系，推动农业科技企业的发展，从而带动农产品价值提升。

（三）创新利益联结机制

高山村将集体经营性资产股权化，确保村民按股份参与集体收益分配。村集体所得收益被用于基础设施的完善。此外，村内每个小组均有其独立的小型集体经济组织，其中三个小组已实现分红。这一转变标志着农村集体收益从"人人有、人人无份"向"人人有份、人人有"的模式转变，农民通过与企业的组织化合作参与乡村产业发展，促进了本地特色和乡村价值的产业体系发展。

（四）产业链条完善与"三变"改革

高山村从初级农业种植阶段转型，通过优化产业布局和延长产业链条，丰富产品品种，提升产品品质和品牌。高山村通过与电商平台和龙头企业的合作，延伸产业链、提升价值链①，并通过"资源变资产、资金变股金、农民变股东"的"三变"改革，建立完善的财政、金融、土地、股权交易等配套政策②。这些举措旨在集聚农村资源和力量，推进农业规模化、专业化、信息化、机械化发展，从而提升农业发展的质量与效益③。高山村通过这些改革，释放了三产融合的巨大潜能，进而增强了村集体经济的活力和内生动力。

通过这些创新措施和策略，高山村不仅改善了自身的产业结构，而且有效促进了农业产业的全面振兴。村民们通过参与这一系列多元化的发展举措，享受到了科技进步和产业发展带来的直接经济效益，从而提高了生活质量和幸福指数。

四、经验启示

相比于传统农村集体经济，新型农村集体经济的要素联合范围更加广泛，除劳动联合外，还包括土地、资金、技术、管理以及文旅资源等各种要素的联合④，而且不排斥与其他所有制经济的联合。要素所有者从农村集体延展到农户个体、国有企业等多元化经营主体，贯彻了开放、包容、共赢的理念⑤。高山村集体经济的发展为我们提供了下列启示：

（一）活化集体资源，促进经济转型

高山村在川农牛科创农庄的引领下，采取了积极的措施来盘活其集体资源，特别是将闲置的土地资源转化为经济资本。这一转变通过将土地使用权作为股份纳入各种发展项目中，并吸引社会投资方参与开发和运营，实现了土地资源的最大化利用。这不仅促进了农民参与相关项目，还在互动过程中

---

① 崔宝敏. 以产业振兴撬动乡村全面振兴 [N]. 光明日报, 2023-07-13 (07).

② 黑龙江省社会科学院课题组, 吴海宝. 坚持双轮驱动：农业供给侧结构性改革应再发力 [J]. 黑龙江社会科学, 2018 (1)：49-52.

③ 周苗苗, 廖和平, 李涛, 等. 脱贫县乡村发展水平测度及空间格局研究：以重庆市城口县为例 [J]. 西南大学学报（自然科学版）, 2022, 44 (5)：25-34.

④ 拓光兵. 巩固脱贫成果的有效形式 [N]. 经济日报, 2023-03-27 (10).

⑤ 徐向梅. 发展壮大新型农村集体经济 [N]. 经济日报, 2023-03-09 (15).

帮助他们实现增收。

高山村集体经济组织基于土地集体所有制的基础，整合了村组内的土地、劳动力及其他社会资源，促进了农村生产要素的市场化配置，推动了三产融合和产品附加值的提升①。这种资源到资产的转变、资金到股金的转化以及农民到股东的转换，是解决资源分配和统筹问题的核心。在高山村，"三变"改革意味着将闲置或低效益的资源转换为可盈利的资产，同时将集体的盈余资金和上级拨款的各类涉农资金量化为集体和村民持有的股金，投入各类股份合作社中②。

高山村通过这些创新和转变，不仅为村民提供了新的收入渠道，也为乡村振兴和农业现代化提供了有力的支持。这种以土地和其他资源为基础，通过有效的组织和管理实现资源的最大化利用，为高山村带来了经济转型和发展的新机遇。

（二）发挥党的组织优势，推动村集体经济发展

在高山村，集体经济组织的发展已经显示出其独特的优势。农户作为农村社会的基本单元，在股份合作制等集体经济的实现形式中扮演着关键角色③。高山村的集体经济发展，强调了成员对集体利益与个人利益一致性的认识，鼓励他们自觉参与到集体的发展中。这种参与不仅增强了合作和集体意识，也确保了经济发展朝着有利于村民的方向发展④。

在企业与农户的合作中，高山村的集体经济组织通过组织生产来直接帮助企业实现合作目标，同时提高农户的市场竞争地位，降低市场风险和企业的违约风险。此外，通过统一的组织和生产管理，高山村在保证企业所需农

---

① 张新文，杜永康. 共同富裕目标下新型农村集体经济发展：现状、困境及进路 [J]. 华中农业大学学报（社会科学版），2023（2）：23-33.

② 佚名. 激发农村创业创新活力 [N]. 贵州日报，2018-03-27（09）.

③ 王海英，屈宝香. 基于定性比较分析（QCA）方法的村级集体经济发展影响因素分析 [J]. 中国农业资源与区划，2018，39（9）：205-213.

④ 王海英. 村级集体经济发展影响因素及问题研究：以宁夏隆德县为例 [D]. 北京：中国农业科学院，2018.

产品质量和稳定供货的同时，也提高了农产品的整体竞争力。不仅如此，高山村的集体经济组织也在加强党在农村的执政基础方面发挥了重要作用。新型农村集体经济的发展激发了农民群众参与乡村振兴的热情，提高了党在农民心中的威信。基层党组织通过引领新型农村集体经济发展，有效组织起农民群众，发挥战斗堡垒作用①。

（三）发挥集体经济组织与企业对接的优势，促进农业现代化

高山村在乡村产业振兴中展现了其集体经济组织与企业对接的独特优势。这一优势源于高山村集体经济组织内生于乡村社会的特点，嵌入于乡村社会关系网络②，拥有丰富的合作传统和组织基础。这些特点使得高山村在实现乡村资源整合以及企业与农户对接方面具有天然优势。

在"企业+农户"模式中，高山村集体经济组织促成了企业与农户的合作，成立了川农牛科创农庄。企业与农户合作存在交易成本高以及难以获得的嵌入性关系等问题。高山村通过集体经济组织和企业对接，降低了组织成本和交易成本，同时提升了农户的市场谈判力和合作的可能性。

在土地连片和统一生产管理方面，高山村的集体经济组织起到了至关重要的作用。通过土地的连片化，村集体能够更加有效地管理和利用土地资源，为农户提供基础设施建设和统一的生产管理。高山村的集体经济组织还通过统一销售和市场对接，确保了企业供货的稳定性和交易关系的持续性③。这种服务模式有效地降低了交易成本，同时也为小规模农户提供了更广阔的市场接入机会。

通过上述发展和改革策略，高山村在集体经济的发展中取得了显著成效，

---

① 周苗苗，廖和平，李涛，等. 脱贫县乡村发展水平测度及空间格局研究：以重庆市城口县为例 [J]. 西南大学学报（自然科学版），2022，44（5）：23-34.

② 惠建利. 乡村振兴背景下农村闲置宅基地和闲置住宅盘活利用的实践考察及立法回应 [J]. 北京联合大学学报（人文社会科学版），2022，20（2）：109-116.

③ 赵亚茹. 党建引领农村集体经济发展：功能、实践与路径——基于江西省赣州市 W 村的调查研究 [J]. 桂林航天工业学院学报，2023，28（1）：111-116.

有效地实现了农民的增收和农业的现代化，也为乡村振兴提供了实践经验。

五、存在的问题

在调研过程中，我们也发现了高山村新型农村集体经济发展中存在的一些亟待解决的问题，具体包括以下几点：

（一）川农牛科创农庄的农业生产需要更专业化、标准化的管理

通过走访调研，我们了解到川农牛科创农庄的试验田（部分农民通过村集体流转租出的土地）的农作物种植是阶段性雇用高山村的农民做临时工，农忙时才会招工，并不能提供长久固定的工作岗位[①]。尽管这种临时工雇用模式吸纳了部分乡村剩余劳动力、增加了农民的收入以及工作类型的选择，但对于现代化的农业生产而言，高山村农业生产管理的专业化和标准化水平仍有待提升。

由于缺乏对临时工专业化、标准化的管理，临时工在任务的完成上缺乏足够的责任心和专注度，同时无法像自有土地的农民那样灵活应对农田需求。农民在打理自己拥有的土地时，每天去打理的时间和行动相对自由，发现长杂草或缺乏肥料，能够及时地拔掉或补施肥料[②]。土地租给川农牛科创农庄后，任务由管理者统一安排，这限制了农民处理问题的自由度。

（二）品牌农产品的生产规模较小，营销渠道有待拓宽

2021年，高山村以成都市温江区万春镇高山村股份经济合作联合社的名义100%持股创立了成都见山新型农业发展有限公司。该公司主要是对水稻、大蒜等农产品进行再加工、包装和销售，以提高农产品的附加值。以水稻为例，成都见山新型农业发展有限公司按照市场价收购农民和川农牛科创农庄种植的优质水稻品种"象牙香"，品牌化包装之后的售价能够达到每千克

---

① 资料来源：2023年7月4日调研人员与高山村村委会人员访谈交流过程中高山村村委会主任汪叶的讲话内容。

② 资料来源：2023年9月2日调研人员对高山村村民进行问卷调查过程中高山村村民涂友别的讲话内容。

20~24元（品牌名为"稻见"）。"象牙香"米质达到国家水稻一级米标准，具有天然的茉莉花香，颜值高、品质好，主要消费对象为高端顾客。

虽然品牌化包装为种植农产品提供了巨大的盈利空间，但是高山村新品种水稻的实际种植规模不大。一方面，高山村自有耕地面积 5 000 亩，但其中有很大一部分用于花木苗圃产业，实际用于农作物种植的耕地面积有限。另一方面，高山村中选择种植"象牙香"水稻的村民人数较少，大多种植普通水稻。通过对高山村村民的走访调查，我们发现除拥有大量土地的合作社和其他公司能外销稻谷外，拥有少量土地的村民种植水稻后收获的大米通常自家食用，不用于向外售卖。其原因如下：

首先，普通水稻每亩产量 400~450 千克，市场价约 6 元/千克；"象牙香"每亩产量 150~200 千克，村集体从村民手中收购的"象牙香"10~12 元/千克。如此计算，村民种植不同水稻的实际收益变化不大。此外，高山村是水稻大蒜轮作，种完水稻的稻草铺放在大蒜田间可以抑制杂草生长。温江大蒜品质好，售价、产量高，平均亩产量达 750 千克，售卖蒜薹和大蒜的收入会高于售卖大米的收入。"稻见"大米收获时间晚，会影响高山村种植大蒜的进程，因此高山村村民大多选择种植普通水稻而非"象牙香"。

受耕地面积的限制，高山村将其定位为"科创村"，以川农牛科创农庄的农产品研发创新为主。为推动科技赋农，高山村先后与简阳市禾丰镇碑垭村、连山村签署"强村带弱村"结对帮扶协议，发展"飞地经济"，实现两地优势互补、共享经济发展成果。高山村能研发和提供优质稻种，碑垭村拥有达 6 589 亩的广阔耕地面积。2022 年，碑垭村已有 30 余户村民种植来自高山村的优质稻种，共计 130 余亩。高山村集体经济组织再回购碑垭村的"象牙香"稻谷，帮助参与该水稻种植的村民实现每亩 800 元增收。

由于高山村村民大多选择种植普通水稻，村集体从本村村民手中收购的优质稻谷量有限；帮扶村的"象牙香"水稻种植刚刚起步，规模不人，高山村集体经济组织再回购帮扶村的稻谷量较少。产量和销售渠道的有限制约了高山村集体经济的发展壮大。为了进一步提升高山村集体经济的收益，村集体可以从鼓励帮扶村扩大"象牙香"的种植规模、拓宽销售渠道两方面入手。

（三）留乡、返乡工作创业的年轻人较少，高山村需要建立完善的人才吸引机制

高山村依托地域优势，联合农业高校、产业研究院，吸引了大量高校学子和研究人员前来进行农业方面的研究。同时，高山村以成都市温江区万春镇高山村股份经济合作联合社的名义招标成都市区温江区万春镇高山村科农inn 榜样青年 CSA 民宿项目、成都市区温江区万春镇科农 inn 咖啡屋和公共空间工程，投资了成都榜样青年科技有限公司（持股 30%）、成都鱼凫联创现代农业发展有限公司（持股 12.5%），因为占股少，不承担经营风险，有保底的分红及盈利分红[①]。

由于村集体对本村人才具体人数和专长不够了解、人才吸引机制不完善、村内工作的薪酬相对较低等因素，大多数本村年轻人选择在村外就业，回乡就业和创业意愿不强。村集体打算通过提成等方式吸引人才，并且不局限于农业板块（包括人才教育、互联网等相关工作），愿意大力支持年轻人回乡创业（吸纳青年创客方式逐渐从租赁发展到合作)[②]。从构想到实施，高山村需要建立完善的人才吸引机制、完备的配套设施服务，让越来越多的年轻人选择在高山村发展。

（四）新型农村集体经济带动的就业人数较少，有待加强产业链建设，增加就业机会

年轻人不愿留乡工作，同时大部分中老年人也选择在外工作或打零工。川农牛科创农庄在农忙时雇用大量本村农民做临时工，但为村民提供的长期

---

① 资料来源：2023 年 7 月 4 日调研人员与高山村村委会人员访谈交流过程中高山村党委书记颜泽菊的讲话内容以及网络信息查询内容。

② 资料来源：2023 年 7 月 4 日调研人员与高山村村委会人员访谈交流过程中高山村村委会主任汪叶的讲话内容。

稳定的工作岗位较少，只有保洁、保安等岗位。2022年，高山村集体经济产业在本村吸纳就业（包括长期就业与临时就业）人数仅有5人。部分村民外出打零工，存在一段时间有工作，一段时间找不到工作的情况。据了解，高山村大蒜和菜籽油从研发到销售有一条产业链，能够对包装过的产品进行销售，但是并不在本村加工，而是找手工作坊进行加工。高山村计划建立本村的作坊进行加工，将带动40~50人就业。

（五）高山村大部分村民对新型农村集体经济及本村集体经济的发展情况认识较为模糊

尽管集体经济组织与企业对接体现出其独有优势，能提高效率，但这种对接机制也导致村民对川农牛科创农庄的了解不多。村民的土地流转等事务都统一由村集体和川农牛科创农庄对接，村民不直接参与和川农牛科创农庄的合作。我们调研时询问了村民对高山村新型集体经济的了解程度和参与情况，发现大部分村民对村集体经济的认知比较模糊。

村民在高山村新型农村集体经济发展的参与程度不高，村集体经济的收益大多用于基础设施建设，以过节发小礼物的方式代替现金分红，村内当前只有三组实现了现金分红。高山村只有部分农民的土地租给川农牛科创农庄，土地没有被规划在其范围内的村民和村集体经济的联系较弱。尽管参与新型农村集体经济，但是大部分村民并不了解本村新型集体经济的发展情况和实际行动举措。

六、对策建议

基于对高山村新型农村集体经济发展中存在的问题和成因的分析，我们提出以下建议以促进高山村集体经济的持续发展壮大。

（一）实行专业化管理以提高集体经济的生产效率

当前高山村水稻种植规模较小，村集体可以对田间管理进行统一安排。如果未来扩大水稻的种植规模，高山村需要进行更加专业化的管理。高山村可以与相关服务管理公司进行合作。在生产方面，高山村可以按照相关农业生产技术规程，进行生产过程的标准化管理，做到种苗选育、田间管理、收割、加工包装全流程监控，精确土壤肥料用量，严格控制农药的使用，保证产品的质量和安全性。

（二）拓宽销售渠道，鼓励农民种植更多的高品质水稻

销售量扩大首先需扩大种植面积。高山村土地资源有限，可以进一步发展"飞地经济"，加强对优质品种水稻的推广和对其他地区种植同品种稻谷的收购。村集体可以从提升收益、完善激励制度等角度鼓励本村村民种植优质品种，形成规模效应。在销售上，高山村可以借助优越的地理位置，为成都市城市社区居民提供定制配送服务，打造"稻见"产品销售的一个"硬渠道"。依据产品市场定位，高山村可以考虑提供城市会员家庭定制配送服务，同时和企事业单位、会员制超市、高级饭店签订供货合同，提供优质大米等产品，以获得长期稳定的销售渠道。与此同时，高山村可以扩大电商网络平台销售，不局限于小程序、川农牛e购平台，可以选择知名度更高的平台，进行全国范围的销售。

（三）建立人才信息库，盘活当地人才，推动返乡创业

高山村可以通过走村入户摸排调查等方式，获取本村在外人才信息，建立农村人才信息库和相关人员的定期联络机制。首先，高山村可以结合本村经济发展现状，制定适用于高山村的乡土人才认定办法。高山村应按照分类管理的原则，对不同领域专长的人才进行详细登记、建立档案并进行分类，包括但不限于技术型人才、学术型人才、管理型人才、经营销售型人才以及在校大学生。此外，高山村应安排联络员，实时掌握各类人才的情况、现状和去向，以便定期更新人才的动态信息，包括学历升级、专业转变、就业和创业情况等。最后，高山村还需要建立完善的人才引入机制、完备配套设施服务，对本村人才，不仅要"摸得透"和"引得来"，还要"留得住"和"有的用"。

（四）延长并完善农业产业链，增加村民就业机会

从就业的角度而言，高山村集体经济提供的就业机会有限。高山村应延长并完善农业产业链，从农业生产、生产过程监督管理、农产品加工、营销、物流配送服务等环节入手，设立适当数量的长期岗位，为本村村农民提供更多的就业机会。

（五）完善分红机制，提高村民参与集体经济发展的积极性

高山村应通过宣传教育、知识技术培训、示范推广、建立激励机制以及创造良好环境等途径，加强村民对新型农村集体经济的认识并积极参与到新型农村集体经济中，从而推动农村经济的发展和村民生活的改善。村集体需要健全和完善分红机制，激发村民的积极性，提高村民的参与度。

参考文献

陈泳，2022. 加快构建 4+6 现代农业产业链 ［N］. 成都日报，11-21（03）.

崔宝敏，2023. 以产业振兴撬动乡村全面振兴 ［N］. 光明日报，07-13（07）.

黑龙江省社会科学院课题组，吴海宝，2018. 坚持双轮驱动：农业供给侧结构性改革应再发力 ［J］. 黑龙江社会科学（1）：49-52.

惠建利，2022. 乡村振兴背景下农村闲置宅基地和闲置住宅盘活利用的实践考察及立法回应 ［J］. 北京联合大学学报（人文社会科学版），20（2）：109-116.

李娟，2022. 温江做精做特都市农业振兴北林美丽乡村 ［N］. 成都日报01-04（05）.

拓兆兵，2023. 巩固脱贫成果的有效形式 ［N］. 经济日报03-27（10）.

王海英，2018. 村级集体经济发展影响因素及问题研究：以宁夏隆德县为例 ［D］. 北京：中国农业科学院.

王海英，屈宝香，2018. 基于定性比较分析（QCA）方法的村级集经济发展影响因素分析［J］. 中国农业资源与区划，39（9）：205-213.

王宇，2022. 省委农办主任、省农业农村厅党组书记杨秀彬来宜调研交流［N］. 宜宾日报，11-15（A1）.

徐向梅，2023. 发展壮大新型农村集体经济［N］. 经济日报03-09（15）.

佚名，2018. 激发农村创业创新活力［N］. 贵州日报03-27（09）.

佚名，2023. 从废弃养猪场逆袭为乡村发展"新引擎"［N］. 成都商报，03-28（02）.

张新文，杜永康，2023. 共同富裕目标下新型农村集体经济发展：现状、困境及进路［J］. 华中农业大学学报（社会科学版）（2）：23-33.

赵亚茹，2023. 党建引领农村集体经济发展：功能、实践与路径：基于江西省赣州市W村的调查研究［J］. 桂林航天工业学院学报，28（1）：111-116.

周苗苗，廖和平，李涛，等，2022. 脱贫县乡村发展水平测度及空间格局研究：以重庆市城口县为例［J］. 西南大学学报（自然科学版），44（5）：23-34.

新型农村集体经济发展中的
农村劳动力就业问题

—— 温江区万春镇高山村
新型农村集体经济发展蹲点调研报告

  自我国实施乡村振兴战略以来，党中央高度重视发展壮大新型农村集体经济对乡村全面振兴的保障和促进作用。从农村问题出发，农村集体经济是保障和改善农村民生的重要物质基础，也是促进农民持续增收、缩小城乡发展差距、促进实现共同富裕目标的重要途径。近年来，随着土地流转、耕地及建设用地的集中化处理，部分农村开设合作社、社会化服务组织等，逐步实现农产品的中小规模种植。但在农业机械化普及程度不高的地区，农业生产仍然存在较严重的劳动力依赖，因此劳动力的供需匹配在提升农业生产效率中发挥着重要作用。随着城乡融合发展，农村劳动力大量向城市转移，从事农业生产的人群主要集中于中老年劳动力，农业劳动生产率增速逐渐放缓。面对农村地区劳动力老龄化、本地就业种类单一、人力资源未充分利用、劳动力剩余等问题，如何通过发展新型集体经济和创新经营组织形式来增加农村劳动力就业和提升农业生产效率已成为各村发展中的重要课题。

  为探究新型农村集体经济发展对农村劳动力就业的具体影响，我们于2023年7~8月展开调研，以成都市温江区万春镇高山村为研究对象，利用实地走访的方式，了解了当地新型集体经济发展的现状，对农户开展了与集体经济、就业相关的问卷调查，探析集体经济发展与农村劳动力就业之间的关系。我们的研究有助于从政策层面进一步强化集体经济建设，提升农村就业率、增加农民收入，促进乡村振兴，为最终实现共同富裕打下坚实的基础。

一、基本情况

万春镇高山村位于四川省成都市温江区，从 2012 年至今始终以城乡融合、乡村振兴战略为抓手，大力探索实践生态价值多元呈现，深入实施科技兴农，加强乡村与高校合作等联农带农机制，壮大集体经济组织，带动农民增收致富。作为四川省实施乡村振兴战略工作示范村，高山村抢抓乡村振兴战略机遇，结合自身实际谋发展，成为万春镇发展变化突出的村落之一。

在地理位置方面，高山村地势平坦，以平原为主，与和林村、八角村接壤，距离成都市中心大约 11 千米，离乡镇大约 3 000 米。由于地处成都市农业高新区腹地，并且紧邻四川农业大学，高山村顺利融入了"川农大知识经济圈"，助力其农业实现产学研融合发展，进而促进农业农村现代化发展。在土地面积方面，高山村是由原高山村和三井村合并而成的，面积约 4.63 平方千米，其中耕地面积达 5 000 亩，建设用地面积为 1 500 亩。

高山村的基础设施建设完善，村民主要采用独户分散居住的方式，主要居住房屋类型为砖房，人均居住面积约为 70 平方米，全村实现全覆盖通水通电通网，居民生活质量有保障。高山村拥有 10 千米的村道和户道公路，村内设有公交车站点，每小时有一班车；设有公共卫生站点，能够满足农户基本的医疗卫生服务需求。在环境治理上，高山村建有本村的垃圾处理厂，有效保障了环境安全，维护了高山村美丽、绿色的乡村人居环境。总体而言，高山村的公共服务和基础设施建设相对完善，为居民的农业生产、生活、乡村治理和农村现代化建设打下了坚实的基础。

从收入和支出来看，高山村的居民人均年收入达到了 3.98 万元，其中农产品收入约为 1.2 万元，而务工收入达到 2.78 万元，体现了高山村居民收入具有务农收入低于务工收入的特点。居民的消费支出主要用于食品和医疗等方面，高山村设有大型超市、集贸市场和便民快递点，为居民生活提供了较高的便利性。

在农业生产方面，高山村以水稻、大蒜和油菜作为主要的种植产品，其中大蒜和油菜属于经济作物。高山村的大蒜种植主要是育种工作，得到的大蒜种子多数供给到云南。目前，云南大部分独头蒜品种的种子都来源于高山村。关于土地流转的情况，高山村农民承包给村级集体经济组织经营的耕地约2 000亩，村集体自行经营的耕地面积约30亩，剩余部分（约1 970亩）租赁给其他经营主体，不存在闲置土地。此外，村民还将2 500亩耕地承包给其他经营主体。村民自己耕种的耕地面积约1 000亩，其中800亩用于主粮种植，包括稻谷、小麦、玉米、大豆和油菜等。

在人口结构分布上，高山村户籍人口总数为4 158人。由于紧邻城区，本地常住人口仅有569人，其中65岁及以上的老年人口为80人，约占常住人口的14.1%。户籍人口中有856人接受过高中及以上学历教育，平均受教育水平较高。在就业方面，据调查，高山村约有1 568人从事农业生产工作，外出务工人数约为56人，曾外出务工但现已回村就业的人数约为12人，在本村进行务工、务农或两者兼有的农户占多数。高山村从2013年开始推行农村集体经济发展，农民收入稳步提升，从2020年的3.7万元稳步增长到2022年的3.9万元。高山村先后荣获四川省成都市首批乡村振兴示范村、四川省四好村、四川省乡村治理示范村、成都市党建引领乡村振兴示范单位、成都市"一村一品"示范村镇等多项荣誉称号。2023年11月，高山村川农牛科创农庄成功入选全国巾帼现代农业科技示范基地。

二、工作特色

高山村党委坚持党建引领，通过建强堡垒、聚强民心、做强产业，以农业科创为主线，聚力实施"金种子工程"，推动科研资源、龙头企业、专家人才向乡村聚合，探索"飞地"抱团奋进有效路径，构建"农高院所+集体经济组织+龙头企业+农户"发展利益共同体，做精做特现代都市农业，助力打造新时代更高水平"天府粮仓"。在壮大新型集体经济、解决当地劳动力就业问题方面，高山村取得了如下成效：

（一）以党建为引领壮大集体经济，提升居民生活质量

高山村居民在村委会的带领下，通过土地参股的方式，成立了高山村股份经济合作联合社和高山尚明水稻合作社。在集体经济组织的领导下，高山村于 2021 年成立了成都见山新型农业发展有限公司。该公司的主要职责是集中收购农户的农产品，并进行统一包装和品牌打造等对外合作事宜。高山村遵循村社相连的原则，推行土地流转政策，每亩土地租金为 2 600 元，为村民带来了实际收益。高山村在经营村集体承包的土地时，农忙时节会雇用当地农户参与种植、收割以及后期销售阶段的包装加工工作。村集体经济的发展为当地农户提供了新的收入来源并且丰富了农户的工作种类，促进更多本地务农向本地务工的转变。

不仅如此，高山村还坚持完善乡村治理，以更好地提升高山村居民生活的幸福感。在村党委书记颜泽菊的带领下，高山村开拓创新治理方式，打造志愿者平台——"E 家邻里社"公益品牌，包含了 E 家邻里社、E 家储蓄所、E 家榜样、E 家垃圾等。自 2017 年成立以来，E 家邻里社从最初的 90 余人逐渐壮大到现在的近 600 人，增强了村民对村"两委"的认同度，强化了村民共担共享意识，提高了基层治理水平。

（二）联动发展促进劳动力、生产技术流动，共同推进农业现代化转型

高山村秉承"强合作、重协同"的发展理念，2022 年与简阳市连山村、碑垭村党总支建立党组织联建合作关系，谱写"联动发展"新篇章。通过自然禀赋和资产资源实地调研、农业技术骨干现场指导、优质水稻种子精心选择，各地合力推进高标准飞地园区基地建设，创新产购销一体化模式，扩大粮食种植面积、增加产量，让优质种子从实验室走向良田，真正成为推动各村村民共同富裕的"金种子"。飞地园区已建设 200 余亩"象牙香"水稻

（高端水稻品种）种植基地，完成了500余千克水稻种子分发工作，基地规模也从最初的200余亩扩大到1000余亩，水稻亩产值提高至650余千克，帮助村民实现每亩增收800元。由此可以看出，飞地园区助力村集体经济发展的作用较为显著。

除农业生产上的合作外，高山村也在乡村治理方面寻求资源共享。2022年6月，高山村党委书记颜泽菊开始担任现代农业科创片区综合党委的轮值书记。该党委是高山村与周边六个村落以产业发展为目的联合成立的党委部门。成立联合党委的目的就是以党建为引领，汇聚各个村落产业发展优势，在避免同质化竞争的同时，做好新品种研发、标准化生产、品牌化加工、现代化物流仓储、多元化营销，做精做特现代都市农业。乡村联动发展，为高山村居民增加了本地务农向外地务农、本地务工向外地务工的转换，丰富了当地农户的就业选择，有助于缓解本村劳动力剩余压力。

（三）依托高校资源、龙头企业，发展科技富农的新型集体经济

在乡村治理和产业发展理念上，高山村坚持以党建为引领，以人民为中心，积极创新实践，秉承"校""地""企"协同发展理念，充分利用科技智慧赋能，深入推动乡村振兴，专注打造具有特色的都市现代农业，铸就了一条充满高山特色的兴业富民强村之路。高山村以"数字乡村·科技赋能"为特色，积极构建了"农高院所+龙头企业+集体经济组织+农户"的利益共同体，着力打造了川农牛科创农庄、农林科学院实验基地、成都见山农业、科农人才发展酒店、科农inn咖啡屋等多个重要项目，成功打造了高山红七星大蒜、高山"稻见"大米、高山菜粮油等独具特色的品牌。为盘活集体资产资源、激发产业融合发展新动能，高山村在集体经济组织下成立成都见山新型农业发展有限公司。高山村通过与农高院所在农业生产技术、科研成果等领域展开广泛合作，补全建强现代农业全产业链，做精做特农创、文旅融合发展的新型现代农业。高山村通过对各方资源的挖掘和利用，盘活当地人力、土地资源，借助龙头企业的带动力量，积极探索企业与农户的互动渠道，在

发展壮大集体经济的同时，解决好农村劳动力就业的问题，为农户提供就业保障。

三、主要做法

（一）引进专家，查缺补漏挖掘产业潜能

高山村集体经济发展的优异成果得益于村集体领导班子的不懈努力，他们积极利用村内村外资源，深挖本村产业的发展潜能。在高山村的治理过程中，颜泽菊书记主动学习乡村治理知识。为解决高山村"产业单一"的问题，颜泽菊书记主动向专业人士求助，带着领导班子成员拜访了四川农业大学新农村发展研究院周伦理院长，努力把专家引进高山村。颜泽菊书记努力把专家引进高山村，让专家与村民合作，带着村民干。之后，经过颜泽菊书记的多次邀请，周伦理院长及其团队调研走访高山村，双方逐步建立了合作意向。为了发挥高山村土壤质量高的优势，引进成熟的企业，高山村首先解决了乡村环境治理和道路基础设施的问题。2018年，在万春镇和相关部门的帮助下，高山村"两委"将村里废弃的养猪场资源盘活，与四川农业大学共建校地深度合作的载体——川农牛科创农庄，这也是四川农业大学以科创赋能乡村振兴与现代农业的重要阵地。通过完善基础设施、引入产业和人才，高山村充分挖掘本地比较优势和外部资源，发展壮大村集体经济。

（二）保障科研成果落地，促进农业农村现代化发展

高山村积极围绕创新农业和现代化农业建设，开展了一系列科研活动，并结合外部资源成功建成川农牛科创农庄。2021年9月，川农牛科创农庄投入运行，围绕乡村振兴科创研训、领军人才特训、高端论坛等开展集中集成服务。川农牛科创农庄有科创云课堂、科创云超市、乡村振兴领军人才特训中心，还吸引了成渝地区的专家学者、业界精英汇聚在高山村进行学习和交流。川农牛科创农庄通过乡村振兴云课堂、云问诊，让深藏在实验室的科技、产业链资源与各现代农业经营主体对接。实验室的科研成果被搬进高山村的

田间地头，农田成了农业科技成果转化的试验田，专家学者手把手为村民提供技术指导，村级集体经济组织也依托川农牛科创农庄每年有了 21 万元的保底收入，高山村迎来了继续基于科创服务新业态的新发展。

四川农业大学水稻所产业技术研究中心的团队扎根在高山村的温江农高园现代水稻科技集成创新和应用试验基地，带领村民通过"蒜稻轮作"的耕作方式，实现稳产增收。2021 年以前，种出的大米每千克最多能卖到 6 元的价格。依托校地合作，部分村民开始种植高端水稻品种"象牙香"，这种大米米质达到了国家水稻一级米标准。同时，它有天然的茉莉花香，颜值高、品质好。普通水稻品种价格为每千克 6 元左右，"象牙香"的市场价格能达到每千克 10~12 元，具有广阔的市场前景。高山村可以被视为一个科创村，它通过吸引科技人才入乡，将高山村发展成农业科技成果的集中转化区。在未来，科研团队的目标是要努力把高山村建设成农业科创企业聚集的"成渝农高科创第一村"。

（三）村企合作，创造更多工作机会

高山村在村"两委"的带领下，成立了村集体合作社，并与川农牛科创农庄合作。部分村民将土地租给川农牛科创农庄，获得了一定的租金，这不仅为他们提供了额外的收入来源，降低了农村家庭的经济风险，还提供了非农工作机会，提高了当地村民的整体收入水平。在村企合作中，集体合作社充当了协调和管理土地租赁事务的角色，确保租赁交易公平合法，保障村民得到公平的租金回报。川农牛科创农庄的引入为高山村注入了新的经济活力，为当地创造了非农就业机会。不仅如此，高山村积极开展对当地第二产业和第三产业的挖掘，围绕吸引科研人才和资源的目标，形成"科研机构+集体经济组织+农户"的合作模式，积极打造成都见山农业、科研人才酒店、流动书屋等文旅项目，进一步壮大集体经济，提升农户人均收入和增加非农就业机会。

（四）内培外引，提高农村劳动力的综合素质

在人才培养方面，高山村坚持"勤培养、广聚才"的原则，强化人才培

养助力乡村振兴的理念。高山村通过开展"董事长课堂"、职业经理人和农场主培训以及引入博士工作站、院士工作站等项目，拓宽人才交流培训渠道；通过举办培训和从外部引入科研教育资源，推进高山村劳动力的知识结构升级和人力资本积累，丰富劳动力就业渠道，通过增强人力资本提高农业生产效率。

（五）积极培育巾帼人才，提高农村妇女的综合能力

高山村在盘活本地人力资源的过程中，没有忽视农村女性劳动力。在川农牛科创农庄的众多培训和示范基地中，高山村有单独针对女性人才培养的功能区——乡村振兴巾帼人才特训中心。川农牛科创农庄共吸引了 11 位女企业家入驻，聚集现代种业、生物农业、数字农业领域高端女性人才 23 人，带动区内外 403 名女性就业和 64 家农业企业发展，成功孵化高新技术企业 2 家、规模以上企业 3 家、国家科技型中小企业 8 家，累积开展乡村振兴巾帼行动、农场主培训等新型职业农民素质培训 50 余次，培训 1.5 万余人次。

四、经验启示

通过在高山村的走访和调查，我们发现，得益于优渥的土壤环境、毗邻科研机构的位置优势、浓厚的农耕文化和村集体农产品品牌的积极建设，高山村水稻形成了良好的附加值增长空间，粮食作物的生产也越发成为高山村经济增长的主要动力。此外，高山村集体经济组织为引进外部资源所付出的努力也与其发展密切相关。总而言之，高山村通过发展集体经济，分散了农户自我生产承担的风险，在促进土地对外流转的同时，吸引企业入驻，增加了生产活动中的劳动力需求，为村民提供了更多的就业岗位。在促进劳动力就业方面，高山村具体的经验做法总结如下：

（一）鼓励村民成立合作社，创造就业机会

随着集体经济的发展，土地的所有权和经营权分离，简化土地经营权申请流程将有助于推动土地集中化生产，实现规模化种植。在这个过程中，不

少经营者选择通过成立合作社的方式来集约土地。高山村既有政府组织成立的集体合作社，也有私人申请审批成立的私营合作社。这些合作社通过承包农户土地并进行经营，可以有效应对高山村劳动力老龄化引发的土地荒废或农业生产率不高的问题，促进土地资源的充分利用。合作社在生产过程中，也为本地农户提供了务工和务农的机会。

调研人员在高山村共详细访问了 30 户农户、约 100 位村民。在受访对象中，有 16 位村民拥有在高山村之外务工的经历，其中有一位村民的外出务工地点在四川省外，其余村民基本在邻近乡村或温江区工作。关于不外出打工的原因，一些村民是要照顾家人，另一些村民则是习惯了在本地工作。还有一些村民表示在高山村本地可以获得满意的收入。对于该部分受访者，他们具有的共同特征是拥有自己的合作社，由于种植规模大，因此可以有效提升其收入水平。另外，该部分受访者向调研人员表示，在农忙时节，他们会雇用一些本地村民参与生产、包装和运输等工作。由此可见，高山村通过带头成立合作社、鼓励村民自行成立合作社的方式，提升了部分群体的收入，同时为本村居民创造了更多的就业机会。

（二）积极寻求村外合作，丰富农户就业选择

高山村通过村企合作的方式，提高了村集体土地资源的利用效率。村民可以根据自身需求，在政府的组织协调下将土地租赁给外来企业，从而减轻其种植负担并增加收入。更为重要的是，这可以为村民提供本地务工或外出务工等多种就业选择。以川农牛科创农庄为例，一方面，其在研发种植和经营管理方面为高山村村民创造了就业机会；另一方面，其给当地农户提供了先进的种植技术培训，农户的生产技能和知识素养得以提升。从长远的角度考虑，川农牛科创农庄帮助农户提高了未来就业的竞争力，拓宽了农户的就业渠道。此外，高山村与川农牛科创农庄等企业的合作，提升了当地农产品的产量和质量，增加了农产品的产值，吸引了部分村民返乡创业、就业，有效缓解了高山村劳动力外流的困境。

（三）拓宽乡村发展视野，搭上数字平台快车

我们通过调研发现，高山村在迈向乡村现代化的道路上已经取得了显著的进展。高山村在乡村治理中创新使用了互联网平台——"E家邻里社"，通过积分制柔性约束村民行为、提高村民生活质量，还联合川农牛科创农庄共同经营线上销售平台——"易购"，拓宽了高山村农产品的销售渠道。据了解，高山村基于网上订单需求量，联系农户、种植大户或个体经营户提供相应的产品。由于该销售平台可以和商超对接，因此农产品通过平台可以以更高的价格售卖。高山村对数字治理和数字销售的尝试，也促进了本村居民收入水平的提升，在一定程度上吸引了外流劳动力返乡。

（四）加强与毗邻村庄合作，畅通资源流动

高山村通过整合乡村建设队伍，促进了要素的高效利用。在不同资源禀赋的农村中，各村应基于各自的比较优势进行联合，推动共同发展。生产要素的流动和成果的共享为处于相对劣势的农村提供了发展机会，也有助于确保各村生产要素的供给，实现规模扩张。此外，联合治理可以激发配套产业的产生或产业链的延伸，从而增加对劳动力的需求。

（五）创新建设科研衍生项目，提供就业新渠道

高山村近城区的位置优势，适合发展文旅产业，并且服务业对劳动力就业也具有较强的带动作用。在实践过程中，高山村村集体主要负责提供可用建设用地，对外进行招标，吸引个体经营者到村内创业。在高山村的川农牛科创农庄旁，有一家以合作社为背景的创意农场——富农开心田园。富农开心田园隶属于成都市温江区富农蔬菜专业合作社，规划占地300亩。村民将自己的田地租给富农开心田园，然后富农开心田园再将这些地返租给村民自己打理。这样，高山村村民既有了租金收入，又不会因为失地而失业，还有了额外的收入。另外，在文旅项目的开发中，富农开心田园主要负责经营农业种植体验活动，农产品的种类由游客任意挑选，游客在富农开心田园工作人员的指导下进行播种、施肥，后期种植由富农开心田园员工负责照料，最

终成熟的农产品会寄给对应的游客，让游客真正体验种植的全过程，提升体验感。该项目在对外提高高山村知名度的同时，也为高山村本地居民提供了新的就业岗位。

农村基础设施的完善程度与其对人才的吸引力紧密相关，高山村积极引资，完善基础设施。在走访中，调研人员参观了高山村正在建设的民宿酒店和书屋，发现其可以满足科研人员或游客的需求。另外，民宿酒店旁的咖啡店将要推出的"大蒜味的咖啡"也成为令调研人员印象最深刻的创新项目。总体而言，高山村创新项目的开发极具现代化和年轻化的风格特点，提高了高山村对年轻人才的吸引力。该项目的衍生工作岗位也增加了当地的就业机会。

五、问题难题

（一）土地资源未充分利用，规模化种植受到限制

在对合作社经营管理者的走访中，调研人员发现，他们都想在现有的基础上继续扩大种植规模，但因高山村耕地有限而无法落实。导致高山村可用耕地数量有限的原因是多方面的。一方面是零碎耕地难以协调流转的困境。高山村仍有部分农户想要出租自家的耕地，但有租地需求的经营者更倾向于租赁连片的土地，导致没被纳入村集体规划范围的零散土地难以租出，降低了土地资源的利用效率。另一方面是处于规划区内可以租借的土地也没有实现充分流转。这是因为租金对部分农户的吸引力不大，许多农户拥有自己的销售渠道，使得其对集体经济的参与度较低。不仅如此，高山村对河滩、荒坡、荒地等集体资产的统计和收回尚未实施，导致集体资产未能充分利用。上述土地资源利用效率不高的问题，一定程度上减少了高山村农户的就业机会。

（二）农产品加工程度低，产品质量控制有待提升

调研人员了解到，由于缺少较大面积的建设用地，因此高山村尚未建设

属于自己的加工工厂，产品的加工和包装只能委托外村工厂，而高山村与这些合作者之间并没有长期稳固的合作关系。这导致农户难以严格把控农作物的各个环节，包括种植、施肥、杀虫等。同时，由于不同农户的播种时间、收获时间以及农药喷洒情况各异，农产品的质量与安全难以得到统一保障。在仓储物流和营销方面，高山村只有专门的库房用于存储产品，没有用于储存的冷库，没有完善的现代物流体系，营销模式比较单一，线上销售的积极性不高，农产品销售市场有限。

（三）外部资源优势难以维持，新增就业机会效果短暂

高山村面临的问题已经从如何引入资源逐渐演变为如何留住资源。新企业的入驻无疑可以为当地提供更多的就业岗位，但随着企业的发展，现有资源的利用趋于饱和，企业对劳动力的需求不会有新增，甚至可能减少。高山村的农产品研发和种植技术高度依赖川农牛科创农庄，而川农牛科创农庄为高山村居民提供的岗位数量有限。另外，合作社为农户提供的就业岗位也具有时令性，并不是长期稳定的工作。总体上，高山村缺乏稳定的产业，造成本地就业空间难以扩张。

（四）农户知识水平与现代化农业生产需求不匹配

高山村农业生产机械化的程度不高，虽然存在社会化服务的组织可以提供必要的生产机械设备，但仅有少部分种植大户会采用这些工具。高山村农民受教育程度不高，难以在技术培训中快速掌握新的生产工具和科学种植技能，这限制了高山村新兴产业和技术的引入。劳动力供给端的人力资本与劳动力需求端的现代化农业生产的要求不相符合，造成高山村人力资源难以充分利用。

（五）高价水稻市场规模有限，集体经济收益不稳定

在村集体组织的努力下，高山村成功打造了"稻见"水稻品牌。调研人员了解到，"稻见"水稻的价格偏高，"稻见"水稻的销售主要依赖村集体的推广。此外，"稻见"水稻种植对土壤、种植标准等要求较高，容易受到农

户种植技术影响。大部分种子依据农户意愿进行领取并种植。虽然农户接受过种植技术培训，但由于种植该品种水稻的周期较长且工序更为烦琐，"稻见"品牌水稻的供给数量和质量均不稳定。此外，高山红七星大蒜、高山菜粮油等品牌的打造力度偏弱。集体经济的获益直接关系到高山村公共设施的建设和招商引资的吸引力，进而间接影响到农户的收入和就业问题。

六、对策建议

发展壮大村集体经济是新时代实施乡村振兴战略的重要支撑。通过集体经济的发展，创造更多的就业岗位，提高农民收入是基层党组织面临的重要问题之一。基于对高山村的调研，就如何发展壮大村集体经济，促进就业和农民增收，我们提出以下政策建议：

（一）盘活闲置土地资源，促进土地跨村流动

高山村农业的现代化转型受制于耕地零散化和建设用地短缺，亟须盘活利用闲置的土地资源。协调建设用地需要解决的核心问题是农民利益问题。这要求深化农村土地制度改革，明确村集体对部分耕地的发展规划和使用权力，以降低建设用地的协调成本，为未来高山村实现规模化种植、加工工厂建设和仓储冷库的建设提供条件，同时创造更多的就业岗位。

（二）发挥区位和资源优势，打通产业发展链条

高山村位于成都市温江区，不仅邻近市区，还处于成都市农高区腹地和环川农大知识经济圈，具备的产学研合作优势。尽管如此，高山村的农产品生产仍处于产业链的低端。为了实现农业产业的提质升级，高山村应加速发展配套产业，实现产业链上下游的衔接，提高大米、大蒜等农产品的附加值。同时，高山村应积极引入现代工艺技术，培育并发展现有种植基地，构建农产品输出链条。高山村应通过加强招商引资，丰富村级集体经济组织的技术和资金来源，实现产业多元化发展，激发劳动力市场活力，增加农村就业机会。

（三）持续加大创新项目开发力度，引导农户向第三产业转移

高山村在文旅项目的开发上仍有拓展的空间。高山村应深挖本村农耕文化优势，在原有项目的经营中总结经验，引导村内劳动力向服务业转移，营造农旅发展环境，激励农户开展自主经营。部分农户由于土地被流转出去，因此得以从农业生产中解放出来，除季节性地参与部分务农或务工活动外，基本处于空闲状态。高山村可以鼓励这部分村民开展零售业、农家乐等其他商业活动，以增加收入。

（四）优化职业技能培训，提升农户的职业素养

高山村应利用好现有的高校资源，积极开展农户培训，增加培训的教学人员，组织讨论上课形式和上课内容，尽量用通俗易懂的表述、重复多次的现场示范以及与农户积极的互动等形式对村民进行培训。除必要的种植知识和技能培训外，高山村还需要融入更多金融类、管理类的知识，提高农户的经营管理能力。高山村应通过职业培训，提高农村劳动力的专项技能，保障优质劳动力的供给。

（五）丰富农产品科研成果转化种类，扩大集体经济收入来源

在农业发展中，除已有品种产业链的完善外，高山村还需要创新农产品多样化种植，优化升级大蒜和水稻的轮作种植方案，在种植实践中提高农户的生产技能。另外，村集体应该加大对外开放力度，积极学习邻村发展治理经验，共享科研技术成果，以壮大集体经济为总目标，寻求农业发展新动力，增强集体经济抵御风险的能力，带领更多农户致富。

参考文献

郭明亮，2019. 发展壮大村级集体经济 为乡村振兴提供有力支撑 [J]. 现代交际 （9）：248-249.

贺卫华，2020. 乡村振兴背景下新型农村集体经济发展路径研究：基于中部某县农村集体经济发展的调研 [J]. 学习论坛 （6）：39-46.

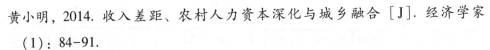

黄小明，2014. 收入差距、农村人力资本深化与城乡融合 [J]. 经济学家
　（1）：84-91.

刘书成，崔迪，2021. 农村劳动力再就业问题在乡村振兴中的重要作用 [J].
　农业与技术，41（8）：8170-8172.

马骏，梁洁恩，安宓，等，2011. 农业龙头企业对乡村社会经济发展的影响：
　以广东温氏集团为例 [J]. 广东农业科学，38（22）：181-184.

唐凡茗，2021. 乡村旅游发展视域下农户生计资本的演变研究 [J]. 大众标准
　化（24）：179-181.

王宇燕，2023. 深入学习贯彻党的二十大精神 扎实推进党建引领乡村振兴
　[J]. 党建研究（1）：28-30.

中共四川省委，2022. 中共四川省委关于深入学习贯彻党的二十大精神在全
　面建设社会主义现代化国家新征程上奋力谱写四川发展新篇章的决定
　[N]. 四川日报 12-09（01）.

以发展村集体经济为抓手
探索基层乡村治理新模式

——北川羌族自治县新型
农村集体经济发展蹲点调研报告

2018 年年底颁布实施的《中国共产党农村基层组织工作条例》和 2019 年实施的《中国共产党农村工作条例》进一步指出，党的农村基层组织应因地制宜推动发展壮大集体经济，坚持农村基层党组织领导的核心地位。党的二十大报告指出，巩固和完善农村基本经营制度，发展新型农村集体经济。强化农村基层党组织引领，坚持农村基层党组织领导的核心地位是发展壮大农村集体经济的关键。2023 年中央一号文件明确提出，要健全党组织领导的乡村治理体系，强化县级党委抓乡促村责任。基层党组织是推动乡村治理体系现代化和新型农村集体经济发展的根本力量，能够在引领带动农村集体经济发展壮大的同时将其与乡村治理相融合实现基层治理有效。基层党组织将各种生产要素重新组合起来，不断为农村集体经济发展注入活力，带动农民集体致富的同时强化政治领导、经济领导，提高农村集体行动能力，从而构建共建共治共享的乡村治理新模式。

当前，基层党组织在推动农村集体经济与乡村治理融合发展的过程中，仍存在着村集体经济利益联结机制不完善、村民凝聚力不强、基层党组织组织结构有待进一步健全、基层党组织干部能力有待提高、发挥引领带头作用有待提升、部门协作联动机制有待完善等问题。因此，为了进一步厘清农村集体经济与乡村治理融合发展的内在逻辑关联以及基层党组织在其中所处的地位、发挥的作用效应，调研组拟通过实地调研以探究基层党组织的实践做法、具体成效以及存在的问题。

本次西南财经大学中国西部经济研究院乡村振兴博士服务站调研团在邱雁副教授的带领下,于 2023 年 8 月 3 日前往四川省绵阳市北川羌族自治县(以下简称"北川县")进行为期一周的实地调研。此次调研围绕着基层党组织以发展村集体经济为载体加强乡村治理展开。调研组总共调查了北川县 15 个村落,根据制定的访谈问题清单,采取半结构化访谈法对各个村的村党支部书记、其他村干部、村民进行了深入访谈。调研组实地考察了各个村集体经济发展情况、项目开展情况、乡村治理情况,重点集中于基层党组织建设及引领带动农村集体经济与乡村治理融合发展过程中的特色亮点做法,总结典型经验,从中发现问题,进而提出有针对性的对策建议。

一、基本情况

北川县距离成都市约 150 千米,属于川西高原地区,隶属四川省绵阳市,位于四川盆地西北部,总面积约 3 083 平方千米。北川县辖 9 个镇、10 个乡、202 个村和 33 个社区居委会。根据 2022 年的统计数据,北川县常住人口为 17.89 万人,其中城镇人口为 6.79 万人。北川县有羌族、回族、藏族、土家族、布依族等 33 个少数民族人口共 89 666 人,其中羌族占少数民族人口的 96.1%。北川县城镇居民人均可支配收入为 39 185 元,同比增长 4.8%;农村居民人均可支配收入为 18 676 元,同比增长 6.7%。

北川县共有村级集体经济组织 224 个,村集体拥有经营性资产总额 5.09 亿元。2022 年,北川县 202 个村已入账村集体经济收入 1 845.42 万元,收入达到 3 万元以上的村有 202 个,占比 100%;收入达到 5 万元以上的村有 155 个,占比 76.7%,实现了全面"消薄"。2022 年,北川县村集体经济收入比 2021 年增长 188.6%。

北川县建立村级党组织 202 个,农村党员 9 000 余人。村党组织书记 50 岁以下的共有 112 人,占总数的 55.45%;大专及以上文凭的共有 44 人,占总数的 21.78%。村"两委"干部共 1 053 人，动态储存培养村级后备力量 500 余名。

二、工作特色

（一）政府给予支持资金，保障村集体经济发展

政府向北川县 11 个扶持村每村提供不低于 150 万元的资金支持，分为中央、省、市（县）和县级统筹四个层面的财政补助，政府的资金支持为村集体经济提供了坚实的资金保障，确保了村集体有足够的启动资金，有助于村集体开展各种经济项目和活动。政府采取了多层级的财政支持方式，从中央到地方，使得不同层级的政府都参与到扶持计划中来，这种多层级支持体系有助于确保村集体经济的发展具有广泛的政府支持和政策保障。

同时，政府的资金支持强化了政府与农户之间的合作关系，政府与农户一起制定、实施和监督资金使用计划，增进了政府与农户的互动和信任。政府的资金支持有助于村集体经济的可持续发展，村集体可将这些资金用于发展农业、农旅融合、乡村产业等项目，为村集体经济的发展提供了重要保障，有助于改善农村经济环境，提高村民生活水平，促进村庄的可持续发展。

（二）坚持党建引领，各村基层党组织根据本村情况，壮大村集体经济，实现村民增收

北川坚持县、乡党委统筹，大力推进探索新型农村集体经济壮大模式的各项工作，充分发挥党组织在发展村集体经济中的引领作用与服务功能，积极推行"党委把关、公司主体、政府监督、村社参与"的"抱团发展"模式，发展农村集体经济。

其中，比较典型的是玉皇山村和桂溪镇宝城村、盖头村。玉皇山村将乡村治理摆在首要位置，统筹谋划，筑牢党建基石，建强基层组织堡垒，坚持"三治协同"，提升农村治理能力，坚持产业为先，探索培育增收路径，落实安全责任，以构建平安和谐乡村为抓手，夯基础、补短板、强功能，推进乡

村产业、人才、文化、生态等协调发展。2020 年，玉皇山村人均收入已超 3 万元。在村"两委"的带动下，村级发展能力继续增强，村民生活质量不断提升，发展信心也愈发坚定。

宝城村创新"景村融合"党建模式，形成"3+2"书记领办项目可复制推广经验；开展党员干部带头学、村民代表跟着学、普通群众主动学的全覆盖"三治"融合教育活动，推进全村共建共享共治；创新"致富带头人+"产业发展模式，不断凸显村级发展意愿动力足、后劲强、基础优的新特征；以整合农村基层综合治理网格化管理服务能力为抓手，营造农村社会安定、和谐、有序的乡村治理新局面。宝城村采取农旅结合、文旅融合的方式，促进乡村宜居宜业宜游。近年来，宝城村每年接待游客 15 万多人，实现年总产值 1 300 余万元，农村居民人均可支配收入达到 2.3 万余元，村集体经济收入达到 5.8 万元，成为远近闻名的富裕村。

盖头村坚持以习近平新时代中国特色社会主义思想为指导，通过坚持党建引领，切实发挥党支部的战斗堡垒作用，强化"三治协同"作用的发挥，聚焦主业，夯实产业，大力发展村集体经济，提升基层自治能力，健全基层法治体系，弘扬社会主义核心价值观，提振乡村精神面貌，逐步形成支部引领、党员带头、群众参与的乡村治理良好氛围，社会生活秩序稳定和谐，有效助力乡村振兴。2020 年，全村农民人均纯收入达到 2.8 万元。

（三）合理分配，基层党组织发挥监督及带头作用

北川县各村根据政府政策性文件要求与本村实际，结合村民代表大会提出的分配意见，议定各村集体经济收益分配方案。比较典型的分配方案是福田村村民积分管理制度及柳林村、苔子茶村农村集体经济收益分配方案。

福田村制定的村民积分管理制度，根据各户评分结果，确定集体经济分红比例，激励村民遵守村规民约，促进各项治理工作有序推进。福田村还设置了党员特别规定扣分项，着力发挥对党员的引导激励作用，党员的行为和表现将受到更严格的监督和评估。这有助于提高党员的党性觉悟，深化党的

作用，并强化了党组织在乡村治理中的领导作用。收益分配程序要经村党员代表大会审议通过，再进行决议，决议通过后进行公示。经公示无异议后，收益才能通过银行代发的方式直接发放到户。这一过程保障了决策的民主性和透明度，确保了村民的利益得到充分的代表和保护，也强化了党的监督作用。

福田村的村民积分管理制度以及其他类似的分配方案有助于建立更加民主、透明、有序和有纪律的乡村治理体系，提高了村民参与度，发挥了党组织的引导和监督作用，改善了乡村的社会和经济环境，促进了乡村的可持续发展。

三、主要做法

（一）强化基层党组织建设，引领双向共建促发展

1. 双潭村

双潭村党总支有党员 62 名，下设两个党支部。基层党组织班子队伍建设齐全，分别设立书记兼主任、副书记、副主任、综合干事等职位。双潭村在保证各党员全部加入村级集体经济组织的同时，成立党员志愿服务队开展党员志愿活动，设立双潭村便服民服务中心，组建党群吉米家园。双潭村通过打造以基层党建为核心的服务型党总支，紧紧围绕党群服务引领农村集体经济发展，希望在提高农村公共服务水平的同时提升村民集体行动能力。

双潭村基层党组织通过引导组织村民集中流转土地，将本村四组土地进行高标准农田改造，以招商引资方式，打造"高山有机蔬菜+有机粮食种植基地"，不断夯实村集体经济产业基础。双潭村集体经济组织通过成立股份经济合作联合社，利用财政补助资金 150 万元建设农村环境整治提升项目。该项目用于修建农村污水处理、沉降池、卫生厕所配套水电管网等相关基础设施。该项目建成后，以集体资产入股通泉镇农村集体经济组织管理有限公司并由该公司进行运营管理，双潭村集体经济组织通过收取污水处理费用获得收入，并获得股份分红利益。

双潭村在加强基层党组织引领带动村集体经济发展的同时，构建乡村治理网格管理新模式。双潭村形成党支部书记为网格长、党员为网格员的乡村治理网格管理力量，充分利用党员的影响力与号召力，通过党员联系农户、志愿服务等活动宣传有关发展村集体经济的政策方针，进一步提升村民集体行动能力。双潭村依托村民会议、村民代表会议、一事一议会议等让村民广泛参与到村集体经济发展过程中，形成上下联动的乡村治理格局。

2. 通坪村

通坪村党总支有党员 21 名，其中集体经济组织成员中有 3 名党员。通坪村推行"村干部分工包组、组干部轮流值守、无职党员定责包事"的计划，设立产业党小组和组建致富带头人队伍，加强群众公认的"主心骨"队伍建设。在此基础上，基层党组织引领农村集体经济发展，依托村规民约"红黑榜""门前三包制度""积分制"管理将村民参与乡村环境整治行动与集体经济收益分红相挂钩，给予表现好、贡献大的村民更多的收益奖励，从而促使更多村民自主参与到乡村治理与集体经济发展行动中来，实现了良性互动和党风民风村风的持续好转。

3. 黎山村

黎山村以"合作社+农户+集体经济"的模式，探索出一条党建引领村集体经济发展的新路子。资源和资金是发展村集体经济的基础。黎山村认识到想要发展好村集体经济，最重要的就是利用村级平台整合村内资源，对村内资源整合的多少直接决定了村发展潜力的大小。2020 年以来，黎山村不断加大村集体资源的整合力度，进一步强化基础设施建设，实施安置点人居环境提升，实现效益最大化。目前，黎山村已整合土地资源 200 余亩，新建农特产品加工厂，由村集体统一经营管理，实现延长产业链、增加村集体经济收益的目标。同时，黎山村坚持做大做强以芍药为主导的中药材产业，盘活闲置农庄，通过产业融合发展，拓展村集体经济的收入来源。

在发展壮大农村集体经济过程中，黎山村也十分注重基层党组织人才队伍建设，充分发挥党建引领带头作用。黎山村通过建强带头人队伍，突出"能人治村"，以先进带后进，夯实基层组织基础。黎山村创新开展"党建+人才"引培并举行动，深入挖掘农村"土专家""田秀才"等乡土人才 14名。黎山村结合乡村合伙人招募，引进本村直播人才 2 名，以股份合作的模式，利用农村电商平台、直播带货等途径，以销助产稳步推进种养产业高质量发展，带动旅游服务业创新发展。黎山村依照"走出去、请进来"的人才吸引培养模式，积极组织外出考察学习产业发展模式、技术等，同时积极探索与四川省政府办公厅、中国建设银行绵阳市分行共建脱贫攻坚成果巩固和乡村振兴有效衔接的"黎山模式"。

除此以外，黎山村借村集体经济融合发展的契机，建立并不断完善利益连接机制，创新实施积分考核和"四金合一"收益分配机制，制作"家教榜"，家家户户张榜公示。黎山村将村集体经济收益分红与村民日常积分考核挂钩，不断在发展村集体经济的同时提升农村基层治理效能。

（二）力抓党建引领产业振兴，激发乡村治理高效能

1. 石椅村

石椅村在发展村集体经济过程中，采取"党建引领产业+致富带头人+农户"的模式，通过创新"一三产业互动模式"，定期举办庆羌年、祭山会、领歌节等活动。目前，石椅村已开发出羌族民俗体验、水果采摘、茶文化研学等七类旅游项目，培育接待经营户 23 户，其中星级农家乐六家，形成了集观光、体验、康养为一体的年接待 20 万人次游客的农文旅深度融合典型少数民族特色村寨。

石椅村通过基层党组织引领产业发展，在盘活闲置资产、优化村内资源的过程中，同步加强村道、农房、游步道、停车场等基础设施建设，有效利用村内荒山荒坡发展枇杷、李子等产业，进而将第一产业与第三产业相结合，发展农旅产业，实现"村落变景观、村民变服务员、农产品变商品"的新景象。石椅村基层党组织也注重在发展村集体经济的过程中，不断强化"三

治"（村民"自治"、律例"法治"、村民"德治"），推进生态建设，实施人居环境提升工程、"两改一建一入"工程，有效改善了村内人居环境，提升了村民自治水平。同时，石椅村进一步增强了村集体经济发展壮大过程中村民的凝聚力、向心力与行动力。

2. 皇帝庙村

皇帝庙村党总支始终聚焦党建引领产业发展，坚持以"党委领航，支部领路，企业领办，党员带头，全民参与"的"党建+农旅"产业发展模式为指导。皇帝庙村以果蔬、茶叶、药材种植及传统农业为主导产业，尤其是村内种薯基地、茶叶基地、青红脆李基地发展效益较好，进一步提高了村民和村集体经济收入。

皇帝庙村集体经济组织通过成立股份经济合作联合社，总投资 230 万元打造民宿建设项目，利用闲置宅基地修建民宿套房 4 套，含挡墙等附属设施，共 400 余平方米。其他投入达 80 万元，用于修建红色文化传承宣讲中心等。项目建成后以资产入股的方式，由专业运营方运营管理，村级集体经济组织参与财务监督管理以及资产权属归村集体经济组织所有。项目的建设有效改善了村容村貌，加强了人文治理，有效提升村民人居环境满意度与生活幸福感。

（三）优化村集体利益联结，构建"三共"治理新格局

新村融合发展后，苔子茶村基层党组织始终秉持着"集体有、大家有"的理念，建立多方共赢的利益联结机制，不断提升村集体经济的"造血"功能，筑牢共享联结根基。在强化利益联结，推动村集体经济共建共享的同时，苔子茶村进一步促进共治。苔子茶村决定在基金和集体分红管理原则下，加大村集体经济公共事务支出积累，预留资金也便于更好地服务村社会自治事务工作开展。村集体提留总收益的 40% 用于村社会自治事务、公共服务、文化活动等开支，村集体经济总收益的 60% 分配给集体经济组织成员，其中分

配给贫困户的基金收益高于集体经济组织成员的 30%。按照"脱贫不脱政策"的原则，2021 年，苔子茶村脱贫户仍享有高于集体经济组织成员 30%的收益，从 2022 年起脱贫户高出一般户收益的比例逐年递减 25%。

苔子茶村基层党组织在确保村集体经济资金用途公开、透明、有序的前提下，始终坚持共建共治共享的发展理念。村级集体经济组织取得收益后在留足发展资金的情况下，按股给脱贫户及一般户分红。同时，苔子茶村加大了用于村内自治事务、基础设施建设、扶危济困等相关惠民公共服务的资金分配比例，进而不断增强村集体的号召力、影响力、战斗力，提升基层治理效能。

四、经验启示

（一）发挥基层党组织的带头引领、战斗堡垒和领导核心作用

北川县各村加强了党员教育培训，定期召开党员大会，为党员提供政治理论和业务培训，提高了党员的综合素质和工作能力以及党员的党性觉悟，培养了忠诚、纪律性强的党员队伍。北川县各村密切联系群众，建立和完善了党员联系群众的制度，定期走访群众，了解群众的需求和困难，积极参与群众工作，解决实际问题，夯实党组织的群众基础；发挥党员的带头作用，使党员做到模范带头、忠实执行党的决策和政策，起到表率作用，在重大问题上引领群众积极行动。北川县各村强化了党的组织建设，确保党组织的稳定性和活力，提高党组织的凝聚力，让党员在党内有更强的凝聚力和向心力。集体经济组织中的党员队伍不断发展壮大，大部分村落由村"两委"班子代行集体经济组织职能。北川县各村推动重大决策执行，确保党的决策和政策在基层得到贯彻执行。对重大政策的落实，党组织起到了监督和引领作用，比如收益分配程序要经村党员代表大会审议通过才能推进。北川县各村加强协作，与其他政府部门、社会组织等合作，共同推动党组织的工作和项目实

施，基层党组织和村民委员会共同发展村集体经济，互相监督。

（二）发展村集体经济，实现"政经分离"

农村集体经济组织在基层党组织的领导下，依法管理集体资产、开发集体资源、发展集体经济、服务集体成员。村集体经济交给独立的机构进行营运，基层党组织对其进行监督。北川县各村依法组织实施了村委会与村级集体经济组织账务分设工作，落实村集体资产移交工作，为村集体经济发展提供坚实的物质基础。

五、问题难题

（一）缺乏专业人才

当前，随着大量农村青壮年劳动力外流，农村建设所需的现代人才还远远不够。调研发现，农村集体经济组织内部人员整体素质不高，专门的农业技术管理人才后备不足，难以满足市场经济发展的需要。在推动农村集体经济与乡村治理融合发展过程中，北川县仍然面临着专业人才缺乏的问题。一是缺乏管理人才，即高素质、懂市场、善经营的能够引领集体经济发展的管理人才难请。二是缺乏专业人才，即扎根农村、服务集体经济的精通财会、税务、金融、法律等业务的专业人才难找。三是缺乏技能人才，即掌握一定文化知识、具有一定技术专长和丰富实践经验的现代农民难留。

（二）基层党组织引领力与组织力有待进一步提升

作为领导力量的基层党组织组织力不强，领导作用发挥尚不充分，治理人才缺乏。部分村基层治理主体还保持着村"两委"和集体经济组织"一套人马统一管"的现状，尚不能实现"政经分离"。受基层党组织成员普遍年龄较大、文化程度较低以及缺乏青年党员等因素影响，一些党员干部对政策掌握不透，致富增收思路不畅；缺乏长远眼光，部分村集体经济发展缺乏长远规划，产业缺乏可持续发展。除此以外，在发展壮大村集体经济过程中，基层党组织发挥的"头雁"作用不足，难以提升村民集体行动能力。基层党组织内部建设缺乏相应的监督与激励机制，使得部分村干部的工作积极性不高，缺乏创新能力。同时，部分基层党组织干部并没有将农村集体经济发展与乡村治理结合起来，只注重村集体经济发展产生的经济效益，而忽视了其还会产生社会效益。

（三）农村集体经济发展模式单一

北川县农村集体经济发展模式较为单一，大部分村集体经济没有形成主导产业，缺乏市场竞争力，运营能力不强，多以小规模生产和租赁集体资源、资产的形式获取收益，自身造血能力不足，村集体经济产业发展缺乏可持续性。同时，由于集体资源匮乏，北川县难以有效盘活闲置资产，仅仅依靠政府给予的资金支持难以发展壮大。北川县产业发展动力不足，吸纳本地农民就业能力就难以提升，农村集体经济发展带动农民致富增收的能力也就不强。农村集体经济发展产生的收益低，难以为乡村治理提供所需的经济支持，因此我们在调研中发现，大多数村集体经济发展较薄弱的村的乡村治理问题较为突出。

（四）农户思想观念较落后、参与积极性不高

调研发现，村民参与农村集体经济发展的积极性与主动性普遍不强，限制了农村集体行动能力的提升。由于农村人口老龄化问题较为严重、村民的受教育程度及思想觉悟水平不高，村集体经济发展水平较为落后的村民普遍不看好村集体经济的发展前景，在行动上存在很强的盲目性。同时，长期存在的"小农思想"使农户更多关注自身利益，习惯于单打独斗，集体观念淡薄，不愿意融入集体大发展中来，甚至害怕集体经济的发展在某种程度上会损害到自身利益。除此以外，部分村民的"等靠要"思想较为严重，不少农村集体经济发展产生的效益较少，村民获得的利益较少，进一步影响了村民参与的积极性与主动性。因此，村民思想观念的偏差、参与积极性等个体因

素在一定程度上阻碍了农村集体经济的发展步伐与乡村治理水平的提升。

（五）参与乡村治理的机制不健全

村集体经济产生效益之后，村庄公共建设有了资金支撑，但是并不必然促进乡村治理能力的提升。调研发现，一些村集体经济负责人表示"二资"管理制度尚需进一步健全完善。除此以外，大多数村集体经济利益联结机制不健全，存在"一刀切"的问题，并没有根据各村发展实际情况来有针对性地完善利益联结机制。此外，用于提升农村公共服务水平、基础设施建设水平的资金留存比例偏低，难以与乡村治理紧密联系起来。

六、对策建议

（一）广纳贤才，补齐乡村人才短板

北川县应重视乡村人才的培育与吸引，发挥乡村新乡贤的带动作用，吸引专业型人才返乡带动村内经济发展，带来发展资金，提供就业岗位。政府应积极改善乡村社会环境，给乡村精英返乡创业提供良好的营商环境；要重视每年"选调生""三支一扶"等招录的人才，避免"居庙堂之高"的现象出现；着重培养本土人才，对乡村干部队伍中能力较强、头脑灵活的村干部进行培养，培养一批真正熟知本地实际发展情况的管理人才。

（二）加强基层党组织建设，发挥引领带头作用

首先，北川县要发挥基层党组织的核心作用，探索村集体经济发展模式，试点先行。北川县应不断探索"党建+N"工作模式，加强队伍建设，充分发挥党员干部在治理中的模范带头作用。北川县应组织在农村的基层干部积极参加业务培训，并将其纳入全面提升村干部综合素质的工程之中，帮助村干部通过有效学习提升能力、增强素质、更新观念和掌握技能。其次，北川县要建立健全人才激励体系，加大对基层党员干部的激励力度，用更加完善的激励政策和措施来激发他们的工作热情。同时，北川县还要建立完善的人才

奖励体系，发挥好党员的先锋模范作用，树立优秀典型。再次，北川县必须发挥乡镇政府的引导作用，创新工作方式，定期邀请示范村党支部书记谈工作思路和发展想法，邀请其他乡镇的乡村治理"土专家"到"一线"分享经验。最后，基层党组织在引领农村集体经济发展的过程中要注重乡村治理，通过加大公共服务力度解决乡村留守妇女、老人、儿童的生活问题，为乡村治理工作排忧解难，提升村民集体行动能力，使得更多村民参与到农村集体经济发展中来，多方联动，形成乡村治理合力。

（三）促进产业发展提质增效，提高农村集体经济的经济效益

北川县要挖掘乡村特色产业，盘活现有资源，加强"一村一品"产业建设；重点深入挖掘本地资源优势，落实产业结构转化升级；摸清村内现有资源，结合村庄的资源禀赋和区位优势，因地制宜地发展村集体经济。北川县要以强村带弱村，探索"飞地经济"新模式；要盘活村内的自然资源，利用土地及林地等自然资源，种植瓜果蔬菜，开展畜牧养殖，发展生态农业等，实现资源优势利益最大化。此外，北川县应加快土地流转工作实施，实现土地集约化、规模化发展。基层党组织应成立工作专班，对外出务工、土地撂荒、缺少劳动力等家庭开展宣传教育工作，讲明政策利害关系，建立完善的土地流转评估机制，以村民的利益为重，让村民切实看到集约化生产的好处，提高村民的收入水平。北川县要在发展农村集体经济产业项目的基础上推进新农村建设，打造并优化农村人居环境，使其与乡村旅游结合起来，大力发展休闲观光农业。

（四）突出宣传教育，发挥村民主体作用

一是改变群众观念，营造浓厚氛围。北川县要充分发挥基层党组织的引领带动作用，引导广大干部群众正确认识发展壮大村集体经济的重要意义，坚定发展农村集体经济的信心和决心。北川县要学习借鉴各地成功经验，总结一批有思路、有办法、见实效的先进典型，加大宣传推广力度。二是畅通

沟通渠道，突出村民发展主体地位。北川县要坚持完善村民自治制度，激发村民参与自治的热情，充分听取农村群众的心声，让农民有参与感、归属感。在制定村集体经济发展思路、贯彻落实各种文件时，北川县要加强与群众的联系，通过村民代表大会、上门座谈等途径广泛征求群众意见，多结合群众需求，搜集群众意见，凝聚群众智慧，将各项政策、决定及时向群众公开，并接受社会监督。在发展产业时，北川县要积极鼓励群众参与集体产业的投资经营，通过提供岗位、资金资源入股、提供技术服务等形式，为村民提供增收途径，调动村民参与的积极性，共享发展红利。

（五）强化集体"三资"管理，提高集体经济发展效能

一方面，北川县要健全财务监管程序，保证农村集体经济组织健康发展。北川县要严格执行"三资"管理制度，定期对农村债权债务进行检查和审计，定期公示债务回收情况，严格控制债务产生，降低村集体债务风险；对形成的固定资产，及时入账管理，防止资产流失。北川县要坚持收支两条线，严格资金使用，对集体收入，按照完整的财务会计程序，入户入账，避免形成"小金库"。另一方面，北川县要加大资产资源交易监管力度，确保集体资源保值增值。集体资产资源的透明交易，可以提高村民对村集体的信任度，也能更好地保护村干部的权益。除此以外，北川县要将加强村集体"三资"管理作为常态化推进抓党建，促进基层治理能力提升工作的一项重要内容。村民作为农村集体经济组织成员，是农村集体资产管理的最终受益者。北川县要进一步调动村民的主观能动性，使村民增强主人翁意识，为农村集体资产管理建言献策，提升基层自治水平。北川县要充分发挥现有村民小组长制度的组织力、执行力，帮助基层选拔出能力强、威望高的村民小组长，加强对村民小组长的培训和管理，使村民小组长成为政策法规"最后一公里"的有力执行者。

新型农村集体经济长效发展路径研究

——来自北川羌族自治县的蹲点调查

发展壮大农村集体经济既是实现乡村振兴和共同富裕的重要途径，也是农业和农村发展的内在需求。当前，农村集体经济存在发展缓慢、不平衡、模式单一、管理粗放、效益低下等问题，面对当前农村集体经济发展不平衡、不充分的现状，只有加强对问题原因的分析，找出制约集体经济发展的瓶颈，才有可能提出有效的对策建议，以促进集体经济的良性发展。2023 年 8 月 3 日，我们一行七人前往绵阳市北川羌族自治县进行了为期一周的蹲点调研，实地考察了石椅村、柳林村等 15 个村的新型农村集体经济发展情况，并从村庄的基本情况、产业发展、资产状况、联农带农机制、村集体经济发展情况五个方面对每个行政村的负责人进行了半结构化访谈。我们希望通过本次扎根一线的蹲点调研，总结典型经验，发现基层实践中的难点痛点，并适时提出具有针对性的合理化政策建议，以服务当地集体经济发展、助推乡村振兴。

一、基本情况

（一）地理位置

北川古名"石泉"，是华夏始祖大禹的诞生地，位于四川盆地西北部。北川县东接江油市，南邻安州区，西靠茂县，北抵松潘县、平武县，辖区面积 3 083 平方千米，辖 9 个镇、10 个乡（其中有 1 个民族乡），有行政村 202 个、社区 33 个，截至 2023 年年底，总人口 22.9 万人。

（二）地理环境

北川县地处四川盆地向青藏高原东部的过渡地带，自然资源优势明显，气候温和，光热条件好，雨量充沛，土壤肥沃且无重金属污染，灌溉水皆为洁净的山泉水，境内无任何工业企业及矿山"三废"污染，生态环境优美。此外，北川县是长江上游重要生态屏障，拥有 2 个国家级自然保护区、1 个省级自然保护区和 1 个国家森林公园，森林覆盖率近 70%。北川县地处"神秘天际线"北纬 31 度附近，保存了全球同纬度地区最完整的生态系统，生物多样性十分丰富。北川县有野生脊椎动物 515 种，其中大熊猫、川金丝猴等国家一、二级重点保护动物 74 种；有野生植物 2 150 种，其中珙桐、红豆杉等国家一、二级重点保护植物 13 种。北川县药材品种繁多，达 795 种（药用植物 616 种），其中 32 种已广泛种植、加工。

（三）交通条件

北川县交通便利，距离大中城市较近，距绵阳市南郊机场 39 千米，位于成都 90 分钟经济圈，重庆、西安 3 小时经济圈内。北川县通车里程超过3 610千米，国道 247 线、347 线横穿境内。

（四）历史文化

2003 年，经国务院批准，北川县成为全国唯一的羌族自治县。北川县有着厚重的文化底蕴和品牌底色，禹羌文化、红色文化、抗震文化和感恩文化交相辉映，是中国大禹文化之乡、中国羌绣之乡、海峡两岸大禹文化交流基地。羌年入选联合国教科文组织急需保护名录。北川县入选国家级非物质文化遗产保护名录 3 项、四川省非物质文化遗产保护名录 17 项，境内的地震遗址博物馆是独一无二的灾难纪念地。

（五）社会经济环境

北川县地处"一带一路"、长江经济带、成渝地区双城经济圈交会点，享受国家新一轮西部大开发、支持革命老区、四川省扩权强县试点县等政策，并享受绵阳市纳入国家系统推进全面创新改革试验区域、批准执行国家自主创新示范区先行先试、科技城比照中关村先行先试等政策。2022 年，北川县实现地区生产总值 94.47 亿元，同比增长 4.6%，城乡居民人均可支配收入增速位居绵阳市各区（县）第一。

二、主要成效

（一）发展"一主四特"产业，持续推动"三链同构"

近年来，北川县坚持发展以粮油为主，以北川苔子茶、药材、高山果蔬、特色养殖为特色的"一主四特"产业，持续推动农业产业链、品牌价值链、利益联结链"三链同构"，农村居民人均可支配收入增速连续 12 年保持绵阳市第一，建成特色农业产业基地 83 万亩，创建现代农业园区 15 个。茶叶是北川县的珍宝。自新一轮东西部协作工作开展以来，北川县狠抓茶产业，不断做"茶文章"，依托茶叶生猪种养循环现代农业园区建设，全力打造茶旅融合发展示范片区，已建成标准化茶园 9 万余亩，茶叶加工营销企业达 27 家，茶叶加工厂房面积达 6 万余平方米，茶叶加工产量达 1 250 余吨，茶叶综合产值达到 4.53 亿元。

（二）对现有资产盘活利用，助推集体经济实现长效增收

北川县 147 个村级集体经济组织通过盘活闲置资产，有效利用林地、水资源等增加村级集体经济收入 415 万元。例如，青片乡利用水资源与电站合作，获取收益，实现了全面"消薄"；2020 年以来，陈家坝镇黎山村不断加大村集体资源的整合力度，加强基础设施建设，实现经济效益最大化，整合土地资源 200 余亩，新建农特产品加工厂，由村集体统一经营管理，实现延长产业链、增加村集体经济收益的目标。

（三）创新基层治理方式，构建利益共享新格局

陈家坝镇黎山村是省级乡村振兴重点帮扶优秀村，其率先实行积分制考核，推行"四金合一"收益分配模式，获评省级合并村集体经济融合发展先进村。2022 年度，黎山村集体经济收益为 24 万元。根据《黎山村股份经济

合作联合社章程》第三十九条集体收益分配比例等相关规定，集体经济组织成员收益分红共 10.8 万元，其中积分股 2.4 万元、联户股 3.6 万元、成员股 4.8 万元。通过积分考核核定，积分股考核实际获得 2 588 个积分，每个积分分红 9 元；联户股考核实际获得 852 个积分，每个积分分红 42 元；成员股核定份额为 1 358 股，每股分红 35 元。

三、发展举措

（一）建立村集体经济帮扶机制

北川县对村集体经济薄弱村派驻第一书记，明确帮扶单位，进一步加强对集体经济薄弱村的帮扶，从班子建设、发展规划、人才培训、资金支持等方面加强对集体经济发展项目进行结对帮扶，指导、扶持盘活集体资产，兴办农业基地和农产品加工项目，推动村集体经济发展壮大。

（二）强化金融扶持

北川县将农村集体经济组织纳入了乡村振兴发展基金支持范畴，解决了村集体经济发展融资困难的问题。北川县向 11 个扶持村每村提供不低于 150 万元的资金支持。这些资金支持为村集体经济的发展提供了坚实的资金保障，确保了村集体有足够的启动资金，有助于村集体开展各种经济项目和活动。同时，北川县还大力开展"金融村官"联百村活动，统筹全县银行业金融机构选派政治过硬和业务精湛的干部职工到行政村担任"金融村官"，党员干部职工一般任村支书助理，其他干部职工任村主任助理。

（三）大力培养农村集体经济发展载体

一是北川县大力招商引资。北川县围绕主导产业，引进一批自主创新能力强、加工水平高、处于行业领先地位的龙头企业。例如，双潭村通过引导组织村民集中流转土地，将本村四组土地进行高标准农田改造，以招商引资方式，打造高山有机蔬菜和有机粮食种植基地，不断夯实村集体经济产业基础。二是北川县推动合作社高质量发展，鼓励村级集体经济组织联合种养大户组建专业合作社。例如，陈家坝镇黎山村以"合作社+农户+集体经济"的模式，探索出一条村集体经济发展的新路子。三是北川县培育壮大家庭农场。北川县利用中央农业产业发展资金，支持和培育小农户发展一批"小而精、小而特、小而强"的家庭农场。

四、经验启示

（一）适时构建"村社合一"的经济管理模式

北川县以行政村为单位，成立农村股份经济合作社，实现了村级组织与股份经济合作社的高度融合。作为一个特殊的独立法人，村级股份经济合作社有效实现村集体资产、资源、资金的整合，既可以将村集体资产全部入社，也可以承接省、市、县各级产业扶持、扶贫、以奖代补等各类政策性财政资金，还可以向金融部门抵押贷款以及吸纳民间资金入股。在新型集体经济发展初期，组织能力、启动资金和社会资源往往不足，"村社合一"的管理模式恰恰能最大限度地避开这些限制因素，符合现阶段大部分农村的生产力发展水平。例如，双潭村集体经济组织通过成立股份经济合作联合社，利用财政补助资金 150 万元建设农村环境整治提升项目。项目建成后，双潭村以集体资产入股通泉镇农村集体经济组织管理有限公司并由该公司进行运营管理，双潭村集体经济组织通过收取污水处理费用获得收入，并获得占股分红利益。

（二）形成共享共富的集体收益分配机制

在分配机制上，北川县兼顾村集体和集体成员的利益，争取实现集体收入与村民收入同步增长。集体收益部分主要用于公共基础设施和基本公共服务，包括改善水、电、路、网、气等基础设施和完善养老、医疗、教育、"三留守"服务、扶危助残脱困等村级社会保障。成员收益分配则以"工资 + 分红"的方式，让社员直接享受集体经济发展壮大的红利。例如，黎山村借助村集体经济融合发展的契机，建立并不断完善利益连接机制，创新实施积分考核和"四金合一"收益分配机制。

（三）打造稳定融合的产业链条

北川县通过深化东西部协作、龙头企业带动、政策资金扶持等方式对各要素进行集约化配置，打造持续稳定发展的产业链条，推进农村三产融合发展，从而拓宽农户增收渠道，构建现代农业产业体系。例如，北川县的中药材产业发展得如火如荼，随着中药材种植面积的不断扩大，当地合作社还建起了初级加工厂，解决了药材烘干难的问题，使中药材的售价提升了2倍左右。又如，玉皇山村立足生态、人文资源优势，依托"茶果"主导产业，打造集精品民宿、观光体验、研学培训、产品加工等于一体的农文旅特色农业园区，走出了一条农文旅融合发展的新路子。

五、问题难题

（一）资源优势不明显、不均衡

一是产业发展缺少可用资源，这是绝大多数"空壳村"遇到的问题。首先是自然资源贫乏。俗话说"靠山吃山，靠水吃水"，但对于无"山"无"水"的农村而言，发展集体经济无疑是很困难的，其与自然资源丰富的村庄相比具有明显的劣势。在访谈中，陈家坝镇黎山村及坝地乡水田村的村支书都表示本村资源匮乏，缺乏进一步发展壮大的条件。其次是人力资源不足。特别是偏远的村庄，农户受教育程度不高，村民的整体素质不高，缺乏一批有头脑、有干劲的致富带头人。此外，部分农村基层干部文化程度有限，在一定程度上也使得引领村民致富存在困难。

二是经营性资产资源匮乏，村集体融资难度大。因为历史原因，部分村可以盘活的固定资产较少，而金融部门在集体涉农贷款方面，贷款手续复杂，条件要求高，村集体上项目融资困难，发展集体经济举步维艰。在实地访谈过程中我们发现，村集体经济较为发达的村庄，如石椅村、黎山村，面临着如何进一步做大做强的问题；而集体经济较为薄弱的村庄，以村集体的名义进行贷款融资较为困难，当前起步发展的面临资金瓶颈制约较为突出，如银定村，当前该村集体无资产可用于发展产业，村里年轻者大多外出务工。北川县仍有 41 个村严重缺乏资产、资源、资金，村集体经济收入仅依靠村集体经济发展基金（原贫困村每个村 50 万元，非贫困村 10 万元）投资入股分红，经济增收路径单一，基础薄弱。特别是擂鼓镇的胜利村、柳林村等在"5·12"汶川特大地震后，为集中安置受灾群众，村集体所有的耕地、林地等资产和资源全部被征用，村集体经济发展除 10 万元的村集体经济发展基金外，无可利用的资产和资源。

三是资源存在过于集中问题。部分村基础薄弱，发展条件差，投入与产出不成正比，在壮大农村集体经济的过程中存在政策、资源过于集中等问题，导致政策推动力不足、投入资金有限等问题。我们在访谈中了解到，一些发展落后村的干部普遍反映，本村基础条件较差，招商引资困难，上级又倾向于把资金、政策向基础条件好的村庄倾斜，导致这部分村集体经济发展严重滞后。在调研的 15 个行政村中，除个别村庄集中大量财政资金投入和社会资本投资形成较多经营性资产外，大部分村庄还缺少经营性资产。与重点村庄相比，普通村庄只拥有集体所有的土地、林地等资源性资产，发展集体经济只能在土地上做文章。

（二）产业发展有待进一步深化

党的十九大提出"实施乡村振兴战略"，这是新时期农业农村发展的指导方针。其中，产业兴旺在五个总体要求中是重点，是实现乡村振兴的基础，直接关系到农业发展、农户增收和乡村社会繁荣，对实现乡村振兴战略目标意义重大。同时，以乡村振兴为目标的产业兴旺强调"乡村产业要根植于县域，以农业农村资源为依托，以农民为主体，以农村一二三产业融合发展为路径"，即乡村产业的发展最终要在农村范围内，以农民为主体，服务于乡村社会，同样村集体经济组织也是乡村产业振兴的重要主体，产业的兴旺发展也将为村集体经济高效发展增加源源不断的动力。目前，北川县已确立了以粮油为主导产业，苔子茶、药材、高山果蔬、特色养殖为特色的"一主四特"农业产业发展战略，促进村集体经济实现全面"消薄"和增收，但村集体经济在发展过程中仍存在一些问题。

一是村集体经济在发展过程中存在产业发展不平衡的问题。受到已有资产资源差异性的影响，目前有一些产业发展态势向好的村集体经济，如福田村通过整合自身已有的资源优势，在深化东西部协作的助推下，引进杭州奕米生态科技有限公司建设"福田里"蓝莓种植基地，初步形成了以规模种植、旅游采摘等为主的较为完整的蓝莓产业链，辐射带动 400 余户农户实现户年均增收超过 6 000 元。但是，北川县仍有 41 个村严重缺乏资产和资源，产业发展基础薄弱，特别是擂鼓镇的柳林村在"5·12"汶川特大地震后为集中安置受灾群众，村集体的耕地、林地等资产资源全部被征用。青片乡的高峰村因熊猫保护区建设占用了大部分林地，也缺乏足够的资源来发展产业。同时，有一部分村集体资源并不匮乏，但因不了解如何配置和利用资源建立和发展产业，导致其村集体经济收入主要来源于资源性收益，无经营性收益，难以实现村集体经济收入的长效增长。

二是已有产业在发展过程中存在规模化、组织化、专业化程度不高的问题。例如，北川县高山绿色蔬菜产业生产仍以单家独户种植为主，缺乏蔬菜龙头企业、合作社等组织带动，造成绿色蔬菜种植规模小、生产专业化水平不高、市场组织化能力不足等问题。此外，北川县无蔬菜批发市场，销售方式以外地蔬菜经销商到田间收购为主，可能导致农户对市场行情把握不准确从而给生产和销售带来不利影响。

三是产业发展过程中受到缺乏资金支持、基础设施状况不佳、村民认知不足等问题的制约。一些村集体在发展过程中由于受到资金缺乏的影响，难以促进其产业持续向好向优发展。同时，部分村庄受到外部条件的影响存在用水问题，基础设施建设有待加强，从而使其产业发展受限。还有一些村庄在发展过程中因村民认知不足导致盘活闲置资产难、整合资源难，从而极大地阻碍了产业发展。

四是产业缺乏品牌建设，市场竞争力不强。北川县高山绿色蔬菜产业发展过程中在大型蔬菜龙头企业和蔬菜品牌建设方面有所欠缺，其高山绿色蔬菜市场仍是鲜菜田间交易，多数蔬菜直接以原产品粗包装投入市场销售，产品附加值低，绿标作用未得到充分发挥，产品的市场竞争力不强，导致生态作物的经济效益和社会效益未达到最佳。

（三）发展思路较为局限，群众主体意识缺乏

在乡村治理共同体中，村民无疑是最重要的主体。2018 年中央一号文件提出，乡村振兴要遵循坚持农民主体地位的基本原则，要发挥农民在乡村振兴中的主体作用。乡村振兴需要乡村的有效治理，乡村治理有效则需要在共建共治共享社会治理格局下，充分发挥村民的主体作用。农民主体力量的发挥，核心在于农民主体性的培育和提升。农户也是村集体经济组织的主体，其是否具有足够明晰的发展思路和能否发挥主观能动性直接关系到村集体经济的发展好坏。目前，北川村集体经济发展过程中存在着负责人发展思路受限、群众主体意识缺乏的问题。

第一，陈旧经济思维模式在村集体经济组织中普遍存在。很多村集体经济组织以资源条件有限为由得过且过，相关负责人无法打破发展思路的桎梏，仅局限于完成政府下派的村集体经济发展目标，缺乏敢打敢拼敢闯的精神，并未能为村集体经济创造持续稳定的收入来源。同时，村集体经济组织负责人相关经营知识与能力储备不足，在发展村集体经济过程中常常心有余而力不足，并且"守住自家一亩三分田"的思想较为严重，仅"半封闭"搞产业规划，"问计于民"不够，并未形成群策群力的良性局面。例如，永安镇大安村因缺乏系统思维，加之经营管理不善，导致村集体经济产业发展后劲不足。

第二，村民缺乏主人翁意识，在村集体经济建设过程中参与度不高。即使村集体经济相关负责人有发展的动机和想法，但在整合资源过程中较难得

到村民的支持，从而导致资产资源利用率较低，发展项目难以推进。目前，农村人口老龄化问题严重，青壮年大多外出务工，从而导致村集体经济发展过程中缺乏年轻的血液和内生的动能与活力，常住村民的认知亟须提高。例如，白坭乡枸枝村的村民认知与信心不足，在盘活资产方面不愿配合，村领导班子率先尝试种植红脆李的失败经历更是使得村民信心受损。

（四）集体经济发展缺少经营人才

农村集体经济的公有制性质决定了它的发展需要村干部的谋划和带动，村干部要在其中发挥主导作用。然而，在现实中，大部分村干部很难实现村民和基层政府的角色期待，难以具备产业发展所需的全面而系统的领导能力与经营能力。一些村干部在任职之后无法兼顾自己原先的经济活动，导致家庭经营性收入骤减，在家庭生计和村务工作之间产生矛盾。村庄产业发展要靠项目，一些村干部"跑"不来项目和资金。一些村庄的村干部老龄化问题严重，"村委支委都是老头子，观念比较落后，都不会用电脑"，没有发展产业的视野和思维。基层政府希望通过换届选举实现村干部年轻化，选任年轻的村支书带领村民发展。但是，一些年轻的村支书由于缺乏实践经验、难以适应复杂的乡村社会，或者是在村外从事经营等原因，无心、无力发展村庄产业，更多是将村干部作为自己职业发展的过渡、缓冲或跳板。

此外，大部分村民的收入都以外出务工收入为主，主要从事农业生产的人数较少，并且平均年龄较大、文化程度较低，不足以从事大量的农业生产工作。这些村民虽然从事生产多年，但是缺乏相应的农业科学知识，对生产技术的理解也不够深刻。例如，黄家坝村在种植黄荆过程中就存在技术问题需要专家进行指导。由于经营管理人才的缺乏，农副产品管理和销售也存在问题，当地农业生产方式转型变得更加困难。如何引导青壮年人才回乡，以创业的方式拉动农副产品的生产，保证本村必要的劳动力是摆在各村面前的关键问题。

六、对策建议

（一）优化发展措施

一是在开发利用村集体资源中促进增收。做好村集体增收工作，应将工作的立足点放在村集体现有资源的开发利用上。各村应对可供开发的集体资源进行认真排查，摸清家底，并对如何充分利用这些资源拿出应对之策，最大限度地加以盘活利用，提高资源的利用率。

二是在服务农民增收中促进增收。各村应建立和完善行业协会或专业合作经济组织，在服务农民增收、促进农民致富的过程中，同步实现村集体自身的增收。

三是在创新优化经营机制中促进增收。各村应更新观念，拓宽思路，鼓励集体和农户以资源、土地、资金等入股，发展股份合作经济，多措并举，积极探索发展村集体经济的新路子。

（二）结合本村特点，打造"一村一策"的发展模式

因为各村的集体经济发展水平存在很大差异，所以要促进农村集体经济的发展，必须立足实际，因地制宜，因村制宜，走各具特色的强村富民之路。各村应突出各自的比较优势，大力推进农村的产业结构调整，带领和引导农户大力发展特色农业。各村应充分发挥各地的山林资源、农业资源、水资源、矿产资源等优势，发展特色经济；采取集体投资、村民入股和吸引工商资本投资等方式，科学开发优势产业，着力培育高效生态农业块状经济；大力发展生态旅游、农家乐旅游，使资源优势转化为经济优势，不断增强村集体经济实力。

具体来讲，北川县要实行"一村一策"的发展模式。第一，根据农村经济发展水平的不同，发达村、较发达村和欠发达村实行不同的经济推进步骤，制定不同的发展目标。第二，结合每个村的具体情况，充分挖掘其发挥集体经济的新的经济增长点。例如，对于地处山区的农村而言，其可以利用当地

丰富的山林资源，进行野生作物种植或特色景观旅游等；对于有一定经济基础，但发展特色不突出、缺乏竞争力的农村而言，其要在提高自身产品质量的同时，打响品牌，依靠科技的发展和国家政策的扶持，形成独特的竞争优势；对于农业有特色且具有一定规模的村而言，其可以围绕特色产品，发展农业中介组织，实行"一村一品"或"一乡一品"，把小生产与大市场连接起来。

（三）大力推动产业发展，促进村集体经济持续增收

一是强化要素支撑保障，引领多村参与产业发展。北川县应建立健全村集体经济帮扶机制，明确帮扶单位，加强对集体经济"薄弱"村的帮扶，从规划、培训、资金支持等多方面对集体经济发展进行结对帮扶、指导，扶持其盘活集体资产，形成自己的产业基础，并推动产业持续发展，从而促进村集体经济发展壮大。同时，北川县应在党委领导和政府监督下积极推行公司主体、多村参与的"抱团发展"模式，采取跨村联建、统筹共建的方式，从而有效解决村集体经济单打独斗缺资产资源、无路子以及相关负责人不会干、干不好的窘境问题，尽可能让更多的村集体参与到产业建设和发展过程中来。

二是打造产业链，创造村集体经济持续收入来源。首先，北川县应树立产业链思维，强化系统思维能力，横向聚焦协作链、纵向瞄准供应链，促进一二三产业融合发展。例如，陈家坝黎山村在生猪养殖产业发展基础上进一步基于农产品加工发展产业，延伸产业链条，并带动生猪养殖循环发展。其次，北川县应找准优势、劣势，明确主攻方向，并以此为依据合理配置资源，确保已有资源为产业发展所用。最后，北川县应鼓励家庭农场、合作社、龙头企业等新型经营主体积极建立与发展，通过新型经营主体带动产业发展，以提高产业规模化、组织化、专业化程度。

三是为产业发展创造良好的外部环境。北川县应加大政策扶持和资金倾斜力度，根据村集体的实际发展情况，完善精准扶持政策，引进专有发展项目，确保所提供的支持能切实突破村集体发展瓶颈，推动其产业的建立和发

展。同时，北川县应加强基础设施建设，建立和完善相关配套设施，解决用水用电等基础问题，为产业发展扫清障碍。北川县应通过加强基层党建，建立健全村集体管理体制等方式提高村民认知水平，从而提高村民的主人翁意识和思想认知水平，降低盘活闲置资产、整合资源的难度，夯实产业基础，并且让每位村民都自发地参与到产业建设与发展过程中来。

四是推动产业现代化发展，提高市场竞争力。北川县应打破产品出来找销路的传统农产品销售格局，积极寻求发展"订单农业"的新路子，以市场需求为导向，避免盲目生产，及时掌握生产主动性。北川县应积极成立专业合作社，通过专业合作社与本地及外地各单位签订生产销售合同，切实保护生产方和销售方的利益，实现共同发展。北川县应积极培育、扶持、发展、引进龙头企业，由龙头企业带动农户发展专业化、标准化、规模化、集约化生产，从而推动产业快速发展。北川县应大力发展"公司+农户"等多种经营模式，利用各种有效的合作方式，把生产和市场紧密结合起来。北川县应培育一批公共区域品牌，提高产品附加值，增强产品市场竞争力，促进当地产业的健康、稳步发展。

（四）拓展发展思路，增强群众主体意识

一是加强党建引领，培育村民集体主义精神。首先，北川县应加强党员队伍建设，积极主动从农村优秀青年群体中培养积极分子、吸收党员，提升党员队伍质量，从而培养一批思想端正、工作积极的领导者和负责人。其次，北川县应坚持县、乡党委统筹，大力推进探索新型农村集体经济壮大模式的各项工作，充分发挥党组织在发展村集体经济中的引领作用与服务功能。最后，农村基层党组织作为农村意识形态治理的核心力量，应注重用社会主义核心价值观引领和整合各种社会思潮，解决农户面临的各种理论与现实问题。北川县应以党的思想不断熏陶和影响各领导班子及其负责人，以党的原则和标准要求他们，同时要培育农户的集体主义精神，在自上而下的行政力量与

自下而上的农户需求的双重作用下，促进村集体经济组织不断发展壮大，不断为集体主义价值观增添新的生命力与活力。

二是强化各村责任人责任意识，提高其经营管理能力。首先，北川县应对村集体经济发展情况开展常态化监督检查，建立由县委组织部、县委目标绩效办、县财政局、县农业农村局组成的联合督查检查机制，将村级集体经济组织运营管理、村级财务等纳入巡察范围，确保村级集体经济组织规范运转。其次，北川县应建立健全村集体经济组织主体责任制，层层压实村集体经济建设主体责任，避免出现相关负责人在其位不谋其政，仅安于现状，并未真正对老百姓的幸福生活担起责任的情况。同时，北川县应做到从严监督考核，将村集体经济建设工作纳入乡级和村级年度考核主要内容，作为干部评先评优和提拔任用的重要依据。最后，北川县应及时总结、提炼，形成好的村集体经济建设及发展经验进行推广，组织各村负责人学习经营管理知识和优秀发展模式，派专家团队或本县发展成果不错的村负责人进行传授与指导，不断拓宽发展思路，增强解决问题的能力。例如，北川县通泉镇基于全镇资源成立的农村集体经济组织管理公司，围绕农村发展、劳务、商贸物流、建设、农旅、水资源六个板块创办子公司，由 17 个村支书成立领导班子，轮流管理六个子公司。这不仅有效配置整合了村庄资源，其实行的企业管理制度也使得村集体经济在管理方向上走上了更为科学的道路，并且也培养了一批懂管理的农村领导人才。

三是提高村民认知水平，强化多元主体协同参与发展壮大村集体经济。首先，北川县可以通过积分制等方式激发目标对象参与乡村治理的积极性，通过这样的正向激励机制调动起广大村民的积极性、主动性和创造性，从而减小在村集体经济建设过程中资源整合时可能遭遇到的阻力。例如，黎山村建立积分制，针对不同的人群发挥引导作用，设置相应积分规则，将村民的土地入股、道德践行、公共卫生维护等纳入积分考核，增强村民的主人翁意识和对村庄的认同感，打造乡村共建共治共享的局面，最重要的是使村民自发流转土地入股，从而实现产业规模化。其次，北川县可以由村领导班子或鼓励大户率先采取措施，做出成果后再吸纳更多村民参与村集体经济建设，而不是一味只寄希望于政府，从而摆脱"等靠要"思想。同时，北川县也需要通过宣传教育来为村民树立信心，最重要的是要增强集体凝聚力，提高村民对村集体的信任度，齐心协力"拧成一股绳"来发展壮大村集体经济。最后，北川县应努力吸纳人才，为村集体经济建设过程中的政策设置、产业发展等持续助力，为村集体经济建设注入新鲜血液，增添内生动力，从而也对广大村民产生源源不断的正向影响。

（五）坚持人才兴村，持续强化村集体经济人才保障

"人才是发展的关键"，发展村集体经济必须坚持科技人才兴村，加强人才培养。因此，北川县要加大对市场经营者、管理人员的培训力度，采取"请进来、送出去"的人才培养方法，不断提高市场经营者的科技文化素质。政府要加大力度培养行业协会、专业组织和职业经理人才等，引进这些人才开展企业管理和业务培训、信息咨询。

首先，北川县要提高村干部综合素质。一是北川县应以党校、成人学校、农函大等阵地，采取脱产、函授、短训班等形式，对农村干部加强轮训，提高村干部驾驭经济发展的能力。二是北川县应加强村支书队伍建设，由素质好、能力强、头脑活、有号召力的党员担任党支部书记。三是北川县应逐步提高与完善村干部的报酬和激励机制，解决他们的后顾之忧。

其次，北川县要对生产农户进行比较系统的培训，包括生产技术、市场营销、加工技术等，提高农户技术水平及科技素质，让农户真正参与到市场中去。农业技术部门应搞好培训的组织工作，抓好示范片的建立，引导农户参与市场竞争，注意加强产前、产中、产后服务。

最后，北川县要提高农户素质，培养新型农民。一是北川县应鼓励有一

定文化的农村青年外出打工，开阔眼界，学习技术，增长知识，增加收入，并动员引导这些农户回村发展，利用其所学的技术、管理经验和所获的资金来为集体经济发展做贡献。例如，创办或承包集体企业，承包荒山、荒地、林地、水面等。二是北川县应加强业务知识学习培训，开设农业发展、乡村旅游专业等课程，采取轮训方式对负责村集体经济发展的干部进行全员专项培训，帮助其提升发展壮大村集体经济的能力。北川县应持续推行"能人治村""雁归反哺"行动，用活用好驻村工作队、科技特派员、农业技术专家和"土专家"等人才队伍，注重从致富能手、优秀大学毕业生、外出务工经商人员中选拔优秀人才担任村集体经济组织负责人等。三是北川县应加强对现代农民的文化教育，特别是要关注农村留守儿童的教育问题，提高农户的综合素质，培养农户的集体意识和社会责任感，提高农户的生产积极性，让农户积极参与到集体经济的建设中来。

新型农村集体经济的发展路径与政策建议

——自贡市沿滩区蹲点调研报告

农村集体经济是社会主义公有制经济在农村的主要实现形式，随着新型农村集体经济发展进入快车道，农村集体经济将在实现共同富裕方面发挥重要作用。习近平总书记曾多次就发展农村集体经济发表重要讲话，他强调，发展壮大村集体经济是强农业、美农村、富农民的重要举措，决定着全面小康社会的成色和社会主义现代化的质量，是实现乡村振兴的必由之路。党的二十大报告聚焦全面推进乡村振兴，提出发展新型农村集体经济。发展农村集体经济是践行中国特色社会主义建设的要求，是国民经济建设成果在农村的集体体现，更是实现乡村振兴的重要举措。

沿滩区隶属于四川省自贡市，辖区面积 466.71 平方千米。近年来，沿滩区政府在农村集体经济发展的道路上，进行了多方面的尝试与探索，摸索出多种类型的村集体经济发展模式，并取得了一定成效。目前，沿滩区农村集体经济正在稳步发展。为掌握沿滩区农村集体经济发展的现状，厘清沿滩区农村集体经济发展的主要做法、成效以及发展困难，不断发展和壮大村集体经济实力，我们前往自贡市沿滩区仙市镇、永安镇、瓦市镇等地区进行了实地调研，并与当地村"两委"和有关农业部门进行了座谈交流，深入调研了解了当地村集体经济发展状况。

农村集体经济的发展壮大，是实现农业农村发展的经济基础，是解决好我国"三农"问题的关键举措，也是新时期我国全面实现乡村振兴战略建设目标的主要抓手。我们以四川省自贡市沿滩区为例，详细研究其村集体经济发展状况，总结其发展的特点，并提出有针对性的对策建议，既有效补充现阶段我国乡村振兴背景下欠发达地区村集体经济发展理论的相关研究，又对以沿滩区为代表的西部欠发达地区乡村振兴发展具有重要的借鉴意义。

一、基本情况

沿滩区是自贡市的南大门，距自贡市中心 13 000 米，拥有两个街道和十个乡镇、92 个行政村，辖区面积 466.71 平方千米，地貌以丘陵为主，属亚热带湿润气候，四季分明，宜居宜业。户籍人口 39 万人，农村常住人口 13.48 万人，农民专业合作社 228 户，农村居民人均可支配收入 21 715 元。沿滩区有柑橘、花椒两个 10 万亩现代农业园区。目前，沿滩区正主攻发展高粱产业。

（一）仙市镇

仙市镇位于沿滩区北部，面积 55.33 平方千米，是自贡市较早获批的中国历史文化名镇，也是国家 4A 级旅游景区。

1. 百胜村

百胜村位于仙市镇南部，距离自贡高铁站 5 000 米，面积 3.97 平方千米，现有村民 760 户、2 925 人。百胜村是沿滩区贯彻落实"文旅兴市"战略、融入巴蜀文化旅游走廊，打造川南特色慢村宿集的重要承载区域，获得"全国美丽乡村示范村""四川省乡村治理示范村"等荣誉称号。百胜村集体经济的经营方式为"自主经营+合作经营+产业租赁"。2022 年，百胜村集体经济总收入 20.2 万元，发展教育配套产业收入 93 万元，入股业主项目收入 8.9 万元，实现了从"空壳村"到兴旺村、幸福村的蜕变。

2. 大岩村

大岩村位于仙市镇东南部，面积 4.84 平方千米，村内有 13 个村民小组，户籍人口 2 901 人，下设两个党支部，现有党员 63 名。大岩村坚持"党建+"模式，多措并举，推动集体经济发展聚势赋能。大岩村利用农业基础优势，着力发展稻虾养殖和鸡枞菌培育产业，推行"虾稻共作+虾稻轮作"种养模式，打造循环农业发展模式。大岩村还通过举办"小龙虾垂钓节"，累积吸引游客 3 万人次，获得 150 万元旅游收入，创收集体经济收入 8 万元，提供500 余个服务岗位和 30 余个再就业摊位，实现农户增收和解决劳动力就业的双重效益。

（二）永安镇

1. 云龙村

云龙村面积 5.3 平方千米，其中耕地面积 1.8 平方千米，户籍人口 3 516人，现有党员 85 名。云龙村地理位置较好，主要发展花椒产业，种有水稻、油菜、高粱、大豆、玉米等粮食作物。

2. 瓦市村

瓦市村面积 6.5 平方千米，其中耕地面积 1.86 平方千米，有 1 258 户、4 023 人，现有党员 88 名。瓦市村基础设施完善，建设有高标准农田，主要发展花椒产业，种有 1 500 亩水稻和 1 200 亩玉米等粮食作物。

（三）瓦市镇

1. 大雁湖村

大雁湖村是脱贫村，位于瓦市镇西南，面积 5.4 平方千米，其中耕地面积 3 564 亩，有 20 个村民小组，有 1 079 户、3 953 人。大雁湖村有两个党支部，现有党员 74 名。大雁湖村集体经济发展模式多样，一是资源合作，如通过出租大堰水库及入股荣鑫虾业分红，每年收益 5.5 万元；二是劳务合作，主要靠承接小型工程或获得租赁收入；三是农业生产，如柑橘、花椒种植。大雁湖村有以柑橘、藤椒为主的产业 600 余亩。

2. 新堂村

新堂村面积 6.9 平方千米，其中耕地面积约 6 平方千米，户籍人口 3 820

人，现有党员 71 名。该村主要产业有大豆、高粱、涪陵榨菜种植等。其中，高粱产业是与顺水公司签订合约，发展订单农业；大豆产业是与丰达种业合作，发展订单农业。

（四）九洪乡三河村

三河村位于九洪乡西北方，距九洪乡政府所在地 6 000 米，面积 4.76 平方千米，其中耕地面积 3 482.26 亩，有 12 个村民小组，有 990 户、3 484 人。三河村有 2 个党支部，现有党员 64 名。三河村的主要产业有高粱、马铃薯、大豆、西瓜、香瓜、稻鱼、稻虾、花卉苗木等。2022 年，三河村实现村集体经济收入 132.62 万元，带动 900 余户增收，户均年增收 1 000 元。

（五）联络镇

联络镇地处沿滩区西南部，与富顺县板桥、中和连界，同沿滩区的永安、富全、九洪等乡镇接壤，距金银湖高速路出口 11 千米、沿滩区城区 17 千米，面积 32.2 平方千米，辖 5 个村、1 个社区、71 个村民小组、4 个居民小组，总人口 2.3 万人，属于典型无工业企业支撑的纯农乡镇。自 2017 年以来，联络镇紧紧依托乡村振兴示范片区建设，大力支持村集体经济发展，按照"一村一业、一业一品"的目标，成功争取扶持村 2 个，成立村级集体经济组织 5 个，完成大棚蔬菜、稻虾轮作等集体经济规划 5 个，启动实施 1 个。目前，联络镇 2 个扶持村集体经济总收入为 18.02 万余元，3 个非扶持村集体经济总收入为 19.38 万余元。

1. 高滩村

高滩村位于沿滩区联络镇北部，由原高滩村、海涛村合并而来，距离自贡市市区约 30 千米，距离沿滩区城区约 20 千米，面积 8.2 平方千米，现有 17 个村民小组，有 1 158 户、4 296 人。高滩村有 2 个党小组，共 53 名党员。高滩村以玉寺山森林公园为中心的特色产业初步成型，主要发展蛋鸡、柑橘、蔬菜、水产养殖等特色产业 1 000 余亩，通过盘活玉寺山撂荒地进行稻虾基地、水果采摘园、农产品代销点建设，打造集乡村旅游、观赏采摘、农产品销售为一体的玉寺山桃花谷农旅项目。该产业由村集体经济联合社自主经营，聘请了伟伟家庭农场业主作为职业经理人负责管理。目前，高滩村集体资产总价值 850 万元。

2. 胡桥村

胡桥村是省级脱贫村，面积 5.55 平方千米，现有 13 个村民小组，全村共 898 户、3 324 人。胡桥村有 2 个党支部，现有 78 名党员。村"两委"班子成员共 6 名，其中本科学历 2 人、大专学历 1 人、高中学历 3 人，平均年龄 34 岁。村集体年收入 20 余万元，由村支书担任村集体经济组织法人。胡桥村的主要产业有柑橘、花椒、花卉、砂仁和藤编等。

（六）黄市镇

黄市镇是沿滩区的大乡镇之一，面积 34.45 平方千米，境内有两条小河和碾子滩水库，水资源丰富。黄市镇土地肥沃，适应多种农作物生长。黄市镇具有得天独厚的地理位置，地处自贡市沿滩区的腹心地带，距内宜高速公路金银湖（黄市）收费站 7 000 米。黄市镇有食品工业园、新材料化工工业园，种植柑橘、花椒等，还发展竹草编特色产业。黄市镇霞光村集体经济组织成立于 2020 年，有集体经济联合社成员 4 472 名，集体经济联合社采取"上级财政扶持资金+农户土地入股"的方式进行运行，分别以入股三个企业分红及自主发展林下养鸡产业的方式发展，农村集体经济发展成效较为显著。

（七）沿滩镇

沿滩镇地处自贡市东南部，位于釜溪河下游，是沿滩区委、区政府所在地，辖 10 个村、3 个社区，常住人口 3.8 万人。2022 年，沿滩镇创新提出"引擎带动+四片共振"的发展思路，成立沿滩区首个集体经济联合总社，突出发挥总社"红色引擎"作用，实施乡村振兴衔接项目 3 个，孵化高粱、白对虾餐饮接待中心等项目 12 个，全镇实现集体经济收入 450 万元，获评自贡市整镇推进集体经济示范镇。沿滩镇詹井村"小资源撬动大财富——贫困村上演蝶变记"经验做法获评了四川省十大优秀案例。詹井村主要通过资金入股发展羊肚菌种植、资源合作开发文创设计、股份合作建成詹家井集体酒店，有效推动村集体经济多元化、突破性发展，从而实现从"空壳村"到"超百万村"、从省级贫困村到省级首批乡村振兴示范村的跨越和嬗变。

（八）兴隆镇

兴隆镇面积约 28 平方千米，人口约 1.8 万人，有 5 个村、1 个社区、62 个村（居）民小组，是离自贡市区最近的建制镇，四周分别紧邻高新城区、卧龙湖片区、金银湖片区、西南物流园区、自贡食品工业园区，是一个天然的城乡融合带。兴隆镇有内宜、自隆、乐自 3 条高速公路，整体区位紧邻大城市、背靠大农村、连接大园区。兴隆镇有 5 个集体经济组织，村级集体经济组织内部管理制度和收益分配、经营运行等制度初步建立。

二、主要成效

近年来，沿滩区在推进新型农村集体经济发展中不断创新机制、探索发展路径，村集体经济实现快速发展。目前，沿滩区集体经济组织正不断发展壮大。

一是村均收入逐年增长。从 2016 年多数村集体经济收入为"零"，到 2022 年全区农村集体经济收入 2 326.28 万元、村均收入 25.29 万元，较 2016 年分别增长 25.3 倍、43.4 倍。从收入层级来看，2022 年，村集体经济收入超过 100 万元的村有人民村、互助村、詹井村和三河村四个村，村集体经济收入 50 万~100 万元的村共 5 个，村集体经济收入 10 万~50 万元的村共 47 个，村集体经济收入 10 万元以下的村共 36 个。

二是收入结构发生转变。沿滩区村集体经济收入从主要由社会捐赠、固定资产变卖、占地赔偿等非经营性收入构成，转变为主要由经营集体资产产生的经营性收入构成。2023 年，村集体经济收入中经营性收入占比为 70.37%，村级集体经济组织管理水平逐年提升。

三、主要做法

沿滩区各村镇的实际情况相差较大，其做法也存在着一定的差异。总体来看，主要做法如下：

（一）建立机制扶持村集体经济发展

一是健全管理机制。沿滩区严格落实"三会"制度，完善村级集体经济组织内部管理、经营运行等制度，充分保障社员参与权、知情权、监督权，构建"按劳取酬"和"按股分红"相结合的利益分配机制，因村制宜，探索实施多类收益分配机制，以正向激励提高干部群众的积极性。沿滩区严格落实党建引领支持发展新型集体经济措施，确保政策落实不走样。

二是严格监督机制。沿滩区实行村级集体经济组织财务公开制度，通过主动公示，召开院坝会、村民小组会等多种形式定期公开村集体经济投入、收益、分配等信息，接受集体经济组织成员、村民代表、村务监督委员会的民主监督，保障群众的知情权、参与权、决策权和监督权，确保村集体经济健康发展。

三是建立收益分配机制。沿滩区各村镇实施"4321"分配模式，将村集体经济收益的40%作为滚动资金，30%作为集体经济成员分红，20%作为乡村治理和公益事业发展资金，10%作为村级集体经济组织管理人员创收奖励。

四是设置考核机制。沿滩区建立周评估、月调度、季考核工作机制，实行绩效奖励、点对点调度、适当通报等方式，将村集体经济年度目标完成情况与村干部绩效工资挂钩，激励各村互比促干，督促村党支部书记主动思索谋划、履职尽责，不断调动村干部发展集体经济的积极性，营造齐抓共创的良好干事氛围。

（二）多种模式发展壮大村集体经济

沿滩区有92个行政村，其中获省财政扶持的村有34个，获市级扶持的村有7个，累计争取到位各级财政资金3 540万元，主要通过开展自主经营、入股合作、租赁经营等模式发展壮大村集体经济。

一是股份合作自主经营。例如，九洪乡三河村投入 40 万元，以"村集体+农户土地"折资入股的方式发展高粱订单农业，实现年村集体经济收益 32 万元。

二是资金入股借力发展。例如，黄市镇霞光村将扶持资金 80 万元入股霞光食品厂、黄市工艺品合作社等，实现年固定收益 4.8 万元；黄市镇水井沟村 2017 年利用产业扶持资金 147.5 万元入股自贡市焱平农业有限公司，实现年保底分红 7.3 万元。

三是租赁经营稳健发展。例如，沿滩镇飞跃村投入 80 万元用于建设汽车物流综合中心，每年获得租金 6.6 万元。

四是托管代理服务发展。例如，富全镇蒲余村投入 10 万元购买小型耕地机、收割机等农机设备，为农户生产提供社会化服务，村集体经济收益年均 2 万元。

五是盘活撤并村闲置资产。近年来，由于耕地红线保护政策和高标准农田建设等措施的实施，农村可开发利用的建设用地越来越少，大量闲置房屋、破旧学校等闲置资源被浪费，因缺地而导致的项目难引进、产业难发展问题普遍存在。因此，盘活现有闲置资产对发展村集体经济至关重要。例如，仙市镇百胜村通过盘活闲置村级土地，成立教育咨询公司承接各类教育培训，村集体经济年收入 137 万元。联络镇高滩村通过盘活玉寺山撂荒地进行稻虾基地、水果采摘园、农产品代销点建设，打造集乡村旅游、观赏采摘、农产品销售于一体的玉寺山桃花谷农旅项目。高滩村依托该基地项目，带动周边农户发展特色种养产业，实现了农旅融合互动，推动了集体经济增收，该村集体经济资产总价值达 850 万元。

六是共建"飞地"抱团发展。例如，永安镇成立村集体经济联合总社，由每个村入股 5 万~10 万元到自贡熙院微田园农业发展有限公司，建设集餐饮、度假、观光等功能于一体的休闲旅游综合体。每个村按股实现分红，每个村年收益至少 2 万元。

此外，仙市镇百胜村还积极探索了村集体经济发展的新路径，其借助仙市古镇的名气，以盘活闲置宅基地为突破点，充分激活优势资源、整合闲置资源，大力发展乡村旅游，创新打造基层发展治理教学点，探索"教育配套+农旅融合"双线并行集体经济发展模式，实现村集体经济从无到有。一方面，百胜村通过多年的不断努力建成占地近 400 亩的仙市慢餐产业园，实现年接待旅游 20 万人次，成为远近闻名的乡村周末游目的地。另一方面，百胜村通过资源重整，深入挖掘本地得天独厚的资源优势，创立了沿滩区基层发展治理教育培训有限公司，并成功吸引沿滩区基层发展治理学院"来村办学"，实现集体经济增收。

（三）党建引领助力村集体经济发展

沿滩区始终坚持党建引领村集体经济发展，充分发挥农村基层党组织对发展新型农村集体经济的领导作用，切实让村集体经济组织这一实施主体在村党组织的领导下，以高度的政治责任感，把农村党员群众组织起来，全力发展新型农村集体经济，推动农民致富、集体增收。

一方面，沿滩区不断强化村党组织的领导，贯彻落实新时代党的组织路线，加强基层组织建设，选优配强村干部队伍，加大后备力量培养力度，组织开展抓党建促乡村振兴的主题培训，持续开展软弱涣散党组织和后进村党组织整顿，深化评先定级和"担当作为好支书"评选，不断筑牢基层基础。另一方面，沿滩区不断健全村党组织领导机制，推行村党组织书记、班子成员兼任集体经济组织负责人，村党组织提名推荐集体经济组织管理层负责人，选配合适的经营管理人员和发展带头人。同时，村集体经济的重要事项需经村党组织研究讨论。村党组织要组织动员党员、村民发展壮大集体经济，使发展集体经济的过程成为发挥、检验党组织战斗堡垒作用和党员先锋模范作用的过程，成为党组织提升影响、整体加强的过程，成为教育引导村民增强集体意识的过程。

沿滩区仙市镇根据产村相融、农旅融合的发展思路，积极探索出"党建+

产业+项目"的发展思路，积极推行了"党组织+集体经济+合作社+公司"模式，积极筹建了为农服务中心，发挥了党员带头人在人才、项目、信息、养殖、销售等方面的优势。仙市镇大岩村初步形成了"121"发展模式，即1个种养循环产业基地（大岩村集体经济种养基地），2个特色主导产业（小龙虾养殖、鸡枞菌培育），1个特色文旅品牌（大岩龙虾垂钓节）的产业布局，打造出乡村农旅产业链，实现集体搭台、农户增收，实现农旅融合发展。仙市镇党委从自身职能出发当好"领路人"角色，充分发挥"头雁"效应，把大岩村集体经济产业基地列为镇党委书记抓党建项目，着重强化党组织对小龙虾、鸡枞菌产业的示范领导，按照"支部+协会+集体经济"的发展模式，指导成立大岩虾塘小龙虾养殖协会和党支部，带动项目资金、技术支持等资源要素聚集，推动村集体经济发展壮大。

四、问题难题

当前，沿滩区村集体经济总体实力不强、发展不平衡，主要问题如下：

（一）农村集体经济发展认识不足，缺乏激励机制

一是村民思想认识薄弱。沿滩区村民对发展村集体经济的重要性认识不足，没有意识到发展村集体经济对促农增收、促进农村劳动力就业的积极作用，其对发展村集体经济还抱着犹豫和观望的态度，参与村集体经济缺乏积极性。

二是村干部发展意愿不强。部分村干部对发展村集体经济的认识有偏差，认为经营村级集体经济组织存在的风险较大，其思想压力和畏难情绪较大，担心亏损，并且他们认为自己收入较低，不愿投入过多精力，也不愿承担发展集体经济的风险，发展村集体经济的意愿不强。

三是村集体经济发展缺乏激励机制。村集体经济发展缺乏激励机制，其对于村干部提高自身经济、政治待遇的作用不大，无法为村干部带来切实利益，因此不少村干部主要将时间放在日常工作和其他工作中，不愿积极发展村集体经济。

（二）农村集体经济人才紧缺，缺少带头人

推进乡村振兴战略实施，发展新型农村集体经济，党建引领是根本保证，人才是基础支撑。调研发现，沿滩区各村普遍存在着老龄化问题，村集体经济人才紧缺，村内大量有知识、有技术的优秀人才外流，导致村内有知识、有文化、会经营管理的人才越来越少，壮大村集体经济失去人力保障。

此外，调研发现，沿滩区村集体经济发展成效突出的村都有一个共同点，即都有一个思路开阔、能力出众的带头人。例如，仙市镇大岩村在当地龙虾养殖带头人引导下，建立了村集体经济种养基地，发展小龙虾养殖、鸡枞菌培育这两个特色主导产业，并创办了小龙虾垂钓节，发展农旅融合，让集体经济从无到有，从弱到强，使大岩村实现农民增收。但是，目前大多数村还缺乏这样优秀的带头人，聘用职业经理人的村也较少，仅靠村"两委"班子发展村集体经济。然而，村"两委"班子发展村集体经济的意识普遍较弱，一方面，其缺少发展村集体经济的思路和能力；另一方面，其缺乏产业发展的渠道等，从而导致各村集体经济发展水平参差不齐，取得成效不够显著。

（三）农村集体经济资源条件差

一是资金带动不足。各村资金原始积累少，仅靠上级的扶持资金发展村集体经济，部分村干部"等、靠、要"思想严重，而扶持资金难以起到实质性的推动作用。此外，尽管各村基础设施和交通条件较为完善，但仍然难以吸引外来资本投入开发，村集体经济发展后劲不足。同时，受干旱影响，部分村试点资金投资的部分项目出现严重困难，导致项目本金无法收回，一定程度上制约了村集体经济的发展，甚至出现债务风险。

二是土地资源欠缺。沿滩区村属资源较少，村内可开发利用的土地资源较少，大部分土地属于基本农田，部分村级集体经济组织尽管有发展思路但因缺地导致难以引进产业。例如，瓦市镇大雁湖村全村一半的面积被大雁湖水库占用，尽管其离高铁站、高速公路近，地理位置优越、旅游资源丰富，但苦于水库周围都是环境保护用地和基本农田，难以发展产业，村集体经济发展受限。

三是技术支撑匮乏。沿滩区地处丘陵地带，土地分块严重，机械化水平较低，现有的少量农机租金也较为高昂，难以普及农业机械化和实现产业规模化。同时，沿滩区技术创新能力不足，各村有知识、有技术的人员大都选择外出务工，技术指导远远不够，壮大村集体经济的技术支撑存在短板。

（四）村集体经济体量较小且质量不高，产业选择不明晰

调研发现，沿滩区各个村的村集体经济发展路径、模式都较为单一，可复制性弱；各村集体经济发展对上级资金补助扶持政策的依赖性强，自主发展能力弱。虽然大多数村都建立了村级集体经济组织，但发挥作用不明显，绝大部分村集体经济选择入股分红的方式来创收，自主发展产业的村较少，经营性收入也较少。

一方面，大多数村发展集体经济都是走一步看一步，村集体经济发展一味追求不亏损，选择将扶持资金入股其他公司获得保底分红，或者依靠集体资产租赁收取劳务服务费，集体经济发展路子窄、方法少，没有明确的产业方向和特色产品。同时，调研发现，部分村现有产业的规模化和集约化程度不足，市场占有率较低，在市场营销、宣传推介上还不够广泛和有效，品牌知名度和辨识度也不够高，没有形成家喻户晓的特色农产品品牌。例如，九洪西瓜、沿滩青花椒等仅在自贡市内较为出名，但在四川省乃至全国范围内还有待继续推进品牌化。

另一方面，各村发展农村集体经济产业的能动性较低，同质化、跟风式发展多，产业竞争力不强。调研发现，沿滩区许多农村地区在发展中呈现出相似的特点和趋势，各村往往延续以往产业发展，或者盲从周围村落赚钱的产业，大部分村正在走或计划走农旅融合发展路线。这种同质化现象不利于集体经济的持续发展。例如，沿滩区 2022 年与顺水公司签订的高粱订单农业创收显著，导致 2023 年大量农户涌入该项目，进而使得 2023 年高粱供过于求，截至调研结束仍有大量高粱堆积，无法卖出。

（五）村集体经济配套政策和机制不完善

一是村集体经济政经合一现象突出。调研发现，沿滩区大部分村级集体

经济组织由村"两委"班子代行职能，村干部没有正确认识村集体经济的功能，组织间职能关系未理清。

二是村集体经济相关配套政策不完善。调研发现，有多个村表示项目申报过程还存在效率问题，缺乏统一的政策体系，难以促使项目更顺利、更迅速地申报完成。

三是农村集体经济各项机制不完善。村集体经济经营机制、管理机制、考核机制、利益分配机制等都不够完善。例如，调研发现，大多数村干部都抱怨过在村集体经济发展过程中不知如何管理，存在管理机制不完善的问题；村集体经济的考核机制也过于偏向经济要素的考核。

五、对策建议

（一）深化思想认识，完善激励机制

沿滩区村集体经济发展处于初期，发展规模较小，发展动力不足，为进一步促进村集体经济的发展，地方政府应首先从思想认识出发，多措并举强化各参与主体对发展村集体经济工作的重要认识，同时建立健全村集体经济发展的激励机制，切实调动各方力量积极参与村集体经济的发展。

一是强化村民对积极参与村集体经济发展的认识，不断加大宣传力度，引导和激励农民主动参与村集体经济。一方面，沿滩区可以在召开农村党员大会时，积极宣传发展村集体经济的优势政策、具体做法以及重大意义，借助农村党员的力量帮助宣传村集体经济。另一方面，沿滩区可以通过召开宣讲会、发放宣传资料、办好宣传展板等形式来加大村集体经济发展的宣传力度。同时，沿滩区可以利用农村办"坝坝宴"人流量大的有利时机，发放宣传资料，让农民群体了解发展村集体经济的优势及具体做法等，从而带动其积极参与村集体经济。地方政府要创新宣传形式，既要积极借助政府官网等网络媒体进行宣传，又要创新性地借助老百姓熟悉的微信、微博、抖音短视频等新媒体进行宣传，突出宣传老百姓关心、感兴趣的内容，如先进地区发

展村集体经济后的巨大成效等，从而吸引更多农民发展村集体经济。

二是增强政府公职人员对带头引领做好村集体经济工作的认识。沿滩区可以借助专题培训、参观学习等形式不断提高政府公职人员对发展好村集体经济重要性的认识，切实强化各级政府公职人员对乡村全面振兴的使命感、责任感，使其深刻领会发展壮大村集体经济是党中央基于中华民族伟大复兴而提出的一项重大战略，有利于提升农民幸福生活水平，促进乡村全面振兴。

三是增强第三方社会主体积极参与村集体经济发展和助力乡村全面振兴的意识，积极培育村集体经济带头人。地方各级政府应把乡村成功人士、能人和退休干部职工作为重要群体，动员其积极参与村集体经济发展，把其培育成村集体经济带头人，发挥其对振兴和发展村集体经济的巨大作用。同时，沿滩区可以通过召开座谈会、推介会和联谊会等多种形式，积极动员企业、社会团体和中介服务机构等第三方社会主体共同参与村集体经济发展，多主体形成合力，为村集体经济发展和乡村全面振兴做贡献。

四是完善村集体经济发展的激励机制。沿滩区应建立健全村集体经济激励机制。一方面，针对人才是否愿意进村、是否愿意为村做贡献的问题，村集体应在物质和精神等方面建立"一村一策"的激励机制，对在村集体经济发展过程中做出突出贡献的集体或个人给予有效的奖励。另一方面，沿滩区应积极探索将一定比例的村集体经济经营收入用于奖励村干部等突破性措施，加大激励力度，调动村干部发展集体经济的积极性和能动性。

（二）强化人才支撑，加强职业经理人队伍建设

一是深入挖掘村内人才，建立人才储备机制。村集体应以职业、学历、是否发展产业等为指标，发现具有公信力、行动力和潜力的高素质人才，建立村内人才储备库，以期相关人才为村集体经济发展做贡献。

二是积极吸纳外部人力资源。一方面，各村要吸引大量本村人才回村，以本村的社会网络为落脚点，发掘具有一定影响力的新乡贤，并吸引他们回村。另一方面，各村要吸引大量村外人才回村，借助政府和企业的牵线搭桥，

将村外人才引进村内，使其扎根村内，丰富人力资源的类型。此外，各村还可以深化与自贡职业技术学院合作，通过"研学旅劳"实训站点，搭建集产业技术指导、师生现场教学、拓宽产品销售渠道等于一体的创业服务平台。沿滩区应设立乡村振兴培训班，探索建立"职业院校+龙头企业+集体经济基地+农户"的链接机制，培育新型农业经营主体和大户，带动村集体经济发展和农民增收。

三是探索政经分离新模式，加强职业经理人队伍建设。沿滩区应完善村级集体经济组织，清晰界定基层经济活动与政治活动的界限，不断推进和完善农村基层的"政经分离"，确保村集体经济组织聚焦于农村经济发展。各村可以联合成立一个职业经理人协会，建立健全职业经理人的推荐选拔、培训培养、认定考核、政策倾斜等一系列机制，引进培育一批懂技术、善经营、会管理的职业经理人，并最大限度地发挥职业经理人服务农业产业、对接目标市场等作用。

（三）加大政策扶持力度，完善村集体经济运营机制

沿滩区要结合农村实际，从资金支持政策、税收优惠政策、土地倾斜政策、人才引进政策、科技支撑政策等方面多措并举，助力村集体经济发展。

一是要加强对村集体经济发展的财政支持，建立多元化的资金投入机制。在村集体经济发展已初具规模或有发展潜力的基础上，上级财政应出资设立村集体经济发展专项资金，用于支持村集体经济发展，解决村集体经济发展无启动资金问题。一方面，专项资金主要用于扶持基础好、潜力大的村集体经济，从资金上支持村集体经济实现规模化、规范化、现代化。另一方面，专项资金要加强管理，切实规范资金使用，严格资金申报、审核、拨付流程，强化资金使用事前、事中、事后绩效评价，提高专项资金使用效益。同时，沿滩区可以放宽社会资金进入农村的限制，通过整村授信等方式进行金融扶持，解决村集体经济发展资金不足的问题。

二是充分盘活土地资源，强化土地扶持政策。土地是支撑产业发展的基

础，但沿滩区部分村庄土地缺乏，这制约了村集体经济的规模化发展。针对这种情况，一方面，沿滩区应按照适度原则，放宽农村土地指标用于村集体经济的发展和建设，为村集体经济发展提供充足的用地保障。另一方面，在充分尊重农民意愿的基础上，沿滩区应加强土地的集约化使用，通过整合农村土地资源为集体经济发展提供土地支撑。同时，沿滩区应加强对闲散土地的流转和利用，鼓励村级集体经济组织按规定加大对土地的开发建设力度，建设标准厂房、农贸市场、仓储设施等，以土地入股形式落实村集体和村民分红，增加村民收入。

三是要强化支农惠农政策，加强技术支撑。一方面，沿滩区应继续破除制约和阻碍农业农村发展的不利政策和制度，继续放宽对农业农村发展的限制，为农业农村发展创造良好、自由的政策和制度环境。沿滩区应积极出台村集体经济发展相应的扶持和保护政策，进一步推动现有的惠民政策的落实，推动农机购置补贴、职业农民免费培训等优惠政策的落实，调动农民参与村集体经济发展的积极性。另一方面，沿滩区应通过大力推进农业科技企业及科技园区建设，深化农业科技推广体系改革，完善农业科技投入机制，创新科技培训方式等，提高村集体经济发展的技术支撑。此外，沿滩区应通过分批组织干部到南充市、成都市、富顺县、荣县等地开展村集体经济学习，邀请业务专家到田间地头讲解"高粱+大豆"套种、稻虾养殖、土豆种植等技术，为村集体经济发展提供技术保障。

四是建立有效的运营机制。一方面，沿滩区要结合现阶段村集体经济的发展实际，逐步理顺村集体经济相关管理体制，突破沿滩区村集体经济发展的管理障碍和制度障碍。另一方面，沿滩区要适时探索建立现代企业管理制度。发展村集体经济离不开企业化、公司化的运营模式，沿滩区要构建现代化的企业运营制度，以充分盘活村集体经济发展的要素，提高村集体经济的发展效率和效益。

同时，针对村集体经济发展后劲不足等问题，沿滩区可以通过创新"红黄绿"三色工作督办机制，优化考核机制，将集体经济发展、项目工作等情况纳入季度村级重点工作测评内容，通过评比确定"红黄绿"等次，并纳入对村年终综合目标考核，形成"比、学、赶、超"良好风气。考核机制既要包含经济考核，又要包含政治考核、社会考核等多元考核，要平衡好村级集体经济组织"效益"与"公平"的关系。

需要注意的是，政府要因地制宜，提供多样化的可供选择的个性化政策，避免出现政策"一刀切"。此外，政府还需建立科学的政策退出机制，以防出现"一直占用政策不退"的现象。

（四）因地制宜，制定村集体经济发展规划

沿滩区要因地制宜，不搞"一刀切"，对村集体经济发展进行长远的、系统的谋划。沿滩区要立足村集体经济发展的实际，由上级党委、政府委托第三方科研机构进行统筹规划，制定沿滩区村集体经济发展规划，将村集体经济的发展规划列入地方发展宏观规划中，各村同步将发展壮大村集体经济纳入重要议事日程。

一是打造特色农产品品牌。沿滩区应以柑橘、高粱、花椒、肉兔等本地优质农产品资源为切入点，加大特色农产品培育力度，引导发展"一村一品"特色品牌。沿滩区应通过建设农产品生产基地、仓储物流中转基地，聘请科研院所专家为技术带头人，培育一批有实力的农产品加工企业，拓展产业链条，发展产业化经营，树立农产品品牌形象，进而促进村集体经济发展。同时，沿滩区应加快发展农村电商，逐步构建农村电商服务体系和配送体系，建设冷链仓储物流基础设施，拓展特色农产品宣传、展示和交易的网上渠道，做大做强沿滩区农产品品牌。

二是探索多元化村集体经济发展模式。沿滩区要充分发挥各村的积极性和主动性，实行"一村一策"，充分利用本村的农业资源、水资源等优势，盘活存量资产，发展特色经济；要积极探索企业、合作社、种植大户和村联合发展模式，成立经济联合体，形成"一条龙"产供销模式，充分发挥企业

与农村资源互补优势，激发村集体经济发展活力。在开展竞争性产业项目时，沿滩区要围绕县域核心产业推进，加大村级集体经济组织之间的资本联合力度，提升"统"的层次，防止产业发展碎片化。同时，沿滩区应大力推进生态旅游、农家乐旅游等农旅结合的产业，促进一二三产业融合发展，将资源优势转化为经济优势，壮大村集体经济实力。

以产业促发展

——自贡市沿滩区蹲点调研报告

党的二十大报告指出，发展新型农村集体经济是全面推进乡村振兴的一个重要途径。在党中央的号召下，各级党委政府把新型农村集体经济的建设和发展作为一项重要任务来抓，希望能够通过新型农村集体经济的形式来增强农村发展活力，实现农村集体资产保值增值，巩固脱贫攻坚成果，增加农民收入，改善农村居民生活。

在发展壮大新型农村集体经济组织、促进农民增收致富的过程中，不同地区具有各自的特色和差异。具体到我国西部地区，积极发展农业适度规模经营，提升农业市场化程度，做大做强"川字号"特色产业，是四川省加快农业现代化、推动农业大省向农业强省跨越的重要途径。因地制宜地发展壮大新型农村集体经济是实现这一目标的基础之一。同时，四川省地域辽阔、人口众多、资源丰富，但存在着东西部发展不平衡问题。

四川省村级集体经济组织发展的现状如何？存在什么问题？有哪些经验做法？我们带着这些问题到自贡市沿滩区进行蹲点调研，对当地集体经济的发展进行深入的调研，总结其特点和经验，探讨对策。

一、初步成效

近年来，沿滩区在推进新型农村集体经济发展中不断创新机制、探索发展路径，村集体经济实现快速发展。2019 年，沿滩区被确定为全国第四批农村产权制度改革试点县；2020 年，沿滩区 92 个行政村的集体经济组织均实现了赋码登记颁证。近年来，沿滩区新型农村集体经济的发展主要体现在以下几个方面：

（一）村集体收入不断发展壮大

一是村均收入逐年增长。2016 年及以前，由于包产到户，村集体经济的存在感相对较弱，多数村集体经济收入为"零"。在建立新型农村集体经济之后，2022 年，沿滩区农村集体经济收入为 2 326.28 万元，村均收入 25.29 万元，较 2016 年分别增长 25.3 倍、43.4 倍。2022 年，村集体经济收入超过 100 万元的村有 4 个（人民村、互助村、詹井村、三河村），村集体经济收入 50 万~100 万元的村共 5 个，村集体经济收入 10 万~50 万元的村共 47 个，村集体经济收入 10 万元以下的村共 36 个。二是收入结构发生转变。沿滩区村集体经济收入从主要由社会捐赠、固定资产变卖、占地赔偿等非经营性收入构成，转变为主要由经营集体资产产生的经营性收入构成。2023 年，村集体经济收入中经营性收入占比达到 70.37%，村级集体经济组织经营管理水平在逐年提升。

（二）积极探索农村集体经济发展路径

沿滩区有 92 个行政村，其中获省财政扶持的村有 34 个，获市级扶持的村有 7 个，累计争取到位各级财政资金 3 540 万元，主要通过开展自主经营、入股合作、租赁经营等模式发展壮大村集体经济。一是股份合作自主经营。例如，九洪乡三河村投入 40 万元，以"村集体+农户土地"折资入股的方式发展高粱订单农业，实现年村集体经济收益 32 万元。二是资金入股借力发展。例如，黄市镇霞光村将扶持资金 80 万元入股霞光食品厂、黄市工艺品合作社等，实现年固定收益 4.8 万元。三是租赁经营稳健发展。例如，沿滩镇飞跃村投入 80 万元用于建设汽车物流综合中心，每年获得租金 6.6 万元。四是托管代理服务发展。例如，富全镇蒲余村投入 10 万元购买小型耕地机、收割机等农机设备，为农户生产提供社会化服务，村集体经济收益年均 2 万元。

五是盘活撤并村闲置资产。例如，仙市镇百胜村盘活闲置村级土地，成立教育咨询公司承接各类教育培训，村集体经济年收入137万元。六是共建"飞地"抱团发展。例如，永安镇成立村集体经济联合总社，由每个村入股5万~10万元到自贡熙院微田园农业发展有限公司，建设集餐饮、度假、观光等功能于一体的休闲旅游综合体。每个村按股实现分红，每个村年收益至少2万元。

（三）持续推进村集体组织规范运行

一是严格规范组织机构运行方式，每个村级集体经济组织按差额方式选举产生3~7名理事会成员，具体负责农村集体经济组织的日常管理和执行成员（代表）大会的决议。二是持续开展成员身份确认工作，确认集体经济组织成员29.5万人。三是强化集体资产管理，2018年，沿滩区全面启动年度清产核资工作，后续每年开展年度集体"三资"清查工作。截至2022年，沿滩区村集体经济资产总计33 684.35万元，集体土地总面积59.19万亩。

（四）做好村集体组织"三资"管理

一是推行村（社区）委员会与村级集体经济组织分账管理、独立核算。截至2023年年底，沿滩区所有的村级集体经济组织与村民委员会均实现分账管理、独立核算，沿滩区供销社已成立自贡市沿滩区为农会计服务有限公司，为沿滩区的农村集体经济组织提供会计服务。二是紧盯"两项改革"后村（社区）资产、资金管理使用存在的廉洁风险。沿滩区整治村（社区）账户管理、费用支出、财务公开不规范，资产交接不清，印章保管使用不规范，违规支配集体资产等问题，从2020年起持续开展村（社区）财务管理突出问题系统治理。

二、发展困境

沿滩区新型农村集体经济在发展过程中也遇到一系列的问题和阻碍。在调研中，我们发现村集体经济的问题主要可以归纳为以下几类：

（一）资源要素活力不足

一方面，沿滩区的青壮年劳动力相当缺乏。由于城镇化的不断发展，城乡收入差距加大，农村青壮年劳动力普遍选择进城务工，优质劳动力外流严重，平均农业劳动力年龄在65岁以上。由于老年人对农业推广接受程度低及出于自身考虑，依然种植传统粮食作物，经济效益较低。

另一方面，土地资源是制约新型农村集体经济发展的一个重要因素。沿滩区属于丘陵地形，其山多地少的特点阻碍大规模机械开发，造成土地撂荒。同时，大部分调研村庄都受到耕地、林地保护政策的影响，村内可利用建设用地面积较少，影响农村第二产业和第三产业的发展。在调研瓦市镇大雁湖村时，村委会干部告诉我们，大雁湖水库占大雁湖村近一半的面积，大雁湖村离高铁站、高速公路近，地理位置优越，旅游资源丰富。如果能最大限度地利用当地大雁湖资源，开发打造生态旅游区，大雁湖村将有巨大的发展潜力，但是受限于稀缺的可建设用地，难以实施此计划。

（二）人才缺失，管理效能低

在沿滩区调研期间，绝大部分乡镇干部都提到农村缺乏专业人才。《中共四川省委组织部 四川省财政厅 四川省农业农村厅关于印发〈关于坚持和加强农村基层党组织领导扶持壮大村级集体经济的实施意见〉的通知》中提出，推行村党组织书记、班子成员兼任集体经济组织负责人，村党组织提名推荐集体经济组织管理层负责人，选配合适的经营管理人员和发展带头人。但调研发现，由于农村缺乏相关专业人才，找不到村级集体经济组织的管理人，只能由村干部担任村级集体经济组织的实际管理人。在我们调研的农村中，仅有一个村级集体经济组织聘请了一位职业经理人，但由于工资收入较低，其也已经离职。由于多数村干部并没有接触过市场化经营，不懂市场运作，再加上"一肩挑"政策的施行，村干部在不同职能身份中来回转化，造成左支右绌的局面。

由于缺乏专业的市场经营人才，现有村集体经济大多过度依赖上级扶持，负责人"等、靠、要"思想严重。在调研期间，部分村干部认为本村集体经济发展需要上级政府源源不断的资金、政策支持。这会造成一旦没有政策资金支持，村集体经济无法可持续发展，内生造血功能不足。村干部们普遍认为，村集体经济不能亏损，必须盈利，但市场风险的存在，必然会出现经营亏损，于是部分村干部采用资金入股保底分红的形式进行投资，而这实际上就是一种借贷行为。

（三）产业同构与同质化严重

从调研情况来看，沿滩区许多农村地区在发展中呈现出相似的特点和趋势。这种同质化现象不仅限制了村集体经济的多样性和可持续性，也可能导致农村社会和环境问题。大多数村的发展方向是农旅结合，从酒店逐步向民宿拓展，但当地普遍缺乏一定的能留住游客的吸引点。这间接反映了大部分村庄缺乏适当的产业基础。即便村干部希望发挥村集体经济对农业的带动作用，但由于产业基础薄弱及管理经验不足，往往难以找到适合的发展路径。

三、新型农村集体经济的产业选择模式

事实上，要素资源、人才资源以及产业同质化这三个方面的问题归根结底都与产业基础薄弱、产业发展条件不佳有关。因此，如何选择适合的产业是推动集体经济发展壮大的关键。我们将基于产业选择的逻辑基础对我们的调研中新型农村集体经济发展较好的案例进行总结。尽管这些案例在产业选择上各不相同，但是展现出一些共同的特征。总体来说，这些特征可以分为以下几类：

（一）利用现有自然资源，因地制宜

在脱贫攻坚与乡村振兴统筹衔接过程中，部分村集体经济已不同程度出现产业同构与同质化竞争现象，但是往往差异化才是持续发展的作用力。在我们调研的村集体经济中，发展较好的村集体经济能够充分利用当地自然资源，因地制宜，形成自身的差异化优势。

百胜村位于中国历史文化名镇仙市古镇南部,利用古镇这一旅游资源,百胜村早在 2014 年就开始探索文旅融合发展路线。在集体经济发展过程中,百胜村盘活闲置宅基地资源 98 亩,交给民宿公司打造百胜慢餐民宿区。另外,根据百胜慢品牌,百胜村推出以古镇游带乡村游打造特色乡村旅游线路,目前已获得了一定的知名度。然而,与其他农旅融合发展模式相似,百胜村的旅游业也存在明显的季节性问题。村支书向我们介绍:"周末住宿需求大,往往供不应求,但是工作日需求小,大部分住宿和餐饮都闲置着。"基于此,百胜村探索出了一个新的模式——"教育配套+农旅融合",即村集体经济与沿滩区党校合作,将村集体闲置办公室改造为培训基地,党校负责教学,村集体经济负责住宿、餐饮、场所等后勤服务。培训学员的到来,一方面解决了工作日食宿的空置问题;另一方面利用培训机会增强了培训学员对百胜村的了解,促进了周末游的推广。百胜村负责人胡冰自豪地说:"我们百胜村 2022 年已经开始分红了,虽然每个成员只有 20 元,但是大家都很开心,因为我们集体经济为成员带来了实实在在的收入。"这种农旅融合的方式一方面扶持了企业发展,为当地村民提供了更多的就业机会;另一方面拓展了集体经济增收的渠道。

我们在调研中发现,属于这一类产业选择模式的村集体经济较多。除百胜村外,九洪乡、富全镇、沿滩镇充分利用自身的自然资源,发展特色农产品。九洪乡属浅丘地貌,海拔在 280~350 米,土地肥沃,土壤为红棕紫泥,多为砂土,富含磷、钾和多种微量元素,非常适合西瓜的生长。同时九洪乡是沿滩区打造的花椒种植基地之一。基于当地的特色农产品,九洪乡集体经济的着力点在于村企联合和村户联动,通过直供、代销等方式统一配送农户的农副产品,不仅保障了成员农产品的稳定收入,也通过服务费的方式增加了集体经济的收入。富全镇的集体经济也是类似的模式。富全镇蒲余村土地属黑油沙壤质,土质肥沃,松软透气,出产的米质细腻、色泽莹润,素有"木甑蒸饭隔屋闻香"的美誉。然而,由于种植相对分散、产量较低,蒲余村仅在当地具有知名度。蒲余村利用村集体经济扶持资金，成立了一家大米加工厂，通过延长产业链的方式，打造富全大米品牌，增加产品的品牌效应，一方面能够增加成员的大米种植收入，另一方面能够为村集体经济带来经营性收益。沿滩镇人民村地处釜溪河下游，属于河水冲击形成的三角洲地区，这里沙地土质适合养殖白对虾。2019 年，人民村通过村集体经济专业合作社流转 260 亩土地养殖白对虾，带动周边 100 余名村民就业。下一步，人民村将探索冷吃虾加工，通过延长产业链的方式提高水产品的附加值。

（二）凭借独特的地理区位，突出自身优势，探索多产业融合发展

我们所调研的兴隆镇、黄市镇等靠近自贡市市区的乡镇过去一直面临发展缓慢的问题。其中一个原因是地理位置靠近城市，人口外流现象更加严重。另外，这些乡镇也面临着土地征用问题，即面临更大的资源约束问题。然而，近年来，通过抓住集体经济建设的契机，这些乡镇探索出了适合自身的发展道路。

黄市镇水井沟村紧靠西南食品工业产业园，具有"园村共建"的区位优势。近年来，村级集体经济组织通过成立劳务派遣公司，帮助剩余劳动力实现了在"家门口"就业。目前，水井河村已为四川盐帮小子食品公司等企业推荐 40 多名村民就业，村民务工保底月收入 3 000 元，计件后月工资能够达到 5 000~6 000 元。水井沟村詹书记向我们介绍："这些村民大多是 50 多岁，外出打工很难找到工作，现在在家门口有工作了，收入可以，离家又近，还可以照顾家里，大家都很满意。"村级集体经济组织通过收取村民工资的 1% 作为管理费，在帮助村民致富增收的同时也为村集体带来了一定的收入。"我们正在与一个国企在谈，准备合资建立一个冷吃兔加工厂，延长我们现有的肉兔产业链。我们村在养兔方面的技术成熟，但是养殖能赚的钱太少了。"农产品的生产端是整个产业链利润最低的部分，詹书记下一步的打算是利用好村集体经济这一平台，延伸养殖产业链，实现肉兔深加工，帮助更多村民实现致富增收。

由于紧邻南山公墓，兴隆镇先锋村在过去一直受到产业发展的限制。然而，在近年来烟花爆竹禁燃禁放以及鲜花祭祀的趋势下，先锋村过去的劣势正在转变为发展的优势。先锋村集体经济抓住这一发展契机，同业主合作打造"菊园"种植基地，对南山公墓针对性出售祭祀鲜花。在这一产业园的基础上，先锋村通过"集体经济+党员志愿者+联村联组干部+农户"的方式，整合资源、资金、劳动力，连片种植金丝皇菊 50 余亩。"现在还是在学习和探索阶段，接下来我们打算尝试着自己扦插育苗菊花，这样每株利润则可达1.5 元左右。依托孝善文化活动，集体经济成员可出售生态农产品，拓展采摘、餐饮、民宿、康养、休闲观光服务。"将劣势扭转为优势，先锋村主要负责人对这样的产业发展模式充满了期待，相信很快便能实现集体和农户双增收。

（三）借力当地人才，共谋发展

独特的自然资源优势和地理区位优势很难复制，但是我们在调研中发现，即使是先天发展条件受限的地区，仍然存在村集体经济发展良好的情况，而这些村集体经济都有一个共同的特点——好的带头人。他们大多是优秀农民工或退伍军人，外出打拼多年，学到了新知识、接触了新事物，开阔了眼界，增强了本领，有建设家乡、造福桑梓的情怀和愿望。我们在调研中发现，有几个村集体经济的发展依赖当地的成功人士，村集体经济通过合作、入股等方式来创造收入。

仙市镇大岩村发展的特色农业是小龙虾和水稻共作，其发展逻辑来自返乡农民工曾远在该产业的成功经验。村集体经济作为平台起到连接新农人与传统农户的作用。具体做法为村集体经济为农户免费提供虾苗，待成熟后利用新农人的渠道进行收购转卖，以此赚取差价。在此基础上，村集体经济继续探索如何通过农旅融合进一步推动集体经济发展壮大。2023 年 5 月，由村集体经济开展的小龙虾免费垂钓活动，吸引游客 3 万人次，实现旅游综合收入近 150 万元，村集体经济实现收入 8 万元。村集体经济提供周边农户务工服务岗位 500 余个、再就业摊位 30 余个。"虽然这次活动算下来我们集体经济亏本了，但是村民都赚钱了，那我们这次活动就是赚的。"大岩村负责人胡冰书记自豪地说，经过这次活动的成功举办，大岩村明年准备扩大规模，希望能够将龙虾节作为大岩村的招牌，利用村集体经济帮助更多的村民增收。

永安镇丰收村村委会主任龚全昌也是沿滩区村集体经济发展的代表人物之一。他在 2014 年从四川轻化工大学电子信息工程系毕业之后，毅然放弃了城市优越的生活条件回到家乡创业。起初，龚全昌和村"两委"干部挨家挨户上门做思想工作，拿出自己的积蓄垫付前期开拓经费和日常经营管理费用，以"土地变股份、资金变股金、农民变股民，抱团发展、风险共担、利益共享"的发展模式，打造了大丰收十里桃缘基地，并在此基础上发展村集体经济。目前，丰收村已连续举办了四届桃花观赏节和水蜜桃采摘节，年产值达 300 万元，户均实现业态年增收 1.5 万元。

黄市镇霞光村通过直接资金入股的方式投资了当地的工艺品专业合作社，每年可以获得 6% 的固定分红。黄市镇气候温润、雨量充沛，适宜竹子生长，并且当地村民历来有编织竹器的技术。然而，随着时代的进步，竹编制品需求量日益萎缩，逐渐淡出人们的视野。这家工艺品专业合作社成立于 2019 年，其负责人同样也是返乡农民工，曾在浙江省务工，自己的生活越过越好，他便想着为父老乡亲办点实事。在我们的调研过程中，该厂负责人郭正毅表示："壮大黄市竹编产业，带动乡亲增收致富，是自己义不容辞的责任。"但是，他也告诉我们，在发展的过程中，资金成为最大的问题。由于企业规模较小、资产较少，银行的贷款金额极为有限，村集体经济入股的 20 万元资金解决了当前发展的困境。目前，该手工艺品厂的固定员工发展到 10 余人，居家编织人员有 20 余人，主要是周围群众或返乡农民工，带动员工月均增收 2 000 余元。村集体经济入股当地企业的形式，一方面能够实现集体资产的保值增值，另一方面能够缓解小微企业的资金约束问题，从而带动当地的经济增长、就业增加，是村集体经济赋能乡村振兴的一种可行的方式。

四、对策建议

基于本次调研普遍反映出问题以及对成功经验的梳理总结，我们认为，找到适合的产业是村集体经济发展繁荣的关键。为了最大限度地支持村集体经济的产业选择，我们分别从人员、资金和制度方面总结了以下几点对策建议：

（一）加强区域合作，推进"飞地联建"开发模式

自然资源禀赋相对匮乏，地理区位不占优势，这样的村集体经济如何进行产业选择？这个问题在我们这次调研过程中反复被问到。我们发现，调研地区各村的产业发展情况大同小异，存在着明显的竞争关系。如果各村集体经济单打独斗，不仅资源受限，而且同质化竞争反而会阻碍产业的发展。通过镇级联合总社，整体规划产业布局；通过优势互补优化资源配置，实现组织联建、产业联合、资源联通、效益联享，可以形成"握指成拳"的放大效应。

（二）提高成员参与新型农村集体经济的积极性

我们在调研中发现，大部分村集体经济实际上都是村"两委"干部的"独角戏"，有些地方存在"干部干、群众看"的现象，村民并没有实质参与集体经济发展，导致集体经济的产业选择受到一定限制。其原因主要有两个方面：一方面，由于自身的素质问题，村民难以理解村集体经济发展过程中产生的正向外部效应，导致他们对共同促进村集体经济发展热情不足；另一方面，村民没有实质的经济投入，并不能将自身利益与村集体经济发展联系在一起。各村应继续探索如何通过利益联结机制提高村集体经济成员的参与积极性，通过人人入股、户户分红的模式，改变成员对集体资产不闻不问的观念，引导成员不仅依赖村集体经济，更要参与村集体经济，共同经营村集体经济，真正发挥村集体经济的带动发展的作用。

（三）积极选拔培养合格的新型农村集体经济带头人

许多人质疑新型农村集体经济模式的可复制性，一个主要的论点就在于

好的集体经济带头人很难复制。这种观点过分夸大了个人的主观能动性，而忽视了客观因素。好的带头人是在一定环境下成长起来的，是在党的培养下产生的，其能力也是在客观因素相互作用下发挥出来的。政府可以通过选拔、培训、考察等方式，将有潜力成为合格新型农村集体经济带头人的人才发掘出来，在选拔村干部的时候将经营能力也作为一项重要考核指标；同时，积极从外部引入新型农村集体经济的经营人才，鼓励探索村"两委"干部作为监事，当地企业家人才作为村级集体经济组织经理人的模式，既能充分发挥党建引领作用，也能整合各项资源，帮助村集体经济发展壮大。

（四）优化财政扶持资金项目标准

在发展新型农村集体经济过程中，缺乏资金是一个普遍问题。目前的项目扶持资金为以申报项目的方式，向村集体经济提供一定的资金扶持。这种形式的初衷是为了确保资金的最大化利用，只有具备良好项目的申请者才能获得政府的资金支持。然而，我们在调查中发现，大部分的项目扶持资金并没有用在实体产业发展中，反而是通过民间借贷的形式，利用政府扶持资金收取固定的保本收益。虽然这样做保证了资金的安全性，但是并不能带动村庄资源配置效率的提高，这有悖于政府扶持的初衷。因此，政府应进一步改革项目筛选标准，注重项目对村集体经济发展的内在驱动作用。这应成为项目扶持的主要筛选标准，从而真正以"输血"的方式帮助村集体经济形成"造血"的功能。

（五）完善集体经济考核机制

在与村干部的访谈中我们了解到，沿滩区政府对村级集体经济组织收入会从高到低进行排序，收入较高的村会被认定为先进村，而收入较低的村会被归为后进村，从而激励督促后进村落迎头赶上。实际上，党中央大力发展新型农村集体经济组织不仅是发挥村集体经济的经济功能，也要发挥其政治功能、社会功能。过分强调收入在考核中的作用会影响村集体经济对产业的选择，使之在短期收益和可持续发展的取舍中倾向于选择短期效益高的产业，不利于村集体经济的长期高质量发展。

（六）完善抗风险的市场机制

"看天吃饭"是我们这次调研中一提到农业，村干部们都会提到的词。农业保险的作用相当有限。根据我们的调研，当地的农业保险的赔付是以整个地区的受灾情况作为标准的，只有整片地区受灾，农民才能获得相应的赔偿。如果只是个别的农田受到天气影响，农民并不能得到赔偿。这种赔付制度对村集体经济的农产品种植选择造成了一定影响。村集体经济在农业投入和决策时需要考虑自身面临的风险，而如果农业保险赔付无法与个别农田的风险相匹配，可能会降低其参与农产品种植产业的积极性。我们认为，我国应进一步完善与农产品种植相关的保险机制，实现保险赔付与农产品种植风险的有效匹配，确保农民受灾时能够获得相应的补偿，真正发挥农业保险的保障功能。这将促进村集体经济在农产品种植方面的积极探索，为集体经济成员创造出示范效应。

新型农村集体经济与农民增收

——通江县新型农村集体经济调研报告

2023 年中央一号文件明确提出："巩固提升农村集体产权制度改革成果，构建产权关系明晰、治理架构科学、经营方式稳健、收益分配合理的运行机制，探索资源发包、物业出租、居间服务、资产参股等多样化途径发展新型农村集体经济。"党的二十大报告强调要"巩固和完善农村基本经营制度，发展新型农村集体经济"。新型农村集体经济是改革开放以来农村经济体制改革的重要组成部分，是保障和改善农村民生的重要物质基础，是促进农民持续增收、缩小城乡发展差距、促进实现共同富裕的重要途径。

从历史的维度来看，农村集体经济发展成效好坏与农民能否实现增收息息相关。土地改革时期，我国从土地私有制逐步过渡到土地集体所有制，农民获得土地的承包权。这一改革极大解放了农村生产力，提高了农民生产积极性，为农民增收创造了机会。之后，我国参照苏联集体化道路，在农村推行农业合作化运动。我国将农村土地等主要生产资料集体化，按劳分配的分配方式取代土地报酬和按股分红。直到 1958 年，我国约有 93.3%的农户加入了高级农业生产合作社，为农村集体经济的初步发展奠定一定基础。随着高级农业生产合作社的运行，其管理制度不健全的弊端开始显现。社员积极性降低，农业发展倒退，农户收入降低。在这一背景下，我国积极探索新的农业生产组织形式，人民公社制度应运而生。人民公社按照计划经济模式运作，实行生产资料的公社所有制，采取供给制与工资制相结合的分配制度，形成政治、经济、社会高度集中统一的管理体制。尽管人民公社制度在一定程度上实现了农业生产社会化，在初期带来了农业生产的增长，但其在实践中也遭遇了许多问题和挑战。其并未从根本上解决高级农业生产合作社管理和激励不足的弊端问题，再加上集体化进程中的强制措施，造成了农民生产积极性下降、农村财产产权不明晰等问题。20世纪80年代初，随着中国农村改革的启动，家庭联产承包责任制开始在农村得到恢复和推广。我国开始鼓励农民进行个体经营，农民重新获得了土地承包权和自主经营权。但是，随着农户家庭经济的独立性越来越强，再加上市场化进程的不断加快和集体土地的局限性，集体经济在农村经济中逐渐被边缘化的趋势难以遏制。随着工业化和城镇化的不断推进，大量农村劳动力涌入城市，农村的空心化、老龄化问题逐渐显现，城乡收入差距逐渐拉大。进入21世纪后，乡村振兴被提升为重要的国家战略部署。我国围绕农村集体经济发展进行一系列改革与探索，积极推动农村集体经济进入蓬勃发展时期，新型农村集体经济带动当地农民增收的成效显著。以四川省成都市金堂县又新镇万安村为例。该村自积极发展新型农村集体经济以来，村集体经济收入达到了185万元，2022年为入股的村民分红共计15万元。村级合作社还带动当地村民参与日常经营和提供社会化服务，使得当地农民每人年均增收超过2 000元。

从历史的经验可以看出，农村集体经济的发展与农民增收息息相关。当前，农村发展正面临更为复杂的挑战。一方面，技术的快速进步和城市化的浪潮给传统农村经济带去压力，农村土地、资源和劳动力被边缘化；另一方面，随着国家乡村振兴战略的持续推进，农村拥有更多的资源和机会以追求更好的发展。党的十八大以来，中央通过农村集体产权制度改革、对口帮扶、集体经营性建设用地入市等扶持政策，为发展新型农村集体经济营造了良好的环境。在顶层设计的引领下，各地积极探索新型农村集体经济的现实模式，多样化经营途径、参与市场竞争、与城市产业深度融合等新模式不断涌现，新型农村集体经济正逐渐展现出强大的韧性和创新能力，为农村开辟新的增长道路。因此，深入探索和理解新型农村集体经济与农民增收之间的关系，是支持我国乡村振兴战略、实现共同富裕的关键所在。

一、新型农村集体经济促进农民增收的主要路径

已有研究大多认为，农村集体经济组织可以通过收益分红、提供就地就近就业机会等直接方式促进农民增收。同时，新型农村集体经济还能通过多种途径给当地农民带来大量间接红利，为农户创造更为广阔的增收空间。

（一）资源整合与规模效应

新型农村集体经济可以通过资源整合带来规模效益，为农民增收创造条件。随着农业现代化的深入推进，资源整合成为提高农业生产效率的关键。首先，新型农村集体经济能够优化土地配置，充分挖掘、发挥当地生产潜力。对于传统的小农经济而言，分散经营往往难以实现规模化，而新型农村集体经济则为这一问题提供了有效的解决途径。新型农村集体经济能够通过土地流转、土地入股等多种方式对细碎土地进行整合，形成规模化经营。这种规模化经营不仅有利于现代农业技术的应用，提高单位面积产值，并且有利于统一管理，提升农产品稳定性。这能够帮助当地集体经济组织与大型商业体建立合作关系，从而为农户带来更为丰厚的经济利益。其次，农户可以享受当地产业规模效益所带来的红利。例如，农户能够在集体经济的框架内统一进行生产资料的采购与农产品的销售，进而在市场中获得更大的议价权，降低成本、提高收益，享受新型农村集体经济的规模效益所带来的价格红利。新型农村集体经济通过资源整合和实现规模效益，改变传统农业生产的方式，为农户打开了走向现代、高效农业的大门，为农户增收提供了良好的条件。

（二）产业链延伸

新型农村集体经济能够通过延伸产业链，为农民增收提供空间。传统农村经济多停留在初级农产品的生产阶段，而产业链延伸则意味着从农产品种植到产品加工再到销售与后续服务等，各个环节都可以为农户提供参与的机

会，进而创造收益。新型农村集体经济可以通过集体组织的力量，联合起来建立自己的加工厂，将原材料加工为有更高附加值的产品。这种转变意味着农户可以从每一个生产阶段中获取更多的利润。因此，新型农村集体经济通过产业链的延伸，为农户提供了更为多元的增收渠道。

（三）技术红利

新型农村集体经济能够通过引进先进技术，为农民增收带来机会。随着我国农业生产的转型与升级，技术创新在新型农村集体经济中扮演着更加重要的角色。首先，新型农村集体经济的规模优势为技术引进提供了有利条件。传统的小农经济因其分散和规模小的特点，往往难以承担技术引进的初期投入和风险。集体经济由于其规模效应，使得技术引进的初始成本和风险分摊在更大的规模与更多的农户之间，显著降低了技术引进门槛。其次，新型农村集体经济在技术创新上有其独特优势。集体经济能够更好地联结农户与市场，有助于搭建实际生产与创新研发之间的桥梁。通过集体经济组织，农户能够与企业或科研机构进行合作，参与到农业研发中，从而促进有针对性的技术创新。此外，新型农村集体经济可以助力新技术的推广与实施。村集体经济可以组织农户进行集中培训，借助当地生产大户或村组织的影响力，将新技术、新方法传播给农户，降低农户的接受门槛，确保创新技术的广泛应用与实施。因此，新型农村集体经济能够给农户带来了引进与创新的双重技术红利。在新型农村集体经济的带动引领下，农户能够更为便捷地接触到现代化的农业生产技术，实现生产效率的显著提升，进而促进农民增收。

（四）社会化服务与基础设施建设

新型农村集体经济能够通过提供社会化服务与加强基础设施建设，为农户增收带来红利。社会化服务与基础设施建设不仅有助于提升农村的整体发展水平，还能够为农户创造额外的增收渠道。一方面，新型农村集体经济组织逐步引入社会化服务，如专业的农机具租赁、农产品市场信息服务等。这不仅降低了农户的生产成本，也能通过提高生产效率和市场响应速度，为农户创造更多的增收机会。例如，通过农产品市场信息服务，农户可以及时了解市场行情，合理定价，避免低价销售。另一方面，当地基础设施的建设与完善，如农村道路、冷链物流、灌溉设施等，都为农户的生产与销售提供了更为便捷的条件。优化的基础设施不仅能够降低农户在物流上的成本，还有助于农户更好地与市场对接，使农产品快速、及时地进入市场，满足市场的即时需求，获得更高的经济收益。此外，基础设施的建设还为农村引进了新的产业和商业模式，如电子商务、农村旅游等，促进农业与其他产业的融合，为农户提供了更为多样化的增收路径。因此，新型农村集体经济通过提供社会化服务与加强基础设施建设，为农户增收提供了坚实的基础保障。

（五）品牌与市场化

新型农村集体经济能够通过构建品牌意识与市场化策略，为农户增收拓宽渠道。首先，品牌建设为能够给农产品带来更高的附加值。当农产品与某一特定品牌关联，它不仅代表着食物的安全与质量，更意味着某种文化、生活方式或情感连接。新型农村集体经济可以通过有针对性的品牌策略，如故事营销、绿色有机认证、地域特色标识等，打造区域品牌，提高当地产品的知名度与品牌价值，从而为农户带来更高的溢价空间。其次，市场化策略能够使农产品更好地融入现代商业环境。新型农村集体经济可以充分发挥组织的力量，依靠村集体为当地农产品背书。新型农村集体经济通过对农产品的精细化管理、包装设计、线上线下的多渠道销售以及与第三方平台的合作等策略，确保农产品及时、高效地进入消费者视野，满足消费者多元化的消费需求。同时，这样也可以使农产品不再局限于本地或邻近地区市场，农户可以与更远的市场建立联系。这种市场的拓展不仅提高了农产品的销售额，还有助于打造区域特色产品，提升区域农产品影响力。品牌与市场化的结合为农户提供了更为稳固的市场地位。在面对外部竞争压力时，品牌认同感和市场策略能够为农产品提供一定的防护屏障，降低农户因市场波动带来的经济风险。新型农村集体经济通过深化品牌建设与市场化策略，帮助农户融入市场，为农产品创造附加值，从而为农户带来更为可观的经济效益。

从资源整合的规模效益、产业链的延伸、技术引进与创新、社会化服务与基础设施的完善，到品牌和市场化策略的深化，新型农村集体经济给农户带来多元化的间接红利，为农户创造了巨大的增收空间。

二、新型农村集体经济的发展困境

尽管新型农村集体经济具有巨大的增收潜力，但不可忽视的是，其在实践中也存在诸多挑战与困难。

（一）主体困境

新型农村集体经济在现实发展过程中往往面临着"谁来发展"的问题。从村集体的视角来看，村党组织、村委会与村级集体经济组织负责人共用同一套班子，大多数村的集体经济负责人由村党支部书记兼任。一方面，村干部个人精力有限，繁琐的日常村级事务与复杂的集体经济组织决策堆积，容易造成村干部的力不从心。另一方面，各村村干部个人能力存在较大差异，部分村集体缺乏"能人"引领，导致农村集体经济发展受到制约。同时，越来越多地方政府将发展集体经济的绩效与村干部考核挂钩，但在"重压责任"的同时又缺乏"容错机制"。这容易导致村干部追求"中庸之道"，不敢创新，出现"少干少错"的想法，阻碍集体经济发展。

从村民的视角来看，大多新型农村集体经济组织仍然采用自上而下的生产经营方式，村民并非主动加入集体经济，并不关心、了解本村集体经济生产经营状况，村民参与度不高，集体经济中农民的主体作用并未得到充分发挥。此外，囿于当前农村的人口外流、老龄化严重等诸多因素，部分村集体经济的发展甚至陷入形式主义，实际经营决策由负责人拍板决定，村民并没有实际参与决策。

（二）资源困境

新型农村集体经济的发展离不开土地、资金等生产要素。然而，随着农村集体经济的发展和转型，资源问题已经成为制约其发展的瓶颈。

首先，土地是农业生产的基础资源。由于土地承载量的限制和过度利用，土地资源日益减少与退化。同时，农村土地还承载着粮食生产这一重要任务，这一红线任务使得农村集体经济发展过程中容易出现耕地保护与产业发展的矛盾。

其次，虽然现代农业技术不断进步，但农村集体经济在技术引进、传播和应用上仍面临诸多困难。由于资金短缺和技术更新速度的加快，许多农村集体经济组织难以及时获得和采纳最新的技术，从而影响了生产效率和产品质量。

最后，大多数农村地区产业基础薄弱，自身实现资本累积的能力不足，存在明显的政策路径依赖。农业的高风险低收益、农村集体经济组织的信用体系不健全、缺乏有力的担保机制等问题，又使得新型农村集体经济组织通过金融手段获取发展资金受限，村集体在发展集体经济的过程中经常面临资金短缺的问题。

三、案例分析

（一）通江县发展总体情况

巴中市通江县位于四川省中部，曾为国家级贫困县，素有"一府三乡"（川陕革命根据地首府、溶洞之乡、红军之乡、银耳之乡）的美称。2022 年，通江县常住人口为 50.8 万人，地区生产总值达到 132.7 亿元。近年来，通江县坚持把发展壮大村集体经济作为加强农村基层经济、组织建设的重要途径，积极探索因地制宜的发展模式和路径。截至 2022 年年底，通江县已为 332 个集体经济组织登记赋码，已认定集体经济组织成员 60.3 万人，登记集体资产 90.24 亿元，其中经营性资产 33.89 亿元。2022 年，通江县农村集体经济收入共计 1 940 万元，其中经营收入 1 480 万元，每年增幅达到 20%。为促进当地农村集体经济的发展，近年来，通江县政府共计投入约 1.65 亿元，几乎全部用于产业发展。同时，在人员保障上，通江县政府层层压实任务，将集体经济发展绩效与主要官员考核绩效挂钩，以此提高官员发展集体经济的积极性。

但是，目前通江县集体经济发展仍存在较多难题。

第一，村集体经济总量较小。通江县下辖 324 个村（社区），其中有 62 个村的年集体经济收入仍低于 3 万元，占比 19.14%；有 261 个村的集体经济收入低于 5 万元，占比 80.56%。

第二，产业基础薄弱。通江县村集体经济发展普遍呈现出政策路径依赖，各村"自身造血"基础不强，依赖政府政策补贴。通江县一位领导同志在座谈会上讲道："仅有大量产业资金注入的村，年产值才能有望突破 100 万元。"以桅杆坪村为例，该村以发展青花椒产业为主，在发展之初，其获得财政扶持项目资金共计 80 万元。其所属乡镇三溪镇被评上乡村振兴示范镇后，获得奖励资金 500 万元，也投入各村产业建设。依托各级政府补贴资金，桅杆坪村集体经济得以迅速发展。2022 年，桅杆坪村青花椒产量超 2 万千克，总产值超过 100 万元，集体经济收入进入通江县前十名。

（二）典型案例

1. 河西村——资源整合红利与企业带动效应

河西村位于通江县铁佛镇，距离通江县县城 29 千米，约 40 分钟车程。河西村集体经济以发展猕猴桃和柑橘产业为主。自 2015 年起，河西村通过引入龙头企业，投资 4 000 万元开始发展猕猴桃和柑橘产业，截至 2023 年 6 月底，河西村共有猕猴桃产业园 2 100 亩，柑橘产业园 800 亩，2022 年销售额达到 1 200 万元。在引进龙头企业之初，村集体与该企业达成口头协议，前三年为投入阶段，后三年收益分红。自 2021 年起，当地水果产业园开始给村集体分红，2023 年分红收益达到 10 万元。此外，自 2023 年起，国家还将投入 5 200 万元在河西村打造万亩良田示范园。

自 2014 年起，河西村开始新建新村聚居点，同时进行土地资源整合，流转成片土地建成水果产业园。据悉，猕猴桃和柑橘产业园共流转土地 2 800 余亩，土地流转费为 10 元/亩，并且企业承诺 5 年后递增土地流转费用。此外，两个水果产业园每天吸纳务工人数至少 30 人，多可达 100 余人，雇工工资为 65~75 元/天。两个产业园仅通过就地就业的方式，实现人均年收入增加约 2 000 元。

2. 桅杆坪村——产业链延伸红利与"能人"示范效应

桅杆坪村位于通江县三溪镇，距离通江县县城 33 千米，约 20 分钟车程。桅杆坪村集体经济以发展青花椒产业为主。据桅杆坪村村支书介绍，早在 2012 年他便开始带头种植青花椒近百亩，成功实现增收致富。在他和村里大户的带动引领下，越来越多的村民开始投身青花椒产业。截至 2022 年年底，桅杆坪村村民已发展 1 400 多亩青花椒，村集体建立了 500 余亩青花椒产业园，2023 年产值超过 100 万元。近年来，桅杆坪村利用集体经济收益建立青花椒加工厂和冻库，形成集采摘、加工、销售于一体的链条化发展。

桅杆坪村成功通过发展青花椒产业促进当地农户增收。一方面，在村集体经济收益分配方面，桅杆坪村采用"5221"的模式，其中 50% 用于村民分红，20% 用于园区管理及发展，20% 用于风险预防，10% 用作给贫困户、优秀大学生等的福利。2022 年，桅杆坪村已经成功实现向村民分红，当年村集体共用 20 万元进行分红，人均分红收入 100 元。同时，桅杆坪村的青花椒园区也吸纳了大量劳动力就地就业。据悉，桅杆坪村青花椒园区共吸纳就业人数约 250 人，用工劳务报酬为 12 元/小时，主要负责青花椒园区的施肥、除草、采摘等工作。另一方面，桅杆坪村打造的青花椒生产产业链，也使得当地村民享受到集聚带来的红利。村集体通过建立加工厂、冻库等一系列生产设备，使村民从单纯的初级农产品生产端延伸至农产品加工和销售端，降低了村民的生产成本。桅杆坪村人均年收入从原来的 2 800 余元增加至如今的 1.2 万元。

3. 永乐村——技术、社会化服务红利与企业带动效应

永乐村位于通江县三溪镇，距离通江县县城 36 千米，约 50 分钟车程。永乐村集体经济以发展青花椒、高粱产业为主。据该村支书介绍，永乐村通过与川报集团合作于 2022 年引进高粱产业，以"集体经济+农户"的方式，试点种植 220 亩高粱。2022 年每亩收益约 2 000 元，村集体经济收益突破 20 万元。2023 年，永乐村继续新增高粱种植 80 亩，当年收益达到 30 万元。永乐村在与川报集团的合作中，由川报集团负责提供资金、种子、农机等一系列生产资料。在川报集团的帮助下，永乐村还成立了拥有旋耕机、开沟机、播种机等现代化专业机具的农机队伍。川报集团不仅多次邀请农业种植专家为村民传授高粱种植经验，还与四川省农科院水稻高粱研究所建立了战略合作关系，为永乐村的高粱种植提供专业技术保障。此外，村集体也与郎酒集团在销售端达成合作，以"合同订单"的模式进行种植，郎酒集团以略高于市场价的价格收购当地高粱。

永乐村以高粱种植为抓手，成功促进村民增收。永乐村每天雇工 50~60 人，报酬为 70 元/天。同时，村集体通过与企业达成合作，为当地村民提供一系列社会化服务。据悉，村集体采用"统一整地播种、统一管理、统一技术培训、统一病虫害防治、统一销售"的思路，降低农户生产成本，确保产品销售稳定。

4. 陈家坝村——品牌与市场化红利

陈家坝村位于通江县陈河镇，距离通江县县城 43 千米，约 60 分钟车程，是通江银耳的核心产区。通江银耳作为通江县的支柱产业之一，具有极强的品牌效应。陈家坝村依托独特的自然条件和种植技术优势，积极引进国有企业和大型民营企业，采取"龙头企业+专业合作社+大户+群众"的发展机制，大力推行新品种、新技术，积极发展银耳产业。陈家坝村由村集体组织培育银耳种植大户 40 余户，共流转土地 550 余亩，建设标准化银耳大棚 2 300 余

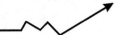

个。陈家坝村已打造出种植、加工、销售的全产业链，能够最大限度标准化、规模化、工厂化生产。同时，陈家坝村建立了代销代购超市，帮助村民对接市场，村集体从村民手中收购银耳，并在网上统一销售，为村民增收拓宽渠道。据该村支书介绍，陈家坝村正在着力设计本村独特的产品包装，充分利用通江银耳的品牌效应，打造属于陈家坝村的特色通江银耳标签。

5. 龙家扁村——权力下放破解村集体"主体困境"，土地入股提高农户积极性

龙家扁村位于通江县广纳镇，距离通江县县城 17 千米，约 30 分钟车程。龙家扁村集体经济以发展青花椒和柑橘产业为主。自 2020 年起，龙家扁村开始着力打造青花椒产业园（100 亩）和柑橘产业园（300 亩）。村集体通过与麻王公司达成合作，由麻王公司为当地青花椒种植提供技术指导和免费青花椒储藏。但是龙家扁村村支书表示，由于本村还未建成冻库等储藏、加工设备设施，并且部分村级公路路况不佳，青花椒的运输成本巨大。此外，龙家扁村还与青花椒协会达成合作，青花椒协会为当地 120 亩青花椒提供每年 375 元/亩的管护费，这些收益全部归属村集体经济收益。

据悉，龙家扁村的青花椒产业园和柑橘产业园分别由两名村干部负责管理，他们负责产业园的日常生产经营。龙家扁村村支书表示，合理分配事权，将村集体经济日常经营管理权交予村两委干部，更有利于农村集体经济组织的发展。同时，龙家扁村青花椒产业园采取了村民土地入股的形式，每亩土地折合为 300 元。但是，由于地形等因素限制，只有土地位于青花椒产业园附近的 20 户农户可以参与入股。龙家扁村村支书表示，土地入股能够明显提高农户积极性："他们没事都会来园区逛一逛，看看青花椒长势如何。"但是，从某种程度上来说，这种土地入股行为并非完全取决于村民自愿，并且还受制于地形等其他因素，这也是土地入股亟待解决的问题之一。

6. 梓潼村——破解资金难题

梓潼村位于通江县广纳镇，距离通江县县城 27 千米，约 50 分钟车程。梓潼村集体经济以肉牛养殖业为主。梓潼村集体经济按照"村企结合、入股分红、抱团发展"的思路，入股 80 万元至某企业发展肉牛养殖产业，其中基础设施由村集体自建，肉牛提供与销售由企业负责。此外，2022 年，梓潼村以集体资产为抵押，以村集体的名义贷款 500 万元，贷款利息为 18 000 元/季度，第一年银行贷款利息由政府全额补贴，第二年由政府补贴 2/3，第三年由政府补贴 1/3。村集体将 500 万元全部入股嘉祐公司国有融资平台，2022 年分红 32 万元。梓潼村利用政策优势和金融工具，获得产业发展的资金，破解资金难题。不能否认的是，其中依然存在严重的政策帮扶依赖，如果没有县政府为当地背书，村集体仍然会出现贷款困难等一系列问题。

四、政策建议

新型农村集体经济的发展对促进农户增收、实现共同富裕具有重要意义。基于上述分析，我们提出如下政策建议：

第一，村"两委"通过合理分配事权，鼓励农户土地入股，破解新型农村集体经济发展主体困境。通过对村集体经济发展相关事权进行合理分配，村"两委"干部可以各司其职、集中精力，这能够极大提高决策效率。同时，农户以土地入股的形式，参与到村集体经济的发展中，不仅能够提升农户经济收益，还能够充分调动农户的积极性，集广大群众的力量发展村集体经济。这种方式可以有效地破解新型农村集体经济发展中面临的主体困境，促进新型农村集体经济健康发展。

第二，打破行政村边界，鼓励村与村抱团发展，延长和优化产业链，扩大农户增收空间。整合各村的分散资源，利用集体力量实现农业的专业化、规模化，能有效降低成本、分担风险并增强市场议价能力。进一步地，打破行政村边界能够高效推动产业链的延伸与优化，各村平摊建造相关生产设备的成本，避免重复建设，使更多的农户享受全产业链的溢出效应。

第三，探索"飞地抱团"模式，带动落后地区发展致富，实现共建共赢。集体经济发展较好或拥有资源优势的地区与发展相对落后的地区进行跨区域合作，共同发展产业或共建项目，可以实现双方互利共赢。这种模式可以充分利用落后地区的劳动力、土地等资源，进行规模化、低成本的生产。落后地区通过与发达地区或优势企业合作，可以获得更多的投资、技术和市场资源，从而促进本地产业发展，推动农户增收。

新型农村集体经济发展再认识：
困境研判、逻辑分化与路径审思

一、问题的提出与文献回顾

新型农村集体经济内生发展是推进乡村振兴战略和实现共同富裕的重要支撑。习近平总书记在主持中共中央政治局就乡村振兴战略进行第八次集体学习时强调："要把好乡村振兴战略的政治方向，坚持农村土地集体所有制性质，发展新型集体经济，走共同富裕道路。""十三五"期间，我国集体经营性资产股份合作制改革有序推进，带动新型农村集体经济发展壮大。2021年，完成改革的集体经济组织当年股金分红 813.96 亿元，累计分红 4 846.73亿元；59.2%的农村集体经营收益超过 5 万元，比 2016 年增长 61.3%，但这一比例在西部地区仅有 27.4%，并且全国仍有 40.8%的农村集体经营收益低于 5 万元甚至当年没有经营收益。新型农村集体经济发展不平衡不充分的问题还比较突出。

近年来，为适应市场经济需要，农村集体产权制度改革实现了农村集体经济发展的制度突破。与传统农村集体经济相比较，新型农村集体经济在坚持集体资产归集体所有这一本质特征的同时，其典型特征发生了明显变化，呈现出鲜明的时代特征：一是产权体系明晰，股份量化到集体成员；二是组织形式独立，以股份经济合作社为主的集约化、专业化独立运营；三是发展模式多元，注重吸引并联合社会资本，抵御市场风险；四是治理结构完善，实行股民民主表决的制度化治理。从实践来看，新型农村集体经济的治理主体主要包括农民、集体经济组织、基层自治组织、乡镇基层政府，但各类型治理主体的权责关系和治理体制机制仍维持模糊性状态。2021 年 1 月 1 日起实施的《中华人民共和国民法典》并没有赋予农村集体经济组织一般的营利法人地位，这说明农村集体经济仍然面临过时观念制约、利益格局掣肘和改革动力不足等因素的影响，在转化为单一的经济组织形态和完成类似城市公有制经济组织的现代化转型方面仍需要做出更大决心的改革与努力。在推进共同富裕的新阶段，如何重构新型农村集体经济治理体制机制，成为农村集体经济高质量发展的重要现实问题。

目前，学术界关于新型农村集体经济发展的研究主要集中在以下三个方面：第一，关于新型农村集体经济发展的典型模式的研究。根据入股者提供资源的不同，新型农村集体经济组织的模式可以分为土地股份合作社和股份合作公司以及两者的综合体。根据获利途径的不同，新型农村集体经济还可以分为经营型、联营型、租赁型、服务型和党建型。这五种类型各有自身的比较优势，适用于发展程度、地理位置、人才情况以及自身经济条件不同的村庄。有学者以浙江省桐乡市的多个乡村为例，阐释了"抱团发展"的农村集体经济组织模式可以分为自主经营模式、在地投资模式、飞地投资模式与平台经营模式四种类型。每一种模式都具有相对应的实际条件与其匹配。

第二，关于新型农村集体经济发展的影响因素研究。讨论较多的农村产权制度改革有助于进一步破除体制机制上的障碍，增加公共品的供给，增强农民对集体经济的认同，从而促进集体经济的增长。该结论在实证研究上也得到印证。徐冠清和余劲使用 2015—2020 年全国省级面板数据研究财政投入对村集体收入的影响。他们的研究发现，财政扶持不仅从经营性收入上对村集体经济增长有促进作用，更提高了村集体经济的发展质量，减少了空壳村的数量。张洪振等研究发现，大学生村官通过发展乡村特色产业、拓宽销售渠道、获取公共资金等方式对村集体经济增长产生显著的促进作用。综合来看，发展村集体经济需要从内生发展和外生推动两个层面着力，协同推进农村集体经济高质量发展。

第三，关于新型农村集体经济发展的效应评价研究。我们梳理相关研究成果可以发现，新型农村集体经济发展产生的不同效应主要体现在三个层面。在社会效应层面，马平瑞和李祖佩认为，集体经济的社会效应发挥体现在三个维度，一是自主性维度，村庄进行资源整合，强化行政村的组织能力；二是基于嵌入型维度，将生产活动嵌入村庄，实现结构适配和制度契合，形塑农村的社会结构；三是基于公共性维度，实现集体收益共享，完成文娱设施建设、社会组织再造与村级公共品供给。在治理能力层面，农村集体经济有利于增强治理主体的治理能力，改变村级组织治理弱化的现状，促进村民自治在广度和深度方面发展，从而实现乡村治理体系和治理能力现代化。此外，集体经济还有支持村庄福利保障的社会效应作用。在经济效应层面，农村集体产权制度改革通过资源资产登记、股权量化和收益分配等方式，提升了农民收入水平，促进了农村集体经济增长。张衡和穆月英研究发现，村集体经营性资产价值能够提高农户工资性收入，特别是对低收入农户群体的增收作用更强，缩小农户收入差距。周娟研究表明，"企业+农村集体经济组织+农户"模式没有使农业生产互助合作社的本质发生改变，农村集体经济组织的加入反而使其在治理上能更好地发挥群众基础作用，凝聚群众力量。仝志辉和韦潇竹认为，农村集体产权制度改革主要是通过治理体制机制变化来推动乡村治理优化升级。不同主体主导下的村社集体经济共同体各具特色，便于因地制宜盘活和整合农村集体资源，实现村社治理现代化。集体经济可以通过良好的领导和组织来解决农村集体行动困境，通过村干部领导力影响村庄集体行动，实现集体经济可持续发展。

总体上，学术界对新型农村集体经济的典型发展模式、价值意义、发展路径以及功能显化等方面进行了大量研究，具有较强的理论意义与现实价值。但是，现有研究尚未更有针对性地回答新型农村集体经济在不同发展禀赋和政策支持下的驱动逻辑差异，未深入系统研究新型农村集体经济在发展过程中面临的主体困境、产业困境和机制困境及其原因，也未有效回答新型农村集体经济发展突破三重困境的实现路径是什么？

为深入了解四川省新型农村集体经济发展的典型案例、发展成效、实践经验、存在的问题难题，进一步探索出可借鉴、可持续的发展路径，2023 年 8 月，西南财经大学中国西部经济研究院组织师生 50 余人分别到德阳市中江县、成都市温江区、绵阳市北川羌族自治县、自贡市沿滩区、巴中市通江县、阿坝藏族羌族自治州金川县、乐山市马边彝族自治县等七个乡村振兴博士服务站共建区（县）开展了为期一周的蹲点调研，合计调研了 40 多个新型农村集体经济组织，形成了 20 余万字的调研报告。笔者结合在四川省通江县的调研，对上述问题进行有效解答。

二、新型农村集体经济发展的困境

（一）集体经济发展面临"谁来做"和"谁愿做"的主体困境，集体经济的功能权责尚需明晰

第一，村干部主动或被动地"身兼多职"。村级管理者在中国农村经济与社会治理中扮演着至关重要的角色。然而，他们通常面临着繁重的工作负担和复杂的职责，导致了"身兼多职"的现象。在一些地方，村委会与村级集体经济组织的负责人不同职能间的交叉共用，使得村干部不仅承担着自身职责，还需兼顾其他领域，既当"运动员"又当"裁判员"，这种情况可能导致决策上的越位和错位现象。以土地资源管理为例，调研显示，在某些地区，农村劳动力外流导致了大量耕地撂荒。在这种情况下，撂荒的土地归属于外出务工的农户，但这些土地无人耕种。村支书等村干部在面临着这一现实时，可能被迫投入耕种工作之中，这超越了他们正常的职责范围。这种行为是对农村土地管理和农业生产的临时应对，但也暴露了村干部在资源分配和经济运行方面的压力与限制。

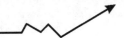

　　另外，在某些情况下，由于业主跑路、土地所有权不明等问题，村干部可能被迫承担起流转土地的经营责任。在这种情况下，村级管理者不得不介入管理和运行土地，以维护当地的经济运转和社会稳定。然而，这也使得他们不得不在管理公共事务的同时，承担农业生产和经济运行的责任，这显然超出了他们常规职责的范畴。这种"身兼多职"的现象可能对村级治理和发展产生影响。村干部的职责重叠可能导致资源和精力分散，影响了他们对重要事务的专注度和效率。此外，由于这种状况可能需要村干部超越他们的专业领域进行工作，这可能会带来执行力和决策质量方面的挑战。

　　第二，村民对参与集体经济存在"有福可同享""有难别同当"的态度。村民对参与集体经济存在着不同的态度和认知，这可能是集体经济在农村发展中面临的一项挑战。尽管集体经济制度规定所有村民都应成为集体经济成员，但实际上，村民或许对村集体经济运营方式和效益产生了疑虑，或许缺乏对集体经济发展的信心，并不总是积极、主动地加入集体经济实现"有福同享"，存在着"干部干、群众看"的现象，即村干部负责实际运作，而村民则持旁观态度，未实质参与到集体经济中来。这种态度的出现可能是因为一些村民缺乏对集体经济的全面理解，对自身权益的保障与获益程度存有疑虑。有的村民可能认为即使加入集体经济，自己的利益也无法得到充分保障，因此对加入集体经济持观望态度。这种心态使得集体经济的规模和运作受到了影响，也使得村民对集体经济的实质贡献不足。

　　同时，集体经济面临的风险问题也在一定程度上加剧了村民对参与集体经济的犹豫态度。举例来说，某地通过与公司签订订单开展订单农业，但在市场价格波动大的情况下，农民面临着一定的经济风险。这种不确定性导致了一些农民在收成后并不按照订单交付产品，因为他们认为市场价格更有利可图。对于未签订订单的农民来说，由于市场价格低于收购价格，他们倾向于将产品交给公司。然而，公司只收购签订了订单的产品，这造成了大量农产品积压在村委会的代收点，引发了较为严重的销售风险。在这种情况下，集体经济的运作因村民态度和行为的不一致而受到了困扰。村民的决策与行为可能导致集体经济规模的不稳定和不可持续性，也加大了风险管理的挑战。政府往往需要在集体经济风险出现时进行兜底，以维护当地农民的利益和社会稳定。

（二）集体经济发展面临"做什么"和"能做什么"的产业困境，集体经济的奖罚机制尚需完善

第一，乡村产业发展的不确定性与集体经济的绩效考核要求存在矛盾。乡村产业发展的不确定性是集体经济面临的重要挑战之一。对于涉农产业来说，其发展往往受到自然环境、气候条件与市场波动等自然风险和市场风险双重因素的影响。这些因素超出了村干部的控制范围，不能确保每个产业都能成功。因此，某些集体经济产业可能面临生长周期长、收益周期不稳定的情况，有时可能遭遇亏损甚至失败。然而，制度上对集体经济的绩效考核要求稳定增长，这在某种程度上忽视了涉农产业发展的不确定性。特别是在某地的规定中，像村集体经济收入连续三年没有增长便直接导致村支书被免职。这种硬性规定忽视了产业发展中自然波动和市场变化的现实。

集体经济的绩效考核与干部的问责机制直接挂钩，这种绩效考核和问责机制的紧张关系可能给集体经济和村干部带来沉重的压力。一方面，村干部被要求在不确定性较高的条件下确保集体经济的稳定增长，这可能促使他们采取过度保守的措施，避免尝试新的产业或项目，以防止潜在的失败影响自身职位。另一方面，这种制度可能削弱了创新和冒险的动力，因为村干部面临着因尝试新项目或产业而遭受负面评价的风险。因此，政府应当理解并充分考虑到乡村产业发展的不确定性，建立更加灵活和包容性的绩效评估体系，将集体经济的绩效考核从单一的收入增长转变为更为多元化的评价指标，包括但不限于产业多样性、就业创造、农民收益、生态环境保护等方面。同时，政府还需要建立更加完善的风险应对机制，包括风险预警和支持政策，以帮助集体经济在面对不确定性时更好地应对挑战。

村干部普遍存在"积极的惰性"。集体经济发展"重压责任"的同时又缺乏"容错机制"，尽管集体经济发展的责任重大，但缺乏相应的容错机制使得村干部在行动时感到相当大的压力。村干部普遍存在"愿意做"又"不敢做"的态度，渴望推动集体经济的发展，但又担心可能带来的失败而犹豫不决。此外，村干部只靠自身的情怀和责任感来推动集体经济，无法实现预期的经济收益，陷入恶性循环。因此，在集体经济发展模式中，近50%的情况采用了入股分红的形式，实际上就是将村集体的资金借贷给企业，通过获得利息来获取一定的收益。然而，这种方式并没有真正解决集体经济发展的根本问题，而是一种相对保守和低风险的选择。

与此同时，部分地区的集体经济面临着有资金却不敢使用或不知如何使用的问题。这可能是由于村干部对有效的投资和项目缺乏信心和相关经验，导致他们对资金使用感到犹豫和迟疑。缺乏对投资市场的准确判断或项目实施能力，使得资金无法得到充分有效的利用，限制了集体经济发展的效益。

（三）集体经济发展面临"如何做"和"做多少"的机制困境，集体经济的利益衔接尚需优化

第一，缺乏实质性的分红机制。村集体经济在分红机制上存在实质性的问题，这直接影响了村民对集体经济的信心和参与积极性。尽管大多数村都确立了分红模式，但实际上，这些分红机制往往缺乏实质性的基于盈余的分红依据。例如，土地入股带来的分红在大多数情况下仅是表面上的土地流转费用，并未真正基于村集体经济的盈余。调研发现，许多村的集体经济盈利能力相对较弱，这导致绝大多数村未能兑现分红的承诺。在这种情况下，村民参与集体经济并未获得实质性的经济回报，这可能使他们对集体经济的发展持怀疑态度，并降低他们投入的意愿。调研发现，即便在一些盈利较好的村庄，实际的分红金额也相对微薄，分红最多的被调研村每人年分红仅100元，证明了村民从集体经济中获得的实际收益有限。

缺乏实质性的分红机制可能是由多重原因造成的。一方面，部分村集体

经济盈利能力较弱，这可能与管理不善、资源配置不当、经营效率低下等因素有关，这导致了集体经济无法创造出足够的盈余来支持分红。另一方面，一些村庄采用的分红模式存在缺陷，如土地入股带来的分红主要是作为土地流转费用的一部分，并非真正基于集体经济的盈余。分红机制上的不完善性限制了集体经济对村民的吸引力和动力。村干部需要优化集体经济的运营方式，提高经营效率，合理配置资源，以确保集体经济能够创造足够的盈余来支持分红。同时，集体经济需要建立更加科学合理的分红机制，确保分红是由真正的经济盈余支撑，而非仅仅是作为流转费用的分成。这种改进将有助于提高村民对集体经济的认可和支持度，促进集体经济的持续发展。

部分村级集体经济组织负责人同时涉足个人产业和管理集体经济，这导致了在集体经济账目和实际经营情况之间出现了不一致，即所谓的"账实不符"。在这种情况下，一方面，负责人可能面临着难以分清个人经济活动和集体经济活动的挑战，可能存在将个人经济活动与集体经济活动混为一谈，导致资金流动的混乱和混淆，甚至使得集体经济的资金在一定程度上被挪作他用，从而导致了集体经济账目的不清晰和不透明。另一方面，经济账目的混淆可能还会使得负责人在管理上出现偏差或不当决策。负责人可能会将个人利益置于集体利益之前，影响了集体经济的正常运营。此外，缺乏明确的分账和核算制度可能会造成集体经济资金的流失或滥用，加剧了集体经济账目与实际经营情况之间的不一致性。综合来看，"账实不符"不仅影响集体经济的资金管理和透明度，也可能降低村民对集体经济的信任度，给集体经济的健康发展带来一定隐患。

此外，部分村级集体经济组织也存在着缺乏跨村合作的情况。一些村级集体经济组织限制了外村农民参与经营，只允许本村农民参与其管理的产业经营。局限性经营模式对集体经济的发展产生了负面影响。一方面，集体经济无法获得外部村庄的资源和人力支持，在资源利用和市场拓展方面受到局限，影响了集体经济规模的扩张和效益的提升。另一方面，局部性经营模式的局限性也影响了村集体经济的互动与合作，从而影响了地区集体经济的整体发展水平。因此，鼓励跨村合作、资源共享和合作发展对扩大集体经济规模、优化资源配置、提升生产效率和整体竞争力具有重要意义。

三、新型农村集体经济发展的逻辑分化

（一）共同富裕激励逻辑："联农带农"而不是"替农离农"

新型农村集体经济发展的主要经济目标是促进共同富裕，集体经济组织应在改善农村人居环境、提升村民福祉等方面发挥重要作用，这体现了集体经济发展是为了联农带农的集体发展共识逻辑。这一逻辑主要是为本集体及其成员提供公益服务，提升集体成员的获得感和满足感。

一方面，集体经济增长能够提高村庄服务供给能力。集体经济通过多样化途径发展新产业新业态，提高集体经济组织参与市场交易的效益，实现更有效率、更稳健的增长。当集体经济经营性收入得到增加后，将会提高村庄的公共品供给能力，通过大量投资村庄基础设施建设、发展公益事业、为村民提供公共服务等活动，可以改善村容村貌，提升村民福利水平，培育文明乡风，使村民邻里关系更为和谐。

另一方面，集体经济增长能够提高村民市场参与的风险承受能力。在传统的农民市场参与形式中，农民多数以独立个体面对市场，无法全面精准评估市场风险，导致不能够及时根据市场供需进行种植生产响应，也就造成更大程度的利益损失。集体经济组织将村民组织起来形成发展共识，基于经济利益形成集体合作精神，增强面对市场风险能力，促进农民的农业收入水平。因此，带头人致力于发展集体经济的逻辑是为了形成联农带农的集体发展共识，将集体经济增利和集体成员得利联结在一起，并通过合理的集体经济收益分配机制，处理好分配与积累的关系，推动农民增收致富。

笔者在通江县 W 村进行了访谈，该村集体经济组织带头人认为集体经济发展的意义在于"带动农民增收，展现乡风文明，促进乡村有效治理"。这

位带头人获得村民对他的信任关键是其一直以来都是想带着村民共同致富。"我在 2014 年任村支书，在这之前我是自己在村里面承包土地种花椒，刚开始不熟悉花椒的种植技术，我就向其他人学习技术。收益还不错，挣了一些钱。2014 年担任村支书后，我就想着发展集体经济，当时自己有点技术和经验，想着带着大家一起干。刚开始大多数村民不愿意加入集体经济，怕搞不好，浪费土地，原来的庄稼不愿意砍掉。我们也能理解老百姓的担心，我们就开坝坝会，分享我的经验，希望把大家的思路打开，鼓励村民加入集体经济。我们花了很多时间说服了大多数村民把土地流转起来一起来种青花椒。我向大家说明，集体经济是为共同富裕，需要全村团结，集体经济发展了，可以解决撂荒问题，村里面的老年人可以到集体经济产业里打工，挣工资。集体经济收益还可以帮助困难的家庭，也可以资助贫困的大学生。我费了很多心思来种青花椒，缺水的时候经常（凌晨）两三点起来放水，生怕水干了，根本睡不着。大家看到我们村干部勤奋苦干，形成好的风气，也有利于村庄治理。这些事情都需要发展集体经济，也是集体经济的发展动力。"

（二）典型塑造溢价逻辑："互利共赢"而不是"各自为政"

随着国家对乡村振兴和共同富裕的关注日益增强，我们需要审视集体经济组织所需的发展路径和政策导向。目前存在着一种典型的观念，即将集体经济的发展目标定位于获取政府补贴。这种思维方式促成了一种典型的溢价逻辑，其中领导者常常以迎合上级政府项目支持为导向，选择产业发展方向。然而，这种做法往往只是以追求政府荣誉和补贴为目的，未真正动员和激发村民参与到集体经济中，缺乏促进村庄公共事务治理的实质性举措，未能在集体行动中真正凝聚起村民的共同意愿和行动力，忽略了真正推动乡村振兴的内在动力。

在这种观念主导下，集体经济组织在选择产业发展方向时往往盲目地追求政府支持，而忽视了与当地资源禀赋相契合的实际情况。这种行为可能导致集体经济组织投入并发展了与本地实际条件不相符合的产业。尽管在一开

始可能获取了一定程度的政府支持和补贴，但面临着上级政府政策导向变化的风险，不得不频繁调整产业结构和方向。这种不稳定性导致了集体经济组织和广大农民承受更为沉重的经济损失和不确定性。在此背景下，集体经济组织的发展轨迹往往不能真正反映当地的资源优势和特色，导致资源的低效利用和浪费。更为重要的是，这种模式缺乏长期的产业发展积累和稳定性，未能让农民在集体经济发展中获得实质性的利益提升。农民作为集体经济的参与者，其利益未能被有效融入整个发展过程中，造成了乡村共同富裕目标难以实现的困境。

因此，对于集体经济组织的可持续发展来说，关键在于摆脱对政府补贴的过度依赖，而是着眼于建立符合本地资源优势的产业发展模式。这种模式不仅能够更好地利用当地资源，还能够增强集体经济组织的抗风险能力，使其更具有稳定性和长期发展潜力。同时，确保农民的利益参与和产业发展方向的民主决策，才能真正实现乡村经济的可持续发展和共同富裕。

笔者在通江县 T 村进行了访谈，该村集体经济组织带头人说："上级领导让发展什么产业，我们就发展什么产业，这样才有可能得到上级政府的重视，才能获得政府的补贴，而且我们这里位置又偏，不做出点成绩，上级政府是不可能拨款的。"另外，村民的集体经济获得感不足反向表明，这种迎合上级政府的驱动逻辑不能够实现集体经济的可持续发展，也无法激励村民自觉参与集体行动，村民不能共享发展成果。

T 村的一位村民在访谈中说："村干部很多发展项目是为了获得资金支持才去弄的，上级定的哪些项目会有资金支持，村里面就做哪些项目，近十几年来，换了很多（种植的作物），从最开始的种过粮，接着种过苹果、烟草、桑树、麻、白核、梨、核桃、青花椒，什么都种过，现在又开始种粮了，上面让种什么就种什么，种任何东西都不持久，搞得村里面的人都没信心了，对政府也不太信任了。现在也不掺和集体经济的事了，自己种点想种的就行了，反正现在也不靠种地挣钱。"

（三）容错缺位抑制逻辑："放权赋能"而不是"竞次锦标"

新型农村集体经济发展容错机制的实践意义在于推动农村经济脱贫致富、实现可持续发展，增强农民的创新意识和创业精神，推进农村经济现代化，提升农民的幸福感，保证社会稳定。然而，新型农村集体经济发展的容错机制缺位导致村干部怕犯错、不敢干的心理，特别是末位淘汰制带来的惩罚措施过于严厉，更加抑制了部分村干部的积极性和主动性。

为什么容错机制缺位会带来新型农村集体经济组织保守发展？第一，缺乏创业经验和管理知识。许多新型农村集体经济组织的成员可能缺乏创业和经营管理的经验，尤其是在农村兴办企业方面，村集体负责人可能不熟悉市场运作、财务管理、市场营销等关键领域的知识和技能，会感到不安和不自信，不愿意冒险尝试新的商业机会。同时，其害怕犯错，因为在这一过程中出现错误可能导致经济损失，甚至组织的失败，进而更倾向于守旧，不愿意冒险探索新的领域。第二，担忧政策和法律风险。一方面，新型农村集体经济组织可能对政府政策和法律法规的不确定性感到担忧。新型农村集体经济组织可能担心政策变化、法律法规调整等因素对经营产生负面影响。此外，对法律诉讼和合规要求的不熟悉也可能让新型农村集体经济组织停滞不前。另一方面，由于对部分问题的界定仍未有明确的政策文件，新型农村集体经济组织对新事务和新问题不太敢采取创新的举措，担心制定的政策与上位政策存在冲突，不确定如何应对这些风险。这使得农村集体经济组织宁愿选择安全的经营模式，而不愿冒险。第三，市场竞争和不确定性。市场竞争激烈，农村集体经济组织可能面临来自其他竞争者的压力，担心无法在市场上取得竞争优势，同时也担忧市场需求的不确定性，可能更倾向于保持现有的经营模式，而不愿意尝试新的业务领域，以避免竞争和不确定性带来的风险。

笔者在通江县 Y 村进行了访谈，该村集体经济组织带头人谈到本村发展集体经济产业禀赋不强、支持不够、动力不强。他谈道："一是劳动力不足，我们这个村户籍人口约 1 300 人，在家的只有 200 人，大多数都是 65～80 岁的老年人，大部分年轻人都在外面打工，没有多少年轻人愿意务农。二是资源禀赋较差，我们村离镇上和县城距离远，交通基础设施不健全，而且也没什么好的自然资源，没人愿意来。三是集体经济账户管理成本高。现在县上不允许村干部代做集体经济的账，必须请第三方来做账，成本很高。这个政策瓶颈突破不了，成本就降不下去。四是考核机制的问题，这是最大的一个问题。现在实行末位淘汰制，集体经济必须达到 3 万元的收入标准，没有达到就要被问责。一方面，我担心被问责；另一方面，我也不怕被撤职，反正工作压力挺大的。现在我们还种点高粱，和郎酒签订了合同，他们提供技术、提供种子，我们到时候都把这些卖给他们。另外，我们这儿之前也是贫困村，由川报集团对口帮扶，帮忙开荒，安装村里面的路灯。"该访谈对象觉得上级政府未提供充足的资金支持，又要求达到一定的发展标准，惩罚机制也过于严重，没有考虑 Y 村的发展条件和禀赋，于是不愿意承担风险，打击了发展的积极性，只有按部就班做点常规工作，只要不是最后几名就行。

四、新型农村集体经济发展的原因剖析

（一）主体困境逻辑根源

集体经济组织建设是实现农民组织化的一个可行途径，发展集体经济需要涉及"谁来发展"的考量。然而，在实践中，集体经济组织普遍面临政府或资本单边主导引致村集体与村民之间利益关系失衡、难以形成发展合力等问题，村干部和村民两类主体均存在参与集体行动的自身角色困境。

一方面，村干部存在既当"企业家"又当"政治家"的双重角色困境。新型农村集体经济的集体目标是整合资源、发展产业，实现农民群体整体经济效益最大化，提高农村经济的总体效益；通过发展产业，提高经济效益，进而实现社会效益，包括增加农民福利、完善社区建设等。出于对集体经济发展和基层治理的双重目标的职责，集体经济组织负责人与村"两委"成员高度重叠，集体经济组织的经营管理决策往往由村集体"一把手"行使，组

织运行面临管理者"偷懒""越位"以及其他形式的代理人困境。由于集体经济组织治理机制尚不完善，政府需要用"村财乡管"和其他外部手段监管村集体的生产经营活动。

另一方面，村民存在集体参与动力和能力不足的困境。农民追求个体经济利益最大化，包括增加个人收入、提高生活水平、改善家庭财务状况等。在这种情况下，村民追求个人利益最大化，希望获得更多资源以提高个人的生产能力和产出，不愿为了集体目标而牺牲个人的利益，由此可能导致村民个体短期的利益和集体长远的利益之间产生冲突，这会影响村民对集体目标的支持和参与。集体经济组织成员持有的集体资产的股份或份额的流转受到限制，这也在一定程度上影响了农民参与公共事务治理的意愿，不利于"发挥农民主体作用"和"支持农民创新创造"。

（二）产业困境逻辑根源

新型农村集体经济产业的蓬勃发展是乡村振兴战略中至关重要的一环。然而，村集体经济产业发展进程并非一帆风顺的，而是充满了复杂性和挑战性。从村干部的视角看，一方面，村干部必须在发展集体经济的道路上平衡"政经分离"的挑战。村干部集体抉择产业发展项目时需要确保政治因素对经济决策的影响被最小化，确保决策基于可靠的数据和经济评估，保障经济活动的自主性和高效性，以保障产业发展决策的公平性和透明度，让每位村民都能理解和支持这些决策的合理性和公正性。最重要的是，村干部需要保持对整个村庄发展的大局观念，应该将村民的福祉和整体利益置于首位，而非被短期政治目标左右，确保产业发展方向与村庄长远利益相符，避免短视和片面的政治干扰给经济发展带来不利影响。另一方面，村干部还面临"一岗多责"的困境和挑战。村干部不仅需要作为领导者推动村集体经济发展，还需要履行多方面的职责，如农村治理、基层组织管理、社会稳定等。多重责任的压力使得村干部必须具备广泛的知识和技能，同时还需要与不同利益相关者进行沟通和协调。在实际工作中，这可能需要村干部投入更多的时间和精力，处理来自各个方面的事务，进而可能会限制他们在产业发展上的专注度。

从村民的视角来看，村民在村集体经济产业发展中也面临着"风雨同舟"和"理性小农"的两难抉择。一方面，部分村民秉持"风雨同舟"的观念，愿意为了集体利益而奉献个人利益，乐意为村庄的整体繁荣做出牺牲和努力，希望通过集体的力量实现更大规模的产业经济收益，甚至愿意在个人利益和集体利益之间做出某种程度的妥协和牺牲。另一方面，也有一部分村民持有"理性小农"的态度，更注重个人的经济收益和风险规避，对投入产出比和风险控制更为谨慎，由于不愿意承担集体经济产业的发展风险，相对较少愿意参与集体性质的项目或大规模的合作，更愿意自主经营或小规模经营，不愿意为了集体经济产业效益而对个人利益做出牺牲。

（三）机制困境逻辑根源

新型农村集体经济在发展中面临机制性挑战，存在要素保障、分红机制等机制困境，进而导致资源分配不公平、农民积极性降低以及乡村经济不可持续等问题。

一方面，村集体经济发展要素保障机制不够健全。农村集体经济发展需要充足的要素供给来支撑其健康发展。然而，农村集体经济发展面临融资难的问题，很多农村集体经济组织缺乏有效的融资渠道，尤其是小型集体经济组织。即便有融资渠道，利率通常较高，增加了企业的负担。虽然通江县出台了担保贷款实施方案，由县财政提供风险补偿基金，鼓励金融机构向村集体放贷，但是因担心产生坏账，又缺乏抵押物，金融机构更愿意贷款给个人，而非村集体。部分村干部在脱贫攻坚期间，曾以个人名义为村集体贷款，至今未还清，被纳入失信名单，更加剧了融资难。此外，市场营销渠道不畅通，一些优质产品难以推广和销售，限制了村集体经济的扩展和盈利能力。加之政策支持和制度保障方面也存在缺失，法规不够完善或执行不到位，阻碍了农村集体经济发展的可持续性和稳定性。

另一方面，村集体经济分红机制也存在着兑现不充分的困境。分红机制可能使村民产生怀疑和不信任，可能出现不公平的分配情况，造成不满和不稳定因素。集体目标往往比较宏观和抽象，难以让农民直观地感受到与个人利益直接相关，并且参与新型农村集体经济组织可能承担一定的经济风险。在这种情况下，村民对村集体经济发展的积极性降低和投入减少，影响到整个村集体经济的可持续发展。相反，如果分红机制实际且合理，能够公正地体现每个村民的贡献和努力，激发村民的积极性和创造力，那么这种分红机制将会成为村民投身村集体经济的强大动力，推动村庄经济更加健康、稳定发展。

通江县大多数村都设定了分红模式，如"532"模式，即50%用于再发展、30%用于股民分红、20%用于公益建设；"4321"模式，即40%用于再发展、30%用于股民分红、20%用于公益建设、10%用于备用基金等。但由于盈利少，绝大多数村未兑现分红。2022年分红最多的村是桅杆坪村，每人年分红仅100元。不少村干部认为收入若用于分红，所需金额大，平均到人少，不如用于发展产业或完善基础设施，因此未来几年也计划不兑现分红。因为看不到股权的收益分红，加之股权的市场价值低，多数村民对村集体经济持"观望加期盼"的态度，参与积极性不高。

五、新型农村集体经济发展的路径审思

第一，"共营共赢"，明晰集体经济的功能权责，激发多元主体互动的积极性，破解主体困境。一是新型农村集体经济应凸显集体经济的"集体""普惠""共享"属性，淡化集体经济的"盈利"属性，强化集体经济向上争取资源和政策，盘活集体资源、资金、资产；协调各主体关系，处理经济纠纷等，着力实现集体经济组织作为产业发展的标杆，发挥示范带头引领作用；给予农民充分的选择权，允许农民自主选择是否参与集体经济组织，并自主承担选择带来的结果。二是新型农村集体经济应构建农村集体经济共营制，

强化集体经济与科研院所、智库等"政产学研"合作，激发基层政府、新型农业经营主体、农户参与集体经济的积极性，构建农村集体经济共营制，构建"农村集体经济+农业托管主体+农业社会化服务"三位一体的经营体系。

第二，"建圈强链"，完善集体经济的奖罚机制，构筑多种特色产业发展的生态圈，破解产业困境。一是新型农村集体经济应以村集体经济为依托，串联生产、生活、生态"三生融合"发展；通过做精做强主导特色产业，结合"川字号"品牌创建，着力形成村集体经济产业区域品牌，用品牌提升村集体经济的竞争力；积极打造乡村振兴先进乡镇和示范村，借助"两项改革"契机，打破原有产业格局，重塑乡村经济新版图，充分挖掘更大范围的特色产业，实现乡镇、村的布局优化、资源优化、设施优化；优化政府、企业、农民等多元主体互动机制，打造普惠共享的"民生工程"；充分发挥村集体和村民的主体作用，按照"一事一议"的程序进行表决，项目资金使用、项目进度、村级集体经济收入等情况及时公开，让广大村民共享村集体经济发展成果。二是新型农村集体经济应减轻村集体发展集体经济的压力和责任，分类别考核集体经济绩效，允许集体经济亏损，优化"容错机制"，对发展不好的集体经济组织可以采取撤并等方式，促进农村集体资源性资产和经营性资产管理主体分离，由村级集体经济组织成立村（股份）经济合作社或资产管理公司，专门负责运营管理集体经营性资产。

第三，"放权赋能"，优化集体经济的利益衔接，构筑跨区域多模式协同发展机制，破解机制困境。一是新型农村集体经济应构建跨区域的集体经济收益共享机制，着力推进各村集体经济之间的分工与合作，探索"飞地抱团"模式，带动落后地区发展致富，实现共建共赢；鼓励集体经济发展较好或拥有资源优势的地区，与发展相对落后的地区进行跨区域合作，共同发展产业或共建项目，实现双方互利共赢；着力通过资源合理流动和优化配置规避村集体经济可能存在的风险；推动形成市民和农民的利益共同体，共同消除因为信息不对称造成的食品安全问题，共担农业的生产风险和市场风险；

促进集体经济组织或村（股份）经济合作社与其他市场主体进行合作，增强新型农村集体经济组织的市场认可度。二是新型农村集体经济应创新发展模式，放活集体经济的单一"集体"属性，探索国有资本、集体资本、非公有资本等交叉持股和相互融合的混合所有制下的集体经济发展模式；创新资源经济型、物业经济型和服务经济型等村集体经济组织多样化发展模式，创新村集体经济运行机制、入股机制、分红机制，建立有效的薪酬激励机制和约束机制，充分调动村民参与集体经济的积极性，通过集体经济发展辐射带动村民开展多种经营方式创新；激发农民参与集体经济发展的动力，提升农户就业和创业的信心。

参考文献

陈健，2022. 新发展阶段新型农村集体经济促进农民共同富裕研究［J］. 马克思主义研究（12）：54-64.

丁波，2020. 乡村振兴背景下农村集体经济与乡村治理有效性：基于皖南四个村庄的实地调查［J］. 南京农业大学学报（社会科学版）（3）：53-61.

方志权，2014. 农村集体经济组织产权制度改革若干问题［J］. 中国农村经济（7）：4-14.

高鸣，魏佳朔，宋洪远，2021. 新型农村集体经济创新发展的战略构想与政策优化［J］. 改革（9）：121-133.

郝文强，王佳璐，张道林，2022. 抱团发展：共同富裕视阈下农村集体经济的模式创新：来自浙北桐乡市的经验［J］. 农业经济问题（8）：54-66.

孔祥智，2020. 产权制度改革与农村集体经济发展：基于"产权清晰+制度激励"理论框架的研究［J］. 经济纵横（7）：32-41，2.

李天姿，王宏波，2019. 农村新型集体经济：现实旨趣、核心特征与实践模式［J］. 马克思主义与现实（2）：166-171.

芦千文，杨义武，2022. 农村集体产权制度改革是否壮大了农村集体经济：

基于中国乡村振兴调查数据的实证检验 [J]. 中国农村经济 (3)：84-103.

马平瑞，李祖佩，2023. 农村内生型集体经济发展的社会效应：基于鲁西南蔡庄村的个案研究 [J]. 中国农村观察 (4)：151-168.

申云，景艳茜，李京蓉，2023. 村社集体经济共同体与农民农村共同富裕：基于成都崇州的实践考察 [J]. 农业经济问题 (8)：44-59.

孙聪聪，耿卓，2023. 农村集体资产股份量化管理的改革困境与立法化解 [J]. 农业经济问题 (9)：124-134.

唐丽霞，2020. 乡村振兴背景下农村集体经济社会保障功能的实现：基于浙江省桐乡市的实地研究 [J]. 贵州社会科学 (4)：143-150.

仝志辉，韦潇竹，2019. 通过集体产权制度改革理解乡村治理：文献评述与研究建议 [J]. 四川大学学报（哲学社会科学版）(1)：148-158.

徐冠清，余劲，2023. 增长抑或发展：我国财政扶持对村集体经济发展的影响 [J]. 经济地理 (2)：165-171，189.

徐艺宁，潘伟光，2023. 农村股份合作制改革对集体经济影响研究：基于集体行动视角 [J]. 农业经济问题 (10)：79-91.

张浩，冯淑怡，曲福田，2021. "权释"农村集体产权制度改革：理论逻辑和案例证据 [J]. 管理世界 (2)：81-94.

张衡，穆月英，2023. 村集体经营性资产价值实现的农户增收和追赶效应：外生推动与内生发展 [J]. 中国农村经济 (8)：37-59.

张洪振，任天驰，杨汭华，2022. 村两委"一肩挑"治理模式与村级集体经济：助推器或绊脚石？[J]. 浙江社会科学 (3)：77-88，159.

张立，王亚华，2021. 集体经济如何影响村庄集体行动：以农户参与灌溉设施供给为例 [J]. 中国农村经济 (7)：44-64.

张应良，徐亚东，2019. 农村"三变"改革与集体经济增长：理论逻辑与实践启示 [J]. 农业经济问题 (5)：8-18.

赵黎，2023. 发展新型农村集体经济何以促进共同富裕：可持续发展视角下的双案例分析 [J]. 中国农村经济 (8)：60-83.

周娟，2020. 农村集体经济组织在乡村产业振兴中的作用机制研究：以"企业+农村集体经济组织+农户"模式为例 [J]. 农业经济问题 (11)：16-24.

西部"偏、高"地区
集体经济何以自强
——金川县新型农村集体经济发展蹲点调研报告

　　自 2020 年以来，我国全面脱贫攻坚战取得了彪炳史册的成绩，9 000 多万贫困人口如期实现脱贫，全体人民生活迈入小康水平。但是，农村贫困人口全面脱贫只是第一步。一方面，实现乡村振兴是促进农村地区全面高质量发展、融入中国式现代化进程的重要一环，对促进"三农"问题的解决、推动农业农村现代化、实现城乡一体化发展等都具有重要意义。另一方面，乡村振兴通过带动广大农民增收来扩大农村地区内需，对构造全国统一大市场具有积极作用，是实现国内国际双循环的重要依托。

　　金川县隶属于四川省阿坝藏族羌族自治州，位于川西北高原、大渡河上游，海拔 2 000~5 000 米。金川县通过全力推进农业产业高效发展，于 2019 年年底实现整县"脱贫摘帽"的目标。产业扶贫是实现贫困人口稳定脱贫的主要途径和根本之策，发展贫困地区特色产业是促进地区发展、为农民增收的有效途径，也是扶贫开发的战略重点和主要任务。出于对金川县产业发展情况和农户返贫情况的考察，调研团队对金川县二普鲁村的农村集体经济组织展开深入调查。我们从金川县基本情况、二普鲁村产业发展成就展开研究，剖析发展过程中存在的问题和约束，基于产业进一步提质增量等目标提出建议和规划，为当地经济稳走发展和乡村振兴战略实现提供支持。

一、金川县集体经济现状

（一）土地集体夯实振兴之基

作为农村的天然资源，土地是农民收入的根本来源，也是集体经济的主要生产资料。探讨集体经济的发展必然摆脱不了对集体土地的研究。就现阶段而言，金川县在土地集体经济上取得的一系列成就主要体现在农村居民的直接创收和间接福利两大方面。

1. 直接创收方面

第一，农业生产增效。金川县积极推进农业产业化发展，通过土地集体经济的方式实现了农业规模化经营。在此基础上，金川县引导农民发展现代农业、推广高效农业技术和管理模式，提高了农作物和畜禽养殖的产量。第二，农民收入增加。一方面，农民通过土地集体经济参与农业产业化、乡村旅游、农产品加工等项目，实现经济收益、生活质量和幸福感提升；另一方面，金川县利用当地的农产品优势，发展农产品加工业，提高了农产品的附加值和市场竞争力。第三，农产品销售增速。金川县各村镇借助土地集体经济的力量，积极开展农产品的宣传推广和市场营销工作，拓宽了农产品的销售渠道。

2. 间接福利方面

第一，乡村公共服务提升。土地集体经济发展为金川县提供的资金支持被用于改善乡村的公共服务设施和基础设施。集体经济通过投资建设乡村道路、供水、供电、通信等项目，提高了乡村的交通便利性和居民生活品质。第二，乡村环境治理改善。金川县积极引导推动农村环境的改善和美化工作，投资开展农村环境综合整治、加强农田水利设施建设、推动修复和保护乡村的生态环境，提高了乡村的景观品质和环境质量。

总体来说，金川县土地集体经济在乡村振兴中取得了显著的成就，推动了农业生产的增效、农民收入的增加、乡村公共服务和乡村环境的改善，同时为下辖乡镇发展其他形式的集体经济奠定了坚实的基础。

（二）多元农业激发振兴之源

在土地集体化经营管理的基础上，金川县因地制宜发展特色农业，其种植业、养殖业也得到了发展。金川县分别建有一个省级、一个州级三星级现代农业园区。园区种植花椒 5 万亩、粮食 8.6 万余亩、蔬菜 2.2 万余亩等。此外，金川县建成了甜樱桃、冬桃等特色小水果基地 1.8 万亩，并在二普鲁村建立了菜籽油加工坊，创建农产品加工产业。在养殖业方面，金川县建有规模以上生猪养殖场 40 个、肉牛养殖场 15 个、标准化中蜂养殖场 30 个。其中，生猪养殖更是采用了原生态放养、集体养殖等多样化的养殖模式养殖多个品种的生猪。

除此之外，"金川雪梨"也成为金川县农业支柱产业之一。作为"中国雪梨之乡"，金川县是全世界最大规模的原生态、高海拔雪梨种植区。在雪梨产业打造上，一方面，金川县做大做优雪梨产业，不断优化原生态的雪梨品质，打造品牌化的雪梨招牌；另一方面，金川县不断延伸雪梨产业链条，打造产业链。金川县先后培育了雪梨深加工龙头企业 6 家，研发制作雪梨膏、雪梨糖、雪梨饮品、雪梨烘烤片、雪梨酒等雪梨制品，培育创立了"金川雪梨膏"区域公共品牌。此外，金川县还推动"公司+基地+农户"的农业产业化模式落地，形成工厂与梨农的利益联合体。截至 2023 年年底，金川县雪梨产业已达到 110 余万株的成林规模、100 余千米的分布广度，全县雪梨年产量达 3 万吨，实现年产值 1.2 亿元。

同时，良好的自然环境也造就了金川县的另一大特色产品——红米。尽管历史上金川县的红米耕种几经中断，但是在眉山市对口支援的帮助下，金川县重新进行了红米的试点种植，并在取得一定成功后，开始全县推广。此后，金川县便以此为契机，加速农业生产经营方式转变、调整农业生产结构。

（三）帮扶政策开辟振兴之路

政策是扶持经济增长、激发市场活力的催化剂，而地区产业的发展、人民生活的改善也离不开政策的支持。但是，不同类型的政策的制定目标也有所不同，政策效果也会因实践土壤不同而具有差异性。金川县政策补贴类型丰富，包括农业直补政策、草场补贴政策、具有县域特色的高龄老人补贴政策等多种补贴政策。在补贴资金的实施分配上，金川县会根据当地村集体的建设需求进行分配，优先支持集体经济的发展，实现集体经济等公有制经济的长远发展。具体的资金安排则是由村集体的理事会和监事会开村民大会进行决定。

"三农"补贴政策是乡村振兴战略自实施以来一直存在的直接补贴。金川县根据农户承包的土地面积进行补贴，并将农作物良种补贴、种粮农民直接补贴和农资综合补贴合并为农业支持保护补贴，其政策目标调整为支持耕地地力保护和粮食适度规模经营。金川县和下辖乡村的常住人口基本都由 60 岁以上的老人构成，这些补贴措施极大程度上维持着村中留守老人从事耕种的农业效益和生活水平，对当地县域和村镇的农业产业发展起到了保护与扶持作用。

草场补贴政策主要是指将各家各户的草场纳入村集体统一管理、经营放牧，在每年年末时，根据各户流转的草场面积对将经营所获利润进行分红的政策。每户一年最多可以得到 5 000~6 000 元的分红。该项政策既盘活了集体经济，使村民的集体利益最大化，又避免了过度放牧导致的草场荒漠化等问题。

高龄老人补贴政策是指金川县老人在满 60 岁后会收到政府发放的补贴资金的政策。作为金川县的特色政策，目的是通过年度补贴的形式鼓励子女孝顺父母，保护和弘扬乡村的传统文化、民俗习惯和社会价值观念，促进乡村文明建设和传统文化的传承与发展。乡村文明不仅是乡村的独特魅力和文化底蕴的体现，也是乡村发展和社会进步的基础。人民的道德修养和乡村文明的传承是产业兴旺、生态良好的内在保证，是促进乡村全面振兴发展的素质基础。

（四）劳动流转盘活振兴血脉

尽管农村形成的就业岗位不同于城市中的就业岗位稳定持续，但是农村劳动力会根据市场需求、产业发展以及自身素质特长，通过分工和流动，实现资源配置及劳动力优化配置。分工流动机制具体表现为：

第一，劳动分工流动机制体现在不同农村地区的分工调动上。金川县通过明确各地的特色产业和产业优势，推动农村劳动力从单一农业或传统手工业转向现代农业、乡村旅游、农产品加工等新兴产业。例如，女性劳动者可以选择在家养牛养猪，也可以进入乡镇餐饮业中进行创收。

第二，基于农村劳动力向经济相对发达地区、城市和工业园区流动的流动偏好，金川县通过健全的流动机制，包括提供就业岗位、提高农民工收入水平、提供良好的工作条件和生活保障等方面的措施，吸引和留住农村劳动力在发展中的地区就业。例如，青壮年劳动力平时会流向邻县邻镇打零工，在雪梨等产业劳动繁忙时则会返回产业园区工作。

二、二普鲁村产业发展举措和成效

卡拉脚乡二普鲁村位于金川县西北部，属高山峡谷地形，平均海拔有3 000多米，气候以大陆性高原季风气候为主，多晴朗天气，昼夜温差较大，常有冬干、春旱和伏旱。二普鲁村的产业以农业和牧业为主，是一个典型的嘉绒藏族聚居区。二普鲁村有六个自然寨，地处卡拉脚河河谷，森林植被茂盛，民居依山傍水，呈带状排列。

二普鲁村管辖面积为70.2平方千米，户籍人口为318人，有天然草场22 200亩，有耕地226亩。但是受到复杂地貌、垂直气候和经济水平综合影响，村中常住人口仅有100人，其中60岁以上人口占比在60%以上。极少的户籍数虽然使产业发展丧失了劳动力密集的优势，却为集体经济进行生产资料的集中、土地流转带来了便利条件。因此，二普鲁村的集体经济有一定程度的发展，在金川县各村的集体经济发展中处于较高的水平。其集体经济以菜籽油加工和牦牛养殖为主。

（一）菜籽油加工坊

菜籽油加工坊是由浙江省金华市对口援建于 2019 年建成营业的。其以二普鲁村作为原料产地，使用集体流转土地面积达到 99.8 亩。菜籽油加工坊仅 2022 年一年的经营收入就高达 15 万元，吸纳了村中就业人数 70 人。截至 2022 年年底，菜籽油加工坊累积成员分红总额达到 50 万元，集体分红达到 40 万~50 万元（含应收款项 20 万元）。这些收入足以扶持本地油菜种植村民的生活。此外，菜籽油加工坊治理成员大会由 3 人组成，均是当地村民，其主要收入仍以务农收入为主。

尽管菜籽油加工坊以二普鲁村为原料产地节约了运输、保存成本，但其进一步发展也受到当地土地规模、肥力等因素的限制。一方面，村子不连片、不平整的土地不利于油菜种植规模进一步扩大，碎片化的山坡田埂上只能种植玉米、核桃、苹果等附加值较低的农产品用以满足当地居民的生活所需；另一方面，土地肥力也是种植规模扩大的一大掣肘，即作物耕地需"种植油菜两年玉米一年"的轮作来维持土地肥力，这导致了当地油料作物产量的不稳定。

此外，由于二普鲁村处于半耕半牧的限制开发区，政府重视生态环境，村中耕地无法通过开荒扩展。但也正是为了避免污染水源和土壤，当地的耕种方式采取了无农药种植。一方面，无农药种植实现了产品质量、耕地保护、生态环境"三位一体"的政策目标；另一方面，原生态的产品原料为二普鲁村的菜籽油加工产品增加了市场优势，迎合了市场大众的消费偏好，有利于打造二普鲁村的绿色品牌。

（二）牦牛养殖场

作为金川县特有的地理标志产品，"多肋牦牛"是全国优秀的牦牛遗传资源之一，其以比普通牦牛多一对肋骨的 15 对肋骨而得名，具有极高的养殖和推广价值。为了加快多肋牦牛资源保护与开发利用，国家振兴资金和农业农村资金分别出资 910 万元、390 万元，于 2021 年合作建立了金川多肋牦牛产业有限公司。截至 2022 年年底，牦牛养殖场拥有 490 头牦牛、约 260 万元的牲畜资产，并在当年达到了 14 万元的产业收入。其集体经济部分以每年向村集体缴纳土地租金为主，同时会聘用当地居民参与到非经营和销售的日常养殖活动中。

在牦牛养殖中，土地问题依旧是限制经营规模的主要因素。一是土地流转方面的信息不对称，集体经济组织无法对流转的土地优劣进行区分，进而采取统一定价。二是农户自身流转意愿差异，土质好的不愿意流转出去，土质差的更倾向于流转。这些现象反映了收入不对等的问题，即在集体分红相较于自主经营收益较低时，农户更愿意个人耕种。同时，其也折射出了牦牛养殖经营规模扩大的必要性。

（三）联农带农机制

自菜籽油加工坊和牦牛养殖场两个集体经济组织建立以来，二普鲁村的村民自发了解了集体经济的活动，具有较高的加入意愿。菜籽油加工产业和牦牛养殖产业不仅为当地提供就业岗位和渠道，而且通过分红和薪资报酬等方式直接增加了村民的收入。具体而言，分红有两种形式，即土地分红和劳务分红。土地分红是指村集体根据农户流转的土地面积，划分出每亩 300 元或 100 元的流转费；劳务分红是指当地村民可以通过为集体经济生产活动提供服务，如种植油菜、提供牦牛饲料等，参与村集体经济的年末分红。到调研期间为止，两大集体经济组织共使用耕田 99.8 亩，每年平均可创造总分红 10 万元。薪资报酬是指菜籽油加工坊和牦牛养殖场在特定的时间段有一定的用工需求，会提供每月 3 000~3 500 元的薪资。除此之外，政府还有专项农机补贴，支持当地居民实现小型机械化种植。

总体而言，集体经济基本扶持了本地村民生活，但无法进一步提高村民生活水平。

三、二普鲁村的发展约束和问题

（一）政策倾斜的双面性

政策是经济发展的风向标，而地区的产业政策更是直接决定了当地的生产经营环境。金川县经济体量不大、市场规模不完善的情况决定了金川县的产业扶贫政策只能为产业主导型，而非市场经济下的产业引导型。在二普鲁村的两大集体经济中，菜籽油加工坊是由浙江省金华市对口援建的，牦牛养殖场则是由国家振兴资金和农业农村资金出资组建的。整体而言，集体经济都是政府直接出资建立，而非当地政府、集体经济组织自主建立的，其政治意义远大于实际经济效益。同时，尽管当地居民参与度和配合度较高，但是脱离了独立自主的创业意识和企业家精神，企业发展无法真正落地，企业也将失去识别创业机会、自主创新扩张、风险管理以及培养企业文化等优势。

其次，作为西部的生态屏障和中国战略腹地，金川县本就是限制开发区，再加上退耕还林、耕地红线等政策的约束，其土地方面的限制进一步突出。政策导向下的土地资源利用不够灵活，高质量的农用地被归入退耕还林范围，这些问题使得农业产能无法充分发挥，农业发展和农民的需求得不到满足。特别是二普鲁村这类欠发达村庄，其保护耕地、生态的非生产性功效被经济发达地区所共享。当地放弃使用化肥、农药所带来的经济损失、机会成本，由当地经济承担，造成了经济效益的"不平等地位"。对此，如何弥补限制政策下牺牲的当地居民利益，需要政府扮演更多的角色进行协商。

最后，尽管政府的各项直接补贴有利于提高居民生活水平、培育乡土文化，但是补贴也会导致一些潜在问题。一方面，长期的政府补贴可能导致农民对补贴的依赖性，减少他们对市场需求的敏感性和主动性，从而降低农户的生产积极性。另一方面，由于政府补贴存在一定条件，政策的实施难以避免出现为了套取补贴而存在弄虚作假的问题，最后导致政策效果不佳甚至是失灵。

政策实施在不同的政治土壤下会产生不同的强度效果和偏差，在中国西南地区更是如此。金川县地处生态脆弱的川西地区，政策条件是不可避免的强约束。为在保证不违背耕地红线等政策目标基础上提升本地产业发展成效，近年来金川县及二普鲁村的工作人员都尽可能多地发挥主观能动性以提高产业扶贫的效益，但也存在许多地方政府和村集体无法克服的客观问题。

（二）自然禀赋约束

土地问题一直是乡村振兴的核心问题之一。作为农民手中重要的生产资料，土地一直无法实现大规模流转，这实际上反映了农民对自身生计的关心问题。一方面是集体分红有限。现有的土地分红无法完全覆盖农户自主经营收益或满足自身基本需求，土地的流转率不高。另一方面是集体产业产能有限。集体经济的经营规模受到土地规模的限制，盈利分红难以达到农户的"最低门槛"，流转土地规模无法进一步扩大。再加之外部经济的不确定性，集体经济生存环境复杂。集体经济的经营状况一旦恶化，分红减少，就会形成流转土地减少、集体分红下降的恶性循环，进一步加剧集体经济的恶化。

金川县位于川西北高原，地处青藏高原东部边缘，地形以山地、平原为主。复杂多变的地势下，金川县总体耕种面积不足，并且存在诸多限制因素。第一，金川县的土地分散不连片，不利于大范围的规模化种植，粮食产量无法扩大；第二，土地大多数分布在山坡、山腰处，耕种成本较高，小型机械化种植难以实现；第三，土壤肥力有限，难以支撑长时间油料作物种植，每两年需要更换作物恢复土壤肥力。除此之外，受复杂地形地貌的作用，金川县的气候随着山势急剧升高呈现出规律性的显著变化，形成垂直气候。极端气候下全年无法常态化种植经济作物，金川县形成了依托于季节的经济发展"冷热病"，就业需求和就业岗位的不稳定性带来居民收入存在不确定性，因此无法有效留住劳动力，难以形成稳定产出。

二普鲁村集体土地不仅面临同金川县整体一样的困境，而且还存在着其独有的约束。首先，因限制开发区域的政策制约，二普鲁村的土地肥力、种植规模相较于其余村镇有较大区别，即无法使用农药化肥和开垦荒地。因此，二普鲁村的耕地品质参差不齐，无法形成长期稳定的原料供给能力，不利于菜籽油加工坊市场竞争力的形成。其次，二普鲁村气候季节性强、比较干燥、昼夜温差大，其种植作物产量普遍较少，仅能实现当地农户的自给自足，导致粮食产业缺乏先天优势。最后，基于现有耕地品质问题，农户与集体经济组织之间存在信息不对称的问题。在农户方面，土地流转金无法覆盖个人耕种收益，优质土地参与流转较少。集体组织无法根据流转土地品质给出合理定价。

（三）交通与市场规模

毫无疑问，相对于复杂的地形地貌这一自然因素而言，交通是制约发展的首要非自然因素。特别是对西部地区而言，在整体经济实力不强的前提下，其交通体系的完善、通达度的提升往往十分缓慢。金川县与外界的联系因铁路、机场修建成本高昂，目前以公路运输为主。金川县内仅有一条国道，尚未开通高速公路，运输通行效率低下。金川县内部连接各村镇的道路则是崎岖蜿蜒，路况险峻，行驶难度较高。因此，交通的不便"天然"地分割了金川县的市场。一方面，分割的村镇无法形成规模化的市场需求，供需双方匹配难度大。另一方面，外界市场需求仅停留在部分基建完善地区，带动范围有限，拉开了县域内的收入差距。例如，国道两侧的农家乐、民宿有较好发展，偏远景区周边却生意冷淡。同时，交通不畅也导致运输成本较高，商品、劳动力流动有限，过剩的产品无法流向外部市场，本地集体产业发展动力匮乏。

金川县所辖的二普鲁村交通状况则更严峻。村委会距离最近的高速路口约 100 千米，花费时间基本在 2 小时以上。尽管村集体每年都会将部分分红用于交通道路建设，逐渐将直达村镇的土路更换为柏油路，但是二普鲁村的道路修建工作进展缓慢，仍然存在路况复杂、通行时间长的弊端。同时，村集体经济不仅存在产品运输问题，还面临着因当地粮食供给不足而产生的菜籽、饲料等原料运输成本的硬性约束。当各种因素下的生产成本大于销售收入时，集体经济的生产活动就会逐渐减弱。这种现象往往伴随着当地的作物种植周期出现，因此集体经济发展又呈现出季节性"冷热病"。

（四）产业、人力等约束

土地、交通是当前金川县集体经济，甚至是整体经济发展的关键影响因素，其余约束的根源也在于土地、交通问题。但是，土地、交通问题同其他因素结合又会产生新的发展问题。

一是金川县的产业问题。不同于二普鲁村的集体经济"冷热病"，金川县整体产业以雪梨关联产业、种植农业为主，对气候依存度较高，存在"看天吃饭"的产能不稳定问题。同时，虽然金川县有良好的生态环境，但是其景点分散，地理位置偏僻。这也决定了金川县不可能实现全年旅游业常态化经营。无法发展旅游业且无力承担发展旅游业的风险，是金川县各村镇普遍存在的问题。因此，解决第一产业结构单一、产量不稳定，第三产业发展受阻等问题是金川县产业发展的当务之急。二普鲁村的产业问题则表现在集体产业间关联度低，并且在原料方面有一定的竞争关系。当地的种植业是为菜籽油加工坊、牦牛养殖场服务的，但在有限的土地情况下，油料作物、饲料的生产会有所冲突。同时，受土壤肥力限制，集体耕地以三年轮作种植油菜（两年）和玉米（一年）的方式依次为两大产业提供原料，每年总有一方会面临原料不足的问题。

二是金川县的年轻劳动力外流严重。尽管县城已经建立劳动力流动机制，但整体就业不稳定的环境依旧无法吸纳青壮年劳动力，其目前的主要劳动群体为中老年群体。金川县所辖村镇中二普鲁村的情况更为严重。二普鲁村常住人口中60岁以上人口的占比在60%以上，参与务工的农户年龄普遍为50~70岁，劳动群体高龄化严重。学生寒暑假回村也会参与生产活动，但不足以为村子提供稳定的青壮年劳动力。同时，集体经济组织内部人力资本也有待进一步更新丰富。虽然县城干部时有安排去省内中心城市和大城市高校学习，但乡镇和村内干部很少会专门被安排外出学习，仅仅是偶有技术人员到村进行培训或调研。二普鲁村菜籽油加工坊理事会3人、牦牛养殖场理事会2人均为大专文化程度的当地村民，与村民沟通和办事积极负责但专业技能较为匮乏，无法实现高效的管理和生产技术更新，进一步限制了经营规模的扩大。更重要的是，集体经济组织一旦缺失市场意识，就难以避免"背靠政府"、缺乏市场竞争力等弊端的出现。

四、金川县集体经济发展策略

通过上述分析，我们不难发现制约金川县集体经济发展的阻力主要来自土地、交通，其余问题则是由上述两个核心问题所带来的延伸。土地、交通问题的本质则分别是生产层面的规模扩大受阻和消费层面的有效需求不足。具体而言，其表现为金川县因土地、气候产生的"冷热病"和二普鲁村因交通限制产生的"冷热病"。

（一）土地：政研双行，增量提质，培育科技下的绿色沃土

土地集体化是乡村繁荣、农业增产的致远安稳之策，也是集体所有制经济发展的前提基础。因此，土地流转的合理规划对金川县的长远发展至关重要，甚至也会为其他地区解决土地问题提供一些范本和思路。

首先，加快城镇化建设和完善农村社会保障体系。金川县应在各村镇中设立集中安置点，将交通不便、人口分散地区的居民集中，形成小型聚落；减少土地耕种人数，加快土地流转速度并完善土地流转制度和土地入股等形式，促使村民与集体经济真正实现"利益统一"；在安置点附近设立小型分厂和物流中心，将部分工作外包形成岗位，解决就业问题，最终实现集体土地"量"的扩大。

其次，引进保护性耕作技术，加强推广应用，维持耕地土壤健康。一方面，金川县要开展保护性耕作技术的推广，特别是环境友好型技术，减少生产活动对耕地及周边环境的破坏，在满足生产需要的基础上维持耕地健康。

另一方面，金川县要完善技术推广的激励机制，将现金激励转化为技术培训、种子采购等间接奖励，特别是通过有机肥料施肥技术和冬季绿肥种植等将土壤肥力恢复周期缩短，最终实现集体土地"质"的提高。

最后，针对二普鲁村土地问题的专项策略。二普鲁村土地流转困难的问题根源在于土地流转的分红无法超过部分农户自主经营的收益，居民的土地流转意愿不高。一方面，二普鲁村应建立面对面的土地流转协商会，根据农户参与集体经济的土地质量协商租金。在达到一定经营规模后，二普鲁村应考虑采取土地分红入股的方式，进一步提高居民参与积极性。另一方面，基于缩短土壤肥力恢复周期的基础上，二普鲁村应适当考虑提高单期内单亩作物产量，如尝试开展大棚种植以缩短作物生长周期，寻找榨油、饲料的可代替农作物，将单季种植逐渐转变为多季种植。此外，二普鲁村应与相关种业公司展开合作，研发优秀种子等。

（二）交通：以点串线，多频联动，盘活乡野中的振兴市场

第一，交通问题实际上是产品、劳动力流动性的问题。交通的时空特质决定了要素、产品的运输成本。只有将运输成本降低到与同类产品相同的地步，金川县才能将内部分割的市场重新集聚，其商品进入外界市场时，才能打造出金川县及二普鲁村等特色品牌的竞争力。

第二，加快居民安置点、产品集散中心、交通节点的建设。通过建设交通线路上"点"的方式，金川县将消费主体和生产者集中，缩短与大城市的距离，消除交通不便的弊端。一方面，人口的集中可以形成有效的劳动力和市场需求，逐渐降低、分割运输成本，拉动当地产业的发展，为旅游业打下基础。另一方面，人口的集中避免了建设分散道路的成本，节省的资金可以用于提升现有交通干线的道路质量与道路安全保障。金川县应采用层层推进的方式，沿交通干线逐渐深入开发，避免对现有产业、服务体系造成威胁。

第三，支持公共交通，开通产业专行通道。在建设交通主干线的基础上，金川县应适当增加贫困地区的公共交通服务，扩大交通的覆盖范围。同时，

金川县应对贫困群体给予公共交通票价优惠的政策,以确保他们能够方便、经济地出行。对地处偏远的集体经济生产组织,金川县可以通过合理规划道路、场地搬迁等方式建设产品货物运输通道,降低产品的成本。

第四,二普鲁村的道路修建工作需要多方加入,并不能单纯依靠当地政府、集体分红。首先,村集体可以通过扶贫贷款等方式形成稳定的资金支持,尽快完善道路的修建工作。其次,完善原料采购方案。二普鲁村的两大集体经济组织可以优先采购县域内的原料,并通过二普鲁村与其他村镇建立产品信息平台,订立长期合同,稳定原料来源,并带动周边地区发展。最后,市场对接问题。二普鲁村的运输成本较高,进入市场等待客户匹配需求的难度和成本较高,因此应当采取精准匹配目标客户的方式。一是布局线下,二普鲁村应与周边城市高校或机关单位相配合,统购产成品,通过食堂特色窗口、节假日礼品分发等形式,逐渐打响知名度;二是与官方宣传网站、渠道绑定,在拼多多、淘宝、抖音、小红书等流量平台上的相关产品处开通线上售卖渠道,降低市场搜寻成本。

(三)培植梨旅文化,打造云上新江南

首先,培育雪梨金川文化,文旅结合延伸发展。目前,金川县对雪梨产业的依赖具有不稳定性、产业结构单一等问题,并且基于雪梨产业的旅游业经营成本风险较大。培植雪梨金川文化产业是解决问题的可行方法。一方面,文化产业与旅游宣传相结合进一步延伸雪梨相关产业链;另一方面,优良的产业基础和自然景观为文化产业的发展奠定了坚实的基础,而文化产业的发展势必会组织农民参与文化、就业创业培训,提升其文化素养。进一步,乡村文化产业中创办的文化创意企业、文化艺术工作室等,也会为农民提供就业和创业机会。

其次,推广金川县专业品牌,开展区域合作互助。金川县拥有众多的特色地理特产,可以利用微博、微信、抖音等社交媒体平台建立品牌形象,根据特色资源和发展成效打造独特的品牌形象。同时,金川县需要加强与其他

地区、企业和社会组织的合作交流，尝试共同开展项目、举办推广活动，互相促进品牌推广、扩大影响力。

最后，金川县在尝试运营旅游专线时，优先进行线上宣发，采取套餐化服务和对外租赁式的旅游专线，专项服务于特定人群。

二普鲁村需要加强农村集体经济组织建设，提高相关人员的专业素养、综合素质，引进先进的管理经验、人才，实现优化组织管理的目的。村集体可以通过技术培训引导菜籽油加工坊逐渐向玉米、核桃等多作物榨油厂转型，打造具有综合加工、榨油等业务的作物加工坊，拓展产业范围。同时，菜籽油加工坊也要加强与牦牛养殖场的产业链对接，完善上下游产品的链接，组成关联品牌。二普鲁村需加大对本地高素质人才的吸纳和培育，特别是对企业家精神的宣传，将集体经济组织真正当成独立企业进行运营。由金川县牵头，二普鲁村应主动尝试招商引资，将现有的集体所有制形式转变为混合所有制，引入市场资源和主体，激发集体经济的活力和创造力。

金川县山埂子村集体经济调查

旅游消费是服务消费的重要组成部分，可以同时带动餐饮、酒店等行业的发展，这也是服务消费中最旺盛、发展最强劲的领域。我国旅游消费增长速度较快，具有激活国内消费、拉动内需的重要作用。我们此次蹲点调研的目的地金川县山埂子村的农村集体经济类型是依托当地旅游业开展的租赁业务。山埂子村位于金川县周边，坐拥世外梨园景区，交通便利，既可以作为旅游胜地吸引游客观光，又处于大九寨环线的必经之路上，可以开展过境游，为游客提供住宿餐饮等服务。我们此次对山埂子村的农村集体经济的深入调查，了解了当地的农村集体经济的基本情况，也发现了其中存在的问题。本调研报告旨在介绍当地农村集体经济的基本情况，并针对其中存在的问题给出相应的解决方案，为其未来的进一步发展做出规划，期望能对当地的经济发展及乡村振兴战略的实施做出贡献。

一、山埂子村简介

金川县位于青藏高原东部边缘，阿坝藏族羌族自治州（简称"阿坝州"）西南缘，县境东邻小金县，西靠壤塘县，南与甘孜藏族自治州（简称"甘孜州"）丹巴县接壤，北同马尔康市毗邻，距离四川省省会成都 487 千米，距离阿坝藏族羌族自治州政府所在地马尔康市 92 千米，居住着藏、羌、回、汉等 14 个民族。金川县气候温和宜人，全年冬无严寒，夏无酷暑，气候温和，阳光充沛，素有"阿坝小江南"的美称。这块神奇秀美的土地，是古

"东女国"的中心，是苯教的复兴地，是中国革命历史上第一个建立的少数民族自治政府地，是文化部命名的"中国民间艺术之乡"，是农业部命名的"中国美丽田园"，是四川省乡村旅游示范县。

金川县旅游资源得天独厚，自然风光秀美。金川县境内有东巴石佛、四臂观音、中国碉王、情人海、广法寺、索乌神山、悬空古庙、乾隆御碑、梨花红叶、阿科里草原十大美景，还有中国工农红军长征驻留金川县时留下的众多革命遗迹，有极具魅力的民族风情和独具特色的居民建筑以及闻名于世的马奈锅庄。金川县山水相依，风光迷人，文化底蕴深厚，同时还处于大九寨国际旅游圈东西环线上，每年都会有大量游客在此驻足观光。

山埂子村位于金川县城附近，由县城驱车 15 分钟即可到达，交通十分便利。随着沙耳乡 4A 级景区的创建，山埂子村处于 4A 级景区世外梨园处。当地产业以金川雪梨种植、粮食种植以及与旅游相关的餐饮住宿为主。因为山埂子村耕地面积有限，做大旅游业是未来该村集体经济发展的方向。但是，当地旅游业季节性趋势明显，同时还受到消费结构持续升级的影响，当地旅游业发展并不理想。

为了更好地推进我国国民经济发展，乡村经济发展尤其重要。乡村地区因为所处地理环境、地势、地形等多重要素的影响，相比于城市经济发展存在着较大的高低落差，推动乡村经济发展才可以更好地促进我国国民经济发展。近年来，针对乡村经济发展，各地区也秉承因地制宜的原则寻找和探索如何有效发展村集体经济、推动乡村振兴。在明确发展壮大村集体经济的途径之前，各地要了解本地区的实际情况。

二、山埂子村集体经济调研情况

沙耳乡山埂子村位于沙耳乡西部，距乡政府所在地 1 000 米，平均海拔 2 300 米，面积 16.6 平方千米。沙耳乡山埂子村属大陆性高原季风气候，多晴朗天气，阳光充足，雨量充沛，耕地面积 1 518.49 亩，林地面积 9 489.77

亩，牲畜总量 1 440 头（匹、只）。山垾子村土质适宜种植水稻、玉米、花椒、土豆等农作物。近年来，山垾子村以全面实施乡村振兴战略为着力点，以"产业兴旺、生态宜居、乡风文明、治理有效、生活富裕"为目标，全力推动经济社会发展实现新突破。

（一）村集体经济简介

对山垾子村深入调研发现，山垾子村的农村集体经济以租赁业为主。山垾子村将闲置的村活动室重新修建为一栋两层房屋，作为旅游接待中心，初步规划修建 20 间标准间，配齐旅游设施；打造民宿 350 家，接待能力达500~700人次。山垾子村集体经济组织成立于 2020 年，集体经济起步较晚，资产规模相对较小，并且全部源于国家补贴。山垾子村农村集体经济效益还未充分体现，还未对村民分红。村集体经济的发展依托于当地的旅游业，因此需要定期对当地梨树进行修缮维护。村集体经济的发展可以促进当地村民的就业。后期随着前来观光的游客数量的增加，村集体经济的收益也将增加，前景可观。

在乡村集体经济发展的过程中有几个典型模式可以作为村集体经济发展的方法与思路参考，具体包含土地经营权入股型、经营性资产股份型、土地托管型、订单农业型、特色产业型、农旅融合型以及农业服务型。山垾子村的村集体经济经营模式更加偏向农旅融合型和农业服务型，发展旅游业是乡村经济发展过程中十分常见的选择方向。相较于城市地区，农村地区受工业化污染相对较少，人们在农村地区可以更好地亲近大自然，放松身心。因此，乡村经济开发应充分利用当地旅游资源，并在此基础上根据地方的种植特色，引入"党支部+集体经济合作社+农户"的新型模式，将农业种植区域也作为旅游开发区域。扩大规模形成独特的景观，提高产品的附加价值和农户的收益，有助于推动村集体经济发展。山垾子村坐落在金川县 4A 级景区世外梨园，具备得天独厚的旅游资源，其特色农产品金川雪梨更是可以作为特产销售给来往游客，或者是组织游客进梨园开展采摘雪梨的活动，增强游客的体验感。

（二）山坝子村发展旅游业的优势

1. 生态优势

乡村旅游之所以可以吸引大批城市居民，主要原因是乡村具有良好的生态环境和清新的空气。相较于城市的繁华，乡村的绿水青山、鸟语花香在很大程度上可以给予游客身体和心灵的双重慰藉。山坝子村在很大程度上保留了原生态的自然环境，当地知名的世外梨园景区就位于该村。山坝子村随处可见梨树，春天梨花开放，远远望去，全村一片雪白；金秋时节红叶遍地，又是另一番壮美景色。游客置身其中，可以尽情享受大自然的美好，缓解工作和生活的压力。同时，山坝子村气候舒适宜人，冬暖夏凉，是夏日避暑胜地。

2. 民风淳朴，文化底蕴深厚

金川人民热情好客，直率爽朗，同时金川还是中国工农红军长征途中所经过的地方，红色底蕴深厚。金川县红色资源独特、红色文化丰富，格勒得沙共和国中央革命政府旧址、徐向前指挥部旧址……无一不在讲述着历史的脉络，承载着人们的记忆。随着乡村旅游的兴起，慕名而来的游客络绎不绝。金川县充分挖掘和保护红色资源，依托深厚的红色文化底蕴和丰富的旅游资源，将红色景点、自然风光、传统文化等串联融合，大力推动红色文化和产业振兴深度融合，用红色文化赋能乡村振兴。

三、消费结构持续升级对旅游业的冲击

（一）旅游迎来"性价比"时代

从景点到服务，从住宿到游玩，从目前的形势来看，人们对旅游的消费越来越追求性价比，可见消费结构持续升级对人们旅游需求的影响。在国泰君安证券公布的《消费服务行业深度调研报告》中，对我国城市的年轻工薪阶层的问卷调查显示，低收入群体各项支出的削减是全方位的，其中旅游支出削减占比最高；中高收入群体在旅行出游上的削减也很明显，一方面，中

高收入群体正常情况下旅行出游消费支出本身就比较高；另一方面，中高收入群体更重视教育、家庭生活娱乐，支出相对更具刚性。

可以明显看到，无论是低收入群体，还是中高收入群体，人们在旅游方面的支出都有调整。更明显的一点是，有欲望的消费群体消费能力受损，有消费能力的群体缺乏消费欲望。换言之，年轻人群没钱，但旅游意愿较强；年长人群有钱，但是旅游消费欲望不高，这也是为什么大多数年轻人越来越追求性价比高、新兴的旅游方式的原因。

（二）年轻人消费观念发生改变

年轻人是当下旅游消费的主要群体，最近兴起的大学生"特种兵"式旅游就是目前年轻群体的主流消费模式之一。以到北京旅游为例，到天安门广场看升国旗、参观故宫、去雍和宫、逛胡同、颐和园划船、吃烤鸭和特色美食、打卡几大博物馆，这样密集的行程安排，正常来说花费一周的时间才能体验完，但如今的年轻人却能将其压缩在两天之内。短暂的旅游时间、紧凑的时间安排，必然会带来酒店、餐饮、交通消费的下降。

从数据上看也是如此，文化和旅游部发布的 2023 年上半年国内旅游数据情况显示，2023 年上半年，国内旅游总人次 23.84 亿人次，比上年同期增加 9.29 亿人次，同比增长 63.9%。国内旅游收入（旅游总花费）2.30 万亿元，比上年增加 1.12 万亿元，增长 95.9%。我们简单计算一下可知，2023 年上半年人均旅游消费 960 余元。与之形成对比的是，文化和旅游部发布的《中华人民共和国文化和旅游部 2019 年文化和旅游发展统计公报》显示，2019 年全年国内旅游人数 60.06 亿人次，同比增长 8.4%。全年旅游总收入 6.63 万亿元，同比增长 11.1%。人均旅游消费 1 100 余元。两下对比，2023 年上半年的人均消费有所下降。

另有数据统计，2023 年五一期间，出游人次远高于 2022 年，与 2019 年相比也增长了 12.41%，但在人次大幅增长的同时，旅游收入仅增长 0.66%，人均消费约为 2019 年的 90%。这一趋势在 2023 年端午节期间更为明显，端午节期间国内旅游收入为 2019 年同期的 94.9%，人均旅游消费水平为 2019 年同期的 83%。

（三）旅游人群年龄结构发生变化

统计数据显示，2016—2020 年，我国老年人群文旅消费年均增速达 23%。2021 年，45 岁以上中老年旅游者合计出游 11.94 亿人次，占国内旅游客源市场的 36.81%。其中 45~64 岁人群是旅游市场第一大客源。

如今，年轻消费群体在旅游市场中已占据重要份额。根据携程旅游应用平台的统计，30 岁以下的用户占比超过 42%。在各大旅游景区，不论是故宫门前的汉服摄影爱好者，名山大川中的健步高手，还是各大海滩上的遛娃父母、特色街区市集上的探店队伍，放眼望去几乎全是年轻人的身影。

主力消费人群发生变化，主要消费需求、偏好自然也会发生变化。对于年轻群体来说，传统的自然景观和人文景观、赶场一样的游览，已经不能满足"世界那么大我想去看看"的年轻需求。住民宿深度体验当地人生活，去当地小吃街来一场城市漫步，赶一场音乐节、电竞比赛，逛逛主题市集，在海滩上躺平一整天……这些远比扎堆在 5A 级景区、听导游天南海北地讲一大段儿更有吸引力。年轻群体的旅游方式和老年群体的旅游方式相差甚远。在餐饮和住宿两个占旅游开销大头的项目中，同程研究院《Z 世代青年在线旅行消费洞察报告》显示，"95 后""00 后"旅游住宿最大的偏好是民宿，占比达到 38.2%，选择星级酒店的只有 10% 左右，其中人均住宿消费约为 175 元，远低于"80 后""70 后"消费群体。在餐饮方面，年轻人对那些连锁餐馆、大酒店并不感冒，反而是街边小巷那些经营了十几年、人均价格亲民的小餐馆受到年轻人的追捧。从前附近居民的"食堂"如今化身为网红餐厅，需提前数小时排队等位。当今旅游的主流消费人群，是大景区要看，小门店更要逛，前者为打卡，后者为体验生活。于是，咖啡店、小吃店、书店甚至馒头店、豆汁店、油饼店……这些既往存在于传统旅游项目外的消费，切切实实地反映了当代年轻群体的真实旅游需求。

四、山垭子村集体经济发展面临的障碍

（一）旅游专用公共交通投入不足

金川县旅游资源丰富，但因为景点过于分散，且大多位于乡镇，尽管村镇的马路早已修得平坦宽阔，但外地游客除非自驾出行，否则很难依靠公共交通到达目的地。尽管山垭子村距离金川县县城距离较近，但游客还是很难通过公共交通直接到达山垭子村著名景点的观景平台处。乡镇公共交通线路复杂，往往会走街串巷，并且乡镇公交不会每站停靠，需要乘客到站前主动告知司机，这对于游客来说极为不便。因此，为了旅途方便，大部分游客只能放弃公共交通，转而采取包车、坐出租车、滴滴打车等方式前往旅游景点，一定程度上增加了游客的开销。金川县缺乏对旅游业公共交通的投入与规划。

（二）景区从业者服务意识低

景区对游客的吸引力，一方面在于景区的宣传，另一方面景区工作人员的服务水平也至关重要，这关系到游客在景区的游玩体验。游客本质上是消费群体，除欣赏当地的美丽景色外，也有权利享受景区的服务。售票服务、饮料小吃售卖、纪念品销售、景区卫生保洁及安保等一系列人员的服务态度和工作情况都会带给游客不同的服务感受。我们在调研过程中了解到，山垭子村旅游景点的工作人员大多为本村年龄较大的村民。他们在农闲时会来兼任旅游景点的工作，缺乏服务人员的岗前培训，服务意识不足，工作时比较随性。大多数村民普通话不标准，与游客沟通交流时往往是方言里夹杂着几句普通话，双方沟通存在一定障碍。旅游景点大都缺乏专业的管理团队，忽视了聘任专门从业人员的重要性，从而降低了服务质量，影响了游客的游玩体验。

（三）旅游项目单一，缺乏特色

随着人民生活水平的提高及互联网和智能手机的大量普及，游客对旅游的要求也进一步提升。游客的旅游除简单的休闲观光外，还有更高标准的深

度游玩体验，比如参加当地少数民族的特色活动。但在山埂子村，这些特色项目十分缺乏，饮食文化也是大同小异的农家乐，对于那些旅游经历丰富的游客来说，农家乐过于普通，对其缺乏吸引力，难以满足游客高标准的旅游体验。

（四）旅游景点欠缺宣传

山埂子村旅游资源丰富独特，不仅有世外梨园这样的独特风光，还具备浓厚的历史底蕴和民族特色。但是，因为缺乏强有力的宣传策划，很多人并不知道山埂子村有这些著名景点，加上川西旅游景点众多，酒香也怕巷子深。无论是金川县，还是山埂子村，都缺乏宣传意识，虽然有相应的宣传手册，但是并没有大范围的广告宣传，也没有借助互联网工具进行宣传。在如今的智能时代，互联网的影响力巨大。最著名的例子是浙江省桐庐县，其本身也是一个旅游热度一般的景区，但由于湖南卫视热播综艺《向往的生活》第二季来此处取景，节目播出后，迅速吸引大量游客来此游玩。粉丝们慕名过来打卡、拍照，并将其分享到朋友圈、微博、小红书等各大社交平台上，进一步给桐庐县做了宣传。由此可见，积极宣传对当地旅游业的发展是十分重要的。山埂子村乃至金川县缺乏长期的、大范围的宣传，未能将山埂子村的旅游品牌成功打响。

（五）旅游景点季节性强

山埂子村的旅游主要是围绕世外梨园景区展开的，世外梨园的最佳观赏时间是每年春季 3~4 月梨花开放以及每年 11 月中旬金秋时节红叶观赏。在其他时间段，该景区很难吸引游客前来观光，因此经常出现酒店饭店等旺季人满为患，淡季生意萧条的情况。很多前来金川县旅游的游客都是在大九寨环线上经过金川县顺道游玩，游客多数会选择众多景点最佳旅游时间的重合期前来游玩。山埂子村旅游业创收时间有限，导致山埂子村依托当地旅游资源开展的农村集体经济发展困难。

五、山埂子村旅游业发展的对策

（一）优化景区治理体系，打造品牌效应

1. 发展乡村公共交通网络

对于乡村旅游而言，便利的交通是乡村旅游长期向好的重要保证。像金川县这种各个景点分布在各个村镇中，要想发展当地旅游业，有必要开设专门的旅游专线。例如，杭州市设有专门的数字旅游专线。同样，金川县可以开设类似的路线，并且配备相应的公共交通设备，这样还能使得周边村镇之间的联系更加紧密。在旅游旺季，乡村旅游公共交通对游客的出行可以起到很大的作用，在淡季也可以通过减少车辆或延长发车的间隔时间来控制成本。这些公共交通除服务游客外，也可以方便当地村民的出行。同时，车上的广播或电视可以播放具有金川县特色的广播或宣传片，座位上可以放上相应的宣传手册。这样不仅可以起到宣传的作用，还可以使人们对金川县的景点了解得更详细。同时，那些小众的、不为人们所熟知的景点也能逐渐进入大众视野。

2. 完善景区管理体制，提升游客旅游体验

完善的景区管理制度是保证景区长期稳定向好发展的重要基础。金川县要加快制定旅游专业管理人才的引进政策，提高专业员工的福利待遇，改善乡村环境，吸引更多年轻人就业。本地老员工尽管缺乏相应的专业知识，但作为村子中的一员，对村中大小事务的了解远远超过年轻人，因此他们的作用也不可忽视。年轻人有活跃的思维，更多的活力和创造力，老一辈有更多的经验，新老融合，才能共同推动山埂子村的旅游事业不断向前发展。

人才是发展乡村经济的重要基础。只有拥有具备较高专业素养和能力且具有较强创新精神的人才队伍，才可以更好地开发并利用本地区的优势资源，促进乡村经济的发展。因此，乡村地区需要加强基层组织建设，尤其是基层领导组织，打造出一批专业素养过硬、思想作风优良，敢创新、能创新、有

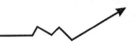
思想、有见地的新农村建设带头人。现阶段，农村地区的人才问题是较为突出的问题：一方面，优秀人才的留存率相对较低，大多数优秀人才都会选择去一线城市寻找更多的机会和更大的平台；另一方面，乡村地区对人才的吸引能力相对较弱，在资源分配中所能够倾斜的物质资源与城市相比有较大的差距，这就导致乡村地区人才相对较少。基于此，金川县在用人选人的过程中可以通过各种形式来吸纳优秀人才。

3. 突出地方旅游特色，打造品牌

打造独具特色的乡村旅游品牌才能在如今千篇一律的旅游环境中独树一帜。彰显山埂子村当地特色是保证其旅游业有力发展的重要手段。山埂子村要发掘乡村特色，发掘当地特色的农产品，形成代表乡村文化特色的核心旅游产品。每年夏季是山埂子村梨树结果的时间，山埂子村的旅游景点可以组织梨园采摘活动，或者开展比赛，规定时间内采摘数量多者取胜。除采摘水果外，山埂子村还可以将当地的雪梨进一步加工，做成特色食品。山埂子村已有用当地雪梨做成的特色饮品和梨膏，还可以探索更多的特色产品，一方面可以拓宽当地雪梨的销售途径，另一方面有利于打造金川雪梨的特色品牌。

4. 加大宣传力度，提高景区知名度

传统的宣传方式，如投放电视广告等，通常成本较高，宣传效果也可能并不理想。在互联网时代，网络传播的作用是巨大的，利用有效、新颖的宣传方式可以对山埂子村的旅游业发展起到事半功倍的效果。

首先，为了让游客在旅游之前能够对当地的旅游资源有一个初步了解，山埂子村可以组建一个关于乡村旅游的网络平台，将山埂子村旅游的全部信息，包括各个景点的名称、是否需要门票、门票的价格、到达每个景点的交通路线、景点背后的历史故事、景点相关的特色活动以及对应的特色农产品等信息都完整地呈现出来，使游客一目了然，对相关的旅游景点有一定的了解。

其次，山埂子村要运用好各大自媒体平台，如小红书、微博、微信、B

站、抖音、快手等。山垾子村应组织相关人员，在上述平台建立官方账号，保证无论游客从什么平台都可以及时获取真实有效的信息。各个平台的官方账号也应当更新有关金川县及山垾子村的游玩攻略、美景照片等。此外，山垾子村可以开展游客打卡、摄影比赛等活动，对成功完成打卡和优秀摄影作品给予奖励。

最后，山垾子村要充分利用当地的红色文化，打造红色旅游基地。山垾子村可以与周边高校、党政机关、企事业单位合作对接，作为合作方红色教育基地。合作方可以在此处承办党日活动，开展主题教育、党史宣传活动等，让后辈领略革命先辈曾经走过的地方，重温当年中国工农红军艰难的创业史。

（二）优化政策体系

1. 提升基层组织素养，完备人才选拔制度

当前，一些基层党组织的政治职能、服务职能发挥不好，使得村集体组织的政治和服务职能弱化，难以满足推动村集体经济发展的素质要求。"农村富不富，关键看支部"，在村集体经济的发展过程中，村集体的领导机构起着至关重要的作用，其管理水平和政治素养直接决定着集体经济发展的方向和效益。村集体的领导机构需要引进高素质人才，提升管理水平，更好地为村集体的发展建言献策和开山引路。

村党支部是统领本村工作的组织核心，村党支部书记是具体的领头人和执行人。要实现乡村组织的振兴和集体经济的发展，选配好这些人是十分关键和重要的。一是上级应对村"两委"现有干部进行历练和培养考核，建立完善的晋升渠道，吸纳大学生村干部、致富能手、退役军人等优秀分子进入村"两委"中，改善村党支部的人员结构，优先从文化水平高、业务能力强的年轻人中挖掘后备力量并进行重点培养，定期开展相关知识培训，提升村级组织的管理水平。二是上级应加大人才引进的力度，拓宽选人用人渠道，针对经济不发达、党员队伍薄弱、组织涣散的村子，通过上级党组织选派"第一书记"、驻村干部、选调大学生村干部来改善农村基层党组织状况，切

实提升农村基层党组织的工作能力，引领乡村组织振兴工作。

2."输血""造血"并举，加大政府奖励扶持力度

我们在走访调研中发现，村集体经济的发展受限于资金、技术、人才等多方面的不足。在谋划集体经济产业发展项目时，农村需要上级给予更多的奖励和扶持，包括项目、资金、技术、基础设施建设等。广大农村地区在很多情况下会面临有良好的发展契机，但由于资金不足、技术人员缺乏、设施不便等问题而错失良机的情形。山埂子村便是如此，尽管拥有较好的发展机会，但受限于启动资金不足、缺乏相应的专业技术人员、道路交通不便等，现阶段的发展仍是相对迟滞的，一个重要的原因便是缺乏足够的奖励和扶持。在村集体经济的发展过程中，农村需要"输血"和"造血"并举，前期依赖政府对基础设施和产业发展配套进行扶持，获得足够的奖励和扶持，帮助扶持农村集体经济组织一步步壮大，直至有一定的持续经营能力，此时便能自我"造血"。

3.健全农村金融体系，拓宽资金筹措渠道

促进乡村集体经济建设不仅需要资金支持，而且需要从多个方面完善金融支持架构、健全利益联结机制。目前，农村金融产品极其有限，借贷融资困难导致村集体经济规模难以发展和扩大。一方面，村集体的资源产权为集体所有，在抵押、质押审核过程中存在重重困难；另一方面，金融机构对以集体产权作为抵（质）押物也存在信心不足。基于此，政府需要健全完善农村金融体系，为广大农村提供更加稳健全面的金融政策支持。

为村集体提供更加便利的金融服务，首先需要进行土地确权，为融资提供保障。政府要开展农村承包经营权、农村林权、农村集体经营性建设用地使用权等农村产权的确权登记，明确农村产权抵押的范畴，规范抵押工作的流程等，为农村产权抵押担保提供完善的配套制度依据。同时，金融机构要积极创新引入更多类型的抵（质）押物，使利乡村集体经济组织获得融资支持。此外，政府需要对法律制度进行完善，对抵（质）押物进行严格登记和

监管，减少因为抵（质）押物不合规合法、抵（质）押物不足值、处置渠道不畅，或者因为登记监管不到位而引发金融风险。

六、山埂子村集体经济发展路径

（一）因地制宜，打造农旅融合特色产业

在发展村集体经济过程中，如何根据各村不同的资源禀赋和区位优势，找到适合的发展路径、因地制宜、因村施策，是发展壮大村集体经济的关键。不同村集体的区位条件不同，资源禀赋不同，所能承载的优势产业也不同。在发展优势产业时，山埂子村应按照"绿色发展、因地制宜"的方针，选取有利于农民致富增收、可持续发展的优势产业。在区位条件上，山埂子村位于县城近郊，距离金川县县城仅6 000米，相对而言在交通运输上占据一定优势；在资源禀赋上，山埂子村位于4A级景区世外梨园的核心区域，不仅拥有丰富的旅游资源，景区的雪梨也可以作为农产品进行销售。综合研判自身资源禀赋和区位条件，山埂子村在发展农旅融合特色产业方面有着先天优势。

农旅融合是乡村旅游和休闲农业融合发展的新模式，是实现产业融合的新手段，是城市消费需求的热点所在。做好农旅融合，可以形成"农旅结合，以农促旅、以旅兴农"的发展之路。农旅融合一方面解决了传统农业的发展方式已经不能适应社会和经济发展的需要，能够促进农业产业结构的转型升级；另一方面满足了现代人日益增长的逃离大城市、返回田园的旅行需求。近年来，我国乡村旅游发展迅速，同时乡村旅游以其更加贴近生活的体验和更少的花销日益受到青睐，不断增加的乡村旅游的消费群体已经成为国内旅游的一大亮点。

依托当地良好的自然环境和位于城市近郊的区位优势，以市场需求为导向，集中力量发展农旅融合产业会是山埂子村行之有效的经济发展道路。此外，旅游业被称为绿色产业，在发展经济的同时能保护当地的生态环境。

（二）发挥规模经济效益，打造现代化农业

改革开放以来，家庭联产承包责任制的实行调动了农民劳动的积极性，

顺应了千百年以来小农经济背景下农民对土地的需求，解决了人民群众的温饱问题。然而，伴随生产力的日益发展，中国农村的进一步发展又面临新的瓶颈，有必要加速推进农业的规模化和现代化。

规模经济有着良好的"降本提效"的经济效益。在一定范围内，规模的扩大和生产要素集中度的提高会更有利于促进市场经济的发展。"三农"问题专家温铁军教授认为，中国大部分地区的农业现代化受限于生产规模，难以效仿美国、加拿大等国的集约化农业，发展重点应放在提高农业、农民的组织化程度，提高农业外部服务的规模化程度上。

我们在走访调研中发现，金川县尽管是雪梨之乡，但受限于当地地理环境，雪梨种植较为分散，并且为不同集体或个人所有，难以进行有效的资源整合。尽管农业种植规模很难通过整合形成大农场式的集约化农业，但可以通过统一提供外部服务的方式来实现现代化。在此过程中，个体农户仍然是农业的生产经营单位，金川县可以通过成立综合农业合作社，整合村民的资源，提供供销、信用等外部服务，对区域内的雪梨产品进行统购统销，统一制定包装、统一产品商标、统一对外销售，提高农业生产效益和农产品质量，将雪梨产业的规模扩大，降低服务成本，增强市场竞争力，获得更高的收益。

（三）提升品牌意识，树立产品品牌形象

金川县的雪梨大多只是经过简单加工后就流向市场，产品附加值低，同质化较为严重，利润微薄。想要在众多参差不齐的农产品中脱颖而出，就需要具有独特的属性或标识。以涪陵榨菜和烟台苹果为例，两者都是为大众熟知的农产品品牌，其不仅能够区别于其他同质化产品，提升产品附加值，更能够提高产品知名度，拓宽销售途径，极大地带动销量的增长。由此可见，雪梨产品的品牌化是改善金川县"雪梨经济"效益的关键措施。

好的产品是品牌化成功的首要因素，如果没有质量过硬的产品，再高明的营销手段也不会被广大消费者认同。在进行品牌化推广的阶段，首要的就是保证流向市场产品的质量，通过严格控制产品质量，抑或是通过品种改良

等方式，提升产品品质，在消费者心中树立品质优良的形象。有了良好的品质保障之后，生产者要辅以适当的营销推广，运用好各大自媒体平台和电商平台，通过广告宣传和直播卖货等手段将产品推向大众。

（四）拓宽融资途径，引进金融服务

集体经济建设是实施乡村振兴战略的重要抓手，也是我国现代化建设的重要内容，金融在其中扮演着不可或缺的角色。我们在走访调查中发现，当前村集体的资金来源主要是政府扶持资金和村民自筹资金，村集体会面临启动资金和运作资金不足的情形，使得集体经济的发展受限甚至难以为继。政府应在风险可控范围内积极引进金融服务，向社会融资可以在一定程度上缓解资金不足问题，同时也能更好地利用社会资源推动乡村振兴，改变以往主要由政府进行资金扶持的局面。在这个过程中，金融机构也需要扩大金融服务的范围、丰富金融产品的种类，主动了解农村集体经济融资过程中的痛点难点，助力乡村振兴。

（五）盘活闲置资源，壮大集体经济实力

随着经济社会快速发展，城镇化进程持续推进，农村居民大量涌入城市务工或定居，农村常住人口越来越少是大部分村庄不可阻挡的趋势，这也使得一些农村资源处于闲置或半闲置状态，存在资源浪费或利用效率不高等问题。为激发农村发展活力，提高资源利用效率，在遵守禁止耕地"非农化"和农地"非粮化"的政策前提下，农村应积极推进高效集约用地，大力开展闲置土地处置、低效用地盘活，促进土地高效利用，实现土地生产要素的合理优化配置，激发乡村振兴新动能。具体来说，农村可以通过村集体承包闲置耕地、林地，或者经由村集体代为经营管理，由此扩大集体经济规模，既有效提高了土地利用效率又增加了村民收入；通过开垦荒山荒坡种植作物，盘活土地资源，扩大产业规模，形成规模化效应。闲置的房屋建筑等可以改建成各种公共服务场所或休闲娱乐场所，如便利店、饭馆、农家乐、咖啡馆等，同时结合当地的特色体现出差异性，借此完善支撑旅游业发展的配套措施。

（六）提升性价比，丰富旅游体验

在游客更加注重性价比和游玩体验的背景下，山埂子村的乡村旅游发展方向也应做出相应的调整以迎合市场需求，一方面走实惠亲民路线，提供价格实惠的商品和服务，如餐饮、住宿等；另一方面可以打造更加多元的旅游业态，丰富游客的游玩体验。依托当地的旅游资源，山埂子村可以开展采摘、观景、赏花、购置果品等旅游活动，同时还可以结合金川县的少数民族文化，打造民俗风情旅游模式，以农村风土人情、民俗文化为旅游热点，充分突出乡土文化和民俗文化特色，增加乡村旅游的文化内涵，以此来丰富游客的游玩体验，并作为当地旅游的宣传热点。另外，村民也可以开办农家乐，利用自家庭院、自产的农产品以及周围的田园风光、自然景点，以亲民的价格吸引游客前来吃、住、玩、游、娱、购等。

从茶马安边到彝茶之乡

——马边彝族自治县茶产业发展调研报告

一、研究意义

（一）发展茶产业是巩固马边彝族自治县脱贫攻坚成果的需要

茶产业是我国传统特色农业产业，是我国西部少数民族村寨脱贫致富、乡村经济社会发展的重要产业。据统计，2020年，马边彝族自治县（以下简称"马边县"）有50个贫困村、5 600户贫困户、24 850名贫困人口主要因茶产业脱贫，分别占已退出脱贫村、贫困户、贫困人口总数的52.6%、55%、56.9%。由此可见，在马边县产业扶贫推进和实现小康过程中，茶产业发挥了巨大作用。然而，仅仅脱贫并不足以解决潜在的返贫、相对贫困等问题。因此，持续发展茶产业成为发展内生动力、巩固脱贫攻坚成果、实现长期发展的重要需求。

首先，茶产业具有较高的附加值和市场需求，在市场中具有较大的发展潜力。随着消费升级和健康意识的提高，市场对高品质茶叶的需求不断增加。马边县地处四川盆地西南边缘山区，拥有丰富的山地资源和适宜的气候条件，为茶树生长提供了得天独厚的条件，并且具有悠久的茶叶种植历史。发展茶产业可以助力马边县充分利用这些资源，发挥地方特色，种植出满足市场需求的高品质茶叶，将农民从传统的低附加值农产品生产中解放出来，提高农民的收入水平，拓宽致富渠道。

其次，茶产业的发展可以促进农村基础设施的改善。随着茶产业的发展壮大，其对农田、灌溉、交通、电力等基础设施的需求也会逐渐增加。为推动产业持续发展，政府和相关部门将会加大对这些基础设施的投入力度，从而提升农村的产业发展环境和农民的生活质量，进一步巩固脱贫攻坚成果。

（二）发展茶产业是实现马边县乡村产业兴旺的抓手

乡村产业兴旺既是乡村振兴战略的主要目标之一，也是马边县实现经济转型升级的关键。作为马边县的主导产业，茶产业为乡村经济的振兴提供了重要支撑。近年来，马边县持续推进茶树新品种的自主选育、茶叶基地的建设和改造提升，不断发展茶叶加工业，着力打造"马边绿茶"区域公用品牌，为茶农提供了良好的生产环境和条件，也为茶产业带来了更大的发展潜力。因此，发展茶产业可以成为实现产业兴旺的重要抓手。

首先，在纵向产业融合方面，茶产业的发展能够带动相关产业链发展。茶产业链完整闭环的形成需要借助农田建设、农机设备、农产品加工、包装、流通等一系列附属产业的支持。因此，发展茶产业将延伸产业链，促进茶产业的持续扩大，带动农业龙头企业发展，激发乡村经济活力。同时，茶叶作为一种高附加值的农产品，可以促进农村金融、物流和商贸等服务业的发展，提升乡村产业的综合竞争力。

其次，在横向产业融合方面，茶产业的发展可以带动乡村文化旅游业的繁荣。茶文化是中国传统文化的重要组成部分，以茶为媒介的旅游活动备受欢迎。马边县拥有丰富的自然景观和人文历史资源，可以积极促进茶旅融合、茶文融合，把茶产业做精做细，通过开发茶园观光基地、茶文化体验馆、茶旅康养基地等旅游景点，打造茶文化旅游品牌，吸引更多游客前往马边县观光、休闲、消费，进一步推动马边县茶产业、文化产业、旅游产业融合发展。

（三）发展茶产业是促进马边县共同富裕的关键

共同富裕是社会主义的本质要求，是中国式现代化的重要特征。目前，茶产业占马边县农业收入的比重逐年提高，茶产业已成为带动马边县群众增收的有力支撑，是马边县 8 万茶农的"绿色银行"。据统计，2014—2020 年，马边县累计实现茶鲜叶总产值 54.88 亿元，农民年人均茶鲜叶收入 4 472 元。2021—2023 年，马边县累计实现茶鲜叶总产值 17.9 亿元，农民年人均茶鲜叶收入 5 480 元。因此，发展茶产业对提升马边人民生活水平、促进共同富裕具有重要作用。

首先，茶产业的发展能够提供更多的收入来源和就业机会，提升农民的收入水平。茶叶的种植、采摘、加工、包装、销售等环节都需要大量的劳动力，通过发展茶产业可以带动相关产业链发展。同时，茶产业的发展能够为地方创造更多就业机会，提高人民的就业率和生活质量，为农户创造商机，释放农户的创业潜力，使农户实现从务农到经商的转变，进一步提高农民收入水平。

其次，茶产业的发展可以促进农村公共服务水平的提升，改善人民的生活条件。随着茶产业带动地方经济社会持续发展，地方政府将会增加对农村公共服务设施的投入，提高农村教育、医疗、文化等方面的服务水平，为农民提供更好的福利保障，促进共同富裕，推动农村全面发展。

最后，茶产业的发展可以推动农村社会组织和新型农业经营主体的建设。茶产业的发展需要充分整合各方资源，推动农民组织成立家庭农场、农民合作社、农业产业化龙头企业、互助组织等，形成规模化经营和集体经济的力量，进而增强农民的议价能力和市场竞争力，进一步促进马边人民实现共同富裕。

二、发展阶段

结合数据分析和实地调研情况，我们认为，马边县茶产业的发展过程可以分为三个阶段：第一阶段是产业形成期（2008 年以前）。这个阶段包括产业起步发展阶段（1999 年以前）和马边县推进茶产业的正式形成阶段（1999—2007 年）。第二阶段是产业成长期（2008—2018 年），即茶产业开始产业化、品牌化发展时期。这个阶段包括企业数量迅速增加的前半期（2009—2013 年）和形成适度规模向成熟期过渡的后半期（2014—2018 年）。第三阶段是产业成熟期（2019 年至今），表现为产业融合、品牌驱动发展。

（一）产业形成期（2008 年以前）

1. 起步发展阶段：茶马安边（1999 年以前）

马边县茶史悠久，是古老茶乡。宋朝以前，马边地区就开始有人采摘野生茶、制作野生粗茶。宋朝时期，马边地区已成为"茶马互市"的场所。明朝时期，马边地区开始出现人工种植茶叶。清朝时期，马边莜坝茶曾作为贡品进京。民国时期，毛筠如试办茶厂，在制作工艺和包装等方面进行改良；余洪先推行集中种植，统一管理，促进茶叶生产标准化、机械化。

中华人民共和国成立后，马边县茶叶业务先后由贸易公司和供销社经营。1974 年，马边县主要农技部门、商业供销系统开始指导茶农种茶、管理茶园，茶叶由县乡级供销社代购，贸易公司统一经营。20 世纪 90 年代，金星茶叶有限公司、马边西城名优茶厂等企业的出现使得马边绿茶已经在周边地区具有一定知名度。

这个阶段在经营方式上主要是小农户各家各户分散经营，茶叶加工企业很少，茶叶种植和生产均没有形成规模。茶产业发展缓慢，长期处于产业形成期。

2. 正式形成阶段：退耕还茶（1999—2007 年）

1999 年，国家开始在四川省开展退耕还林试点工作。基于当地农业发展情况和气候条件，马边县决定以"退耕还茶"响应"退耕还林"工程。借此，政府部门组织茶叶种植生产、引导茶产业发展，茶叶种植形成了一定规模，标准化茶园应运而生。随着"退耕还茶"政策的实施，马边县提出"林茶畜富民"的总体思路，逐渐夯实茶产业发展基础。2002 年，马边县已建成四川省最大的综合害虫管理（IPM）茶叶示范园区和 1 万亩有机茶生产基地，被四川省农业厅命名为"四川省第一批优质茶叶基地"。同年，马边县茶叶协会成立。2003 年，马边县成立第一个茶叶合作社。如今马边县许多规模较大的茶叶企业都是在这个阶段诞生的，如四川森林茶业有限公司、四川马边荞坝贡茶有限公司、马边文彬绿雪茶叶专业合作社等。

这个阶段逐渐具备了产业化发展的基本条件。借"退耕还林"政策，茶叶实现规模化种植，茶叶合作社、茶叶加工企业陆续出现且数量迅速增加，竞争激烈。但是，茶叶种植土地不连片，各个茶叶加工企业较为分散、生产标准不统一，大部分茶叶企业规模较小，马边县茶叶产量产值增长缓慢。

（二）产业成长期：扶贫兴茶（2008—2018 年）

2008 年，马边县被确定为四川省茶产业发展核心县。2009 年，"马边绿茶"获批国家农产品地理标志。2011 年，马边县自主选育品种"马绿 1 号"成为省级茶树良种。马边县茶产业打破了没有公共区域品牌和品种认证的局面，加快了产业发展的步伐。到 2012 年，马边县投产茶叶 15.8 万亩，综合产值 10.5 亿元，茶叶加工企业（点）增长到 219 个。

2013 年，乐山市开始实施茶产业化项目。同年，马边县被四川省人民政府认定为第三批四川省现代农业（茶叶）产业基地强县。2014 年，马边县被评为"全国十大生态产茶县"和"全国重点产茶县"。在扶贫帮扶单位的支持下，马边县大力发展茶产业，推进产业适度规模、区域连片建设。马边县依托产业强镇、省级农业产业园区、"6+X"名优特产业扶贫、科技部定向扶贫等项目实施茶叶基地改造提升行动，产业发展质量逐步提升。一方面，市场竞争激烈，许多茶叶企业退出市场，有利于在茶叶种植和企业数量上实现适度规模；另一方面，在扶贫项目的支持下，茶产业实现质量提升。马边茶产业进入产业成长期的后半期，即向成熟期过渡。

到 2018 年，马边县投产茶园面积 18.5 万亩，茶叶加工厂（点）减少并稳定在 120 余个，其中省级龙头企业 1 个，市级龙头企业 4 个，县级龙头企业 8 个；带动马边县近 15 万亩茶叶基地和 13 万茶农增收。马边县有茶叶专业合作社 68 个。其中，国家级示范社 2 个，省级示范社 4 个，市级示范社

8个。在"退耕还林"政策背景下诞生的茶企品牌"森林雪""荞坝贡茶""文彬绿雪"已成为当地知名品牌。

这个阶段产业化发展迅速，以适度规模和质量提升为主线，马边县茶产业逐渐走向成熟期。在实现连片种植的基础上，马边县茶产业获得了一系列品牌认证和产业发展政策支持。茶叶企业数量趋于稳定，产业链纵向延伸，逐渐形成一体化。茶叶品质提高，产品结构优化。在脱贫帮扶资金的支持下，茶产业的规模化、标准化、品牌化发展取得显著进步，但仍存在龙头企业辐射能力不强、区域品牌价值较低等问题。

（三）产业成熟期："彝茶之乡"（2019年至今）

这个阶段茶叶龙头企业的带动作用进一步增强，茶叶的生态价值和文旅价值进一步被挖掘。2020年，峨眉山旅游公司峨眉雪芽茶业分公司投资建设的马边峨眉雪芽茶叶加工厂投产。该加工厂安装生产线两条，年加工能力为25万千克鲜叶，能够辐射影响周边约2万亩的茶园生产销售，实现年产值8 000余万元。同时，马边县推进高品质生态夏秋茶开发利用项目，立足23万亩茶叶，鼓励夏秋茶加工厂建设，推动夏秋茶机采摘，夏秋茶干茶产量可达5 950吨，产值达2.38亿元。2021年，马边县开始推动自主选育品种"彝黄1号"，推行茶叶"1+3"发展，以绿茶生产为主，开拓红茶、黑茶、黄茶等新产品市场。

2022年，马边县依托四川省三星级茶叶现代农业园区的1.51万亩茶园，以劳动镇福来村卡莎莎乡村旅游度假区、马边猫猫坪诺苏熊猫家园等景区为载体，建成福来高标准茶园基地、星农现代制茶中心、马边茶叶专家大院和中旅"云上福来"等农旅项目。马边县聚焦打造南丝绸之路文化旅游走廊，做靓小凉山旅游圈。例如，柏香村以茶叶生产加工为主导，推进种、养、研学协同发展，打造以山下戏水乘凉、山涧赏湖摘果、山顶采茶品茗的"翠柏花杳"旅游环线。同时，在常态化开展"小凉山采茶节"、直播带货、云上农业等新业态活动加持下，马边县实现农业总产值达1.08亿元，初步形成产业发展见实效、农旅融合促增收、园村一体相融合的园区引领产业发展新态势。

目前，马边县茶叶种植面积 23 万亩，投产 19 万亩，共有茶叶加工企业 126 家，其中省级茶叶加工龙头企业 2 家，市级茶叶加工龙头企业 3 家，县级茶叶加工龙头企业 4 家，茶叶生产加工能力达到 2 万吨。马边县有福来村、永兴村 2 个省级乡村旅游重点村；茶叶村、新华村等 9 个四川传统村落；烟峰彝家新寨 1 个四川省乡村旅游精品村寨。

这个阶段以茶旅融合为主线，横向延伸产业链，同时基地建设、区域公共品牌建设不断加强，进一步发挥龙头企业联农带农作用。

马边县茶产业阶段划分及各阶段特征如表 1 所示。

表 1　马边县茶产业阶段划分及各阶段特征

阶段		关键性事件	划分依据	阶段特征
产业形成期	起步发展阶段（1999 年以前）	毛筠如试办茶厂，在制作工艺和包装等方面进行改良；余洪先推行集中种植，统一管理	马边县成为四川省重点茶叶产销地，马边绿茶在周边地区有一定知名度，当地出现茶叶加工企业	小农分散经营，没有规模化种植；茶叶加工厂较少；缺少标准化、规模化生产加工企业
	正式形成阶段（1999—2007 年）	1999 年，"退耕还茶"响应"退耕还林"工程；2002 年，马边县被命名为"四川省第一批优质茶叶基地"；2002 年，马边县茶叶协会成立	开始规模化种植，地区性专业协会成立	茶叶种植整体初具规模，各茶园较为分散；大量茶叶企业涌入茶叶市场，数量激增，规模较小，销售额增加较慢；缺少龙头企业，茶园管理不规范

表1（续）

阶段		关键性事件	划分依据	阶段特征
产业成长期	规模扩张与品牌驱动阶段（2008—2018年）	2009年，"马边绿茶"获批国家农产品地理标志；2011年，马边县自主选育品种"马绿1号"成为省级茶树良种；2015年，精准扶贫政策实施	获得著名商标、国家农产品地理标志是当地茶叶品牌化水平提升的重要标志；在扶贫单位支持下，种植总面积得到扩展，茶叶成为当地主要种植作物，并具有一定的规模	获得商标、品牌、良种等一系列认证；茶业企业规模扩大，竞争激励，数量趋于稳定，销售额迅速增长；产业链纵向延伸，逐渐形成一体化；茶叶品质结构优化
产业成熟期	产业融合发展阶段（2019年至今）	"小凉山采茶节"活动常态化；2022年，一系列农旅项目实施	"采茶节"的常态化，开启了茶旅融合的探索，步入发展新阶段	龙头企业带动作用进一步增强；产业链横向延伸，茶旅融合发展，综合效益明显；品牌价值显著提升

三、基本情况

（一）整体特征

马边县地处亚热带，全县森林覆盖率为78.8%，年均降水量达1 093毫米，平均气温为16.9℃，相对湿度为80%。茶区土壤多为酸性紫色土和黄壤，土壤肥力较高，有机质和氮、磷、钾含量丰富。良好的气候生态环境、充足的云雾雨露、富饶的沃土，为茶树积累氨基酸等各种对人体有益的物质奠定了基础，是中国西部地区发展名优绿茶的最适宜区域之一。

近年来，马边县茶叶种植面积稳定在23万亩，投产面积稳定在19万亩，除永红镇外，共有13个乡镇种植茶叶，其中有50个千亩茶叶专业村。标准化绿色、有机茶园、生态低碳茶园面积18.5万亩，是四川省最大的有机茶基地县。茶树品种以马绿1号、福鼎大白、名山131、福选9号、川茶群体种为主。在自主选育品种方面，2011年，马边县自主选育的茶树新品种"马绿1号"被四川省农作物品种审定委员会审定为省级茶树良种，成为马边县首个自主选育省级良种。2021 年，"彝黄 1 号"茶树新品种获得农业农村部品种登记证书，这是马边自主选育的又一茶树新品种。目前，"马绿 1 号"已在马边县推广种植 5 万余亩；"彝黄 1 号"主要在荣丁镇基地种植，面积约 1 500亩。

（二）产业特征

干茶产量可以反映产业规模的变化。从图 1 可以看出，在 2008 年之前，马边县干茶产量增长缓慢，平均年增长率为 3.59%。2008—2018 年，除 2010 年受到天气影响产量增速下降以外，干茶产量保持较快速度增长，平均年增长率达 25.70%。2019 年开始，干茶产量稳定在 11 000 吨，每年略有波动。

干茶产量的变化（见图 1）基本与马边县茶产业发展阶段基本一致。2008 年以前发展较缓慢；2009 年"马边绿茶"获批国家农产品地理标志后，基地建设与品牌建设同步推进，产业快速扩张；2013 年和 2014 年前后，部分市场主体退出，主体规模得以扩大，产业内部结构调整，因此相较前几年的曲线略显平缓；2018 年后，"小凉山采茶节"等茶旅活动常态化，产业进入成熟期，干茶产量基本稳定。

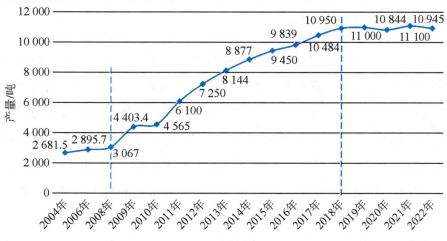

图 1　干茶产量

数据来源：马边县历年国民经济和社会发展统计公报、马边县人民政府官网。

我们选取马边县人均茶叶收入和占农村人均可支配收入比例（见图2）加以比较分析，以探究茶产业带动农户增收的动力机制。从人均茶叶收入来看，马边县的人均茶叶收入整体呈上升趋势，由2012年的2 700元稳步增长至2022年的5 480元，平均增长率达9.78%。

图2　马边县人均茶叶收入和占农村人均可支配收入比例

数据来源：马边县人民政府官网。

从人均茶叶收入占农村人均可支配收入比例来看，受扶贫政策影响人均茶叶收入占比整体呈下降趋势。但在产业成长期间，人均茶叶收入占比一直保持在40%以上，说明茶产业发展整体向好的背后并非"没有发展的增长"，对农户增收确有作用。从2019年开始，人均茶叶收入占农村人均可支配收入比例稳定在33%上下。茶产业已成为马边县农民增收、产业脱贫中稳定持续的支柱产业。需要说明的是，2015年人均茶叶收入占农村人均可支配收入比例出现明显下跌，可能是由于农村人均收入的统计口径变化所致。

品牌是乡村产业高质量发展的重要助推器。在品牌建设方面（见图3），"马边绿茶"的品牌评估价值在前期提速缓慢，2009—2018年产业快速扩张的十年间，品牌的年均增长价值仅为 0.719 亿元。直到 2019 年，"马边绿茶"才开始有明显提升，年均增加 3.16 亿元，其中 2022 年和 2023 年增量均超过 4 亿元。2023 年的品牌评估价值达到 26.4 亿元，是 2018 年的近 2 倍。

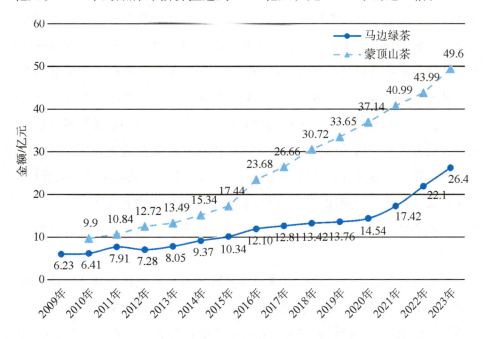

图3 "马边绿茶"区域公用品牌评估价值

数据来源：乐山市农业农村局、浙江大学中国农业品牌研究中心《2009—2023 年中国茶叶区域公用品牌价值评估报告》。

相较于地理位置相近、茶叶种类同以绿茶为主的蒙顶山茶（"蒙顶山茶"和"马边绿茶"分别在 2010 年和 2012 年取得四川省著名商标），2010 年，"马边绿茶"区域公用品牌评估价值全国排名第 36 位，"蒙顶山茶"排名第 17 位。2023 年"马边绿茶"的排名下降到第 53 位，"蒙顶山茶"排名稳定在全国前 10 位。"马边绿茶"品牌建设未能跟上产业发展的步伐，一定程度上限制了茶产业提质升级。

四、典型案例

本调研报告分析使用的一手数据与资料来自 2023 年 7 月 24 日至 29 日的实地调研。我们结合前期搜集的问卷数据和实地调研情况，选择茶叶村作为典型案例研究开展深度访谈。我们主要基于以下考虑：首先，荍坝镇茶叶村茶产业的发展是马边县茶产业发展的缩影，研究茶叶村茶产业可洞见马边县茶产业现状。作为一个有着优质自然资源的茶叶古村，茶叶村自古有种茶的历史，借"退耕还林"政策开始规模化种植，但一直以小规模种植、加工为主要经营方式，产量长期处于较低水平。在扶贫政策扶持下，茶叶村完成产业规模扩张和质量提升，形成绿茶、红茶两大品类并成功走上茶旅融合道路。其次，茶叶村具有典型性，是马边县茶产业发展的成功案例之一。从"名不副实"的茶叶村到马边县唯一一个四川省实施乡村振兴战略工作示范村，几年时间茶叶村完成了"生于茶"到"兴于茶"的华丽转变。

我们选择较为了解茶叶村发展历程和现状的对象进行访谈。访谈对象涵盖茶产业的参与主体，主要包括政府部门人员、茶叶企业职业经理人，具体有荍坝镇徐镇长、茶叶村黄支书、荍坝贡茶董事长李总和茶叶村茶贩王大姐。此外，我们还收集了部分二手资料供分析需要。资料来源有乐山市和马边县政府官方网站公开数据、报道，媒体报道，公众号平台资源等。调研团队共整理形成 40 000 多字的一手访谈资料，多渠道收集证据以形成开展案例研究所需要的"证据三角"，确保分析的可信度和有效性。

（一）茶叶村现状

茶叶村位于荍坝镇东部，系马边县贡茶原产地保护区，是马边县茶脉之所在，古为叙马驿道之要冲，现为荍坝镇彝茶产业片区的中心村。通过改造旧茶园、新建高标准茶园，茶叶村的茶叶种植面积从 2003 年的 2 100 亩发展到目前的 7 390 亩，人均茶叶种植面积 3.5 亩以上，每亩年平均利润可达 2 000~3 000 元。村内有荍坝贡茶、御芽天娇、荍坝茶厂、缘森绿雪等本土知名茶叶企业 5 家，实现茶叶年产值 0.59 亿元，茶叶收益占留守人员年收入的 70%，为村集体经济增收 40 万元。

（二）访谈内容

1. 镇政府代表：荍坝镇徐镇长

徐镇长曾任柏香村第一书记，现为荍坝镇副书记、镇长。为打造好荍坝镇这张茶叶名片，徐镇长牵头成立强村公司为全镇提供全产业链服务。强村公司是指由新型农村集体经济组织通过投资、参股组建公司实体或入股县、乡级联合发展平台等，以项目联建等形式统筹辖区内农村集体资产资源，实行公司化运营兼顾社会效益的企业。

目前，强村公司开展三项业务实现对全镇茶叶的统防、统治、统管、统销，分别是农资服务、机采植保和销售业务。其中，机采植保和销售业务均与茶叶村有关。机采植保是指与茶叶村村集体的茶圣机采劳务合作社合作，为荍坝镇茶叶专业村提供春秋茶机采服务，打开荍坝镇机采春秋茶市场，年服务费预计收入 5 万元。"村集体主要起到提供公共服务的作用，不以营利为目的。"销售业务是指与荞坝贡茶合作，"政府负责地头，市场交给茶企"，预计年销售额可达 100 万元。

2. 村委代表：茶叶村黄支书

黄支书不仅是茶叶村的党支部书记，也是当地一家茶厂的主要负责人。黄支书曾在广东打工（1993—1997 年），1997 年返乡从事茶叶经营活动；1997—2011 年做职业经理人，与荞坝贡茶长期合作（并非法律上的聘用关系）；2012 年 12 月成立了马边荞坝缘森绿雪茶叶专业合作社，业务包括茶叶种植、生产销售和组织收购成员茶叶等。

"我们村上以前制茶一直都是以小规模的家庭小作坊为主，产量小且茶叶质量参差不齐，当地没法发展企业，大一点的茶叶企业也不会来收茶，制约了茶产业整体发展。"随着马边县大力发展茶产业，茶产业逐渐成为茶叶村的主要产业。目前，茶叶村有五大茶厂。第一是四川马边荞坝贡茶有限公司，成立于 2002 年。第二是马边莜坝茶厂，是茶叶村在 20 世纪八九十年代就有的老茶厂，荒废一段时间后在 2017 年被本村一位毕业于四川农业大学的大学生重新经营起来。这位大学生与他的父亲两代人都是做茶的。第三是马边荞坝缘森绿雪茶叶专业合作社，成立于 2012 年。第四是四川御芽天娇科技有限公司，成立于 2014 年，主要生产红茶。第五是一个家庭作坊，体量较小且没有品牌，主要代加工口粮茶。

"沐川做籽茶，马边做鲜叶茶；量看雅安，质看宜宾。"据黄支书介绍，茶叶村茶园（鲜叶）的纯利润平均水平约为 2 000 元/亩，主产春茶即明前茶，一芽鲜叶 240 元/千克，一叶一芽 70 元/千克，二、三叶一芽 20 元/千克。

"之前（我们村）是不做大宗茶的，浪费了很多资源。把茶叶收上来后，茶厂会把 30 元/千克以上的茶叶自己消化；30 元/千克以下的茶叶量大，将鲜叶直接卖出去。"为实现"茶叶不落地"，2022 年，黄支书带头成立茶圣机采劳务合作社，组建了一支机采茶叶服务队，邀请外地专家深入茶园基地开展茶叶机采、机修现场培训。党支部联系县内外企业收购机采茶，出口做大宗茶，主要销往摩洛哥等。该服务队也是强村公司服务板块的组成部分。

3. 茶叶企业代表：荞坝贡茶董事长李总

荞坝贡茶是茶叶村的知名企业，也是强村公司计划合作的茶叶企业。

李总是马边县劳动镇人，现居莜坝镇，当过老师、政府农技员，几乎全程参与了马边县茶叶发展。1990 年，李总"下海"经营茶厂。为了帮父亲还债，1996 年，李总承包了 2 个茶厂。1998 年，李总在劳动镇又承包了 2 个茶厂。由于马边县特产税太，1999 年，李总在沐川县承包了 1 个茶厂。2000 年，李总在劳动镇旁建茶厂。2000 年，李总同时管理 7 个茶厂，最多的时候雇工 2 000 人采摘。2001 年，李总在成都收款，偶遇大西南茶城在招商，深受感触。至此，李总开始将经营重心放在市场销售上。2002—2013 年，李总将开拓市场作为主要任务。2002 年，李总开始清退茶厂，将茶厂返包给原承包人。同年9月，李总成立四川马边荞坝贡茶有限公司并注册川茶园、荞坝贡茶等品牌。2003年，李总在马边县开了第一家实体店。2004年，李总在荞坝镇和东升村建厂。2005年，李总开设专卖店。专卖店有两种模式：一是培养下属做老板，提供10万元作为下属开店资金；二是加盟店。目前，李总在四川省内共有25家实体店，在河南省、陕西省共开设有8家实体店。

李总认为，马边县是公认的优质鲜叶产地，茶产业在20世纪90年代达到顶峰，但是没有重视品牌和市场，仅作为高端茶的原料地，导致马边县的茶产业迟迟停留在低水平的茶产业链上游，并没有享受到茶产业链下游的高附加值。由于"外行指导内行"，马边县两次错失发展机会，一是未统一种植种类，二是未统一品牌。2000—2010年，马边县茶产业被四川省内竹叶青、峨眉雪芽和蒙顶山茶等后起之秀反超。但是，在"马边绿茶"获得区域公共品牌之后，李总却退出了茶叶协会，放弃了公共品牌的使用权。其原因在于：一是"马边绿茶"统一包装中广告过度宣传；二是品牌申请周期过长，峨眉雪芽、竹叶青等品牌已经打出名气，"马边绿茶"错失发展机会。

站在茶叶企业的角度，马边县茶产业规划应该优先考虑以下几方面：一是土地问题，要因地制宜、规模适度。二是统一品种，"一片区域一品种""一村一品种"有利于管理和扩大市场占有率。三是发展第二产业，拥有属于自己的高水平茶叶加工企业。茶叶质量在很大程度上受到制茶工艺的影响，只有发展加工业才能把茶叶的附加值留在当地。四是找准定位，马边县应该专注绿茶，而不是急于开发红茶、黄茶和黑茶。五是销售模式改革，重视市场和品牌的打造。

新型经营主体对马边县茶产业发挥的作用很小。农村新型集体经济组织作为茶叶企业和茶农的中介组织，可以实现"三赢"。由于茶叶收购和售卖的周期不一致，茶叶企业向茶农收茶需要当场结清钱款，而茶叶销售并不能快速收回成本，导致中小型茶叶企业容易在采茶期产生资金周转问题。首先，村集体可以提前垫付茶叶货款，解决茶叶企业资金周转问题。其次，茶叶企业在当地发展可以解决村集体收入和资源闲置问题。最后，茶叶企业给出高于茶贩市场价的价格，有利于茶农增收。

4. 职业经理人：茶叶村茶贩王大姐

王大姐，45 岁左右，荞坝镇茶叶村人。1992 年高中毕业后，王大姐到广东打工。2003 年，王大姐返乡经营小卖部同时在当地做茶贩。

经其同意，我们跟踪调研了王大姐收茶的全过程。王大姐每晚六点到达村上某地开始收茶，茶农陆续来卖茶。茶农并不会过多询问茶叶价格，交货称重、登记、拿钱走人，两分钟即可完成收茶。一个地方收完，王大姐再换地方，一天大概要跑五个地点收茶，最后把鲜叶摊在小卖部门口的坝子上晾着等待茶商收茶。具体而言，完整的收茶环节一般为：

（1）茶商给茶贩定好当天收茶价格和大致数量。

（2）茶农需要按茶贩标准采茶，茶贩每天定时定点从小农户手中分品种收茶，根据茶商给的价格适当抬价，赚取差价。这个环节通常是当场现金交易。"除非老板（茶商）出的价格很低，我一般在保证一定质量的前提下，每斤茶叶赚 0.5 元。"如果当天茶商定价为 7 元/斤，王大姐收茶的价格为 6.5 元/斤。当然茶贩在定价时也会根据天气情况动态调整价格。"下雨天的茶叶会便宜一些，5 元多一斤；晴天的茶叶会贵一些，因为天气晴的时候水分少，其实价格是一样的。"

（3）茶商每天傍晚按约定价格把茶叶从茶贩处收走。这个环节茶商有可能不会当场将货款转给茶贩。"如果老板给的价格高，大概率会拖，荞坝贡茶就是；价格低的就会当天给，我合作的老板不会拖欠。"调研当天小茶农的收茶价格为小叶 8 元/斤和大叶 6.5 元/斤，茶农采茶收入为 20～100 元不等。7～8 月（当地茶贩俗称"小月"）收茶量一般为 1 000 斤/天；5～6 月（当地茶贩俗称"大月"）收茶量最多能达到 3 000 余斤/天；4 月独芽收茶量最多能达到 1 000 斤/天。

王大姐现在长期合作的茶商是乐山市犍为县人，每天晚上七点来茶叶村收茶叶，送到雅安市名山区某茶厂。茶商通常都有长期合作的茶贩，基本不会签订合同，一般通过熟人介绍认识，凭借信任合作。这种仅有口头约定的合作模式也会产生一些"违约"现象，"偶尔还会有河南南阳的老板来收茶制作信阳毛尖，他们给的价格高，但他们不常来，要看运气。"若当天有其他茶商来给出更高价格，王大姐会在基本保证长期合作的老板当天收茶量的情况下，将当天多收的茶卖给出高价的茶商。信阳毛尖的茶商在马边县的收茶地并不固定，主要取决于各地的实时价格。一般来说，信阳毛尖的茶商收好鲜茶后，会直接在当地包厂做成干茶，之后再运回信阳。

五、存在的问题

马边县自然资源禀赋优越，历史积累了大量茶产业要素，茶产业大力发展，目前已进入产业成熟期。但是，与其他发展较好的茶产业相比，马边县的茶产业仍存在一定差距，面临许多问题和挑战。

（一）种植品种繁多，品种与市场需求不匹配

马边县茶树品种较为丰富，主要有"马绿 1 号""彝黄 1 号""福鼎大白""名山 131""福选 9 号""川茶群体种"等。一方面，茶树品种混合种植的情况普遍存在，同一茶园往往种植多个茶树品种，而干茶品种只有扁形茶和炒青两种。相比于雅安市名山区，名山区的茶叶种植集中在 2 个品种，干茶品种达到 6 种以上。茶叶品种过多，不利于茶叶的统一种植和统一采摘，限制产业规模进一步扩大和产品结构调整。另一方面，种植品种良种覆盖率不高。"名山 131""福选 9 号""川茶群体种"采摘期短，产量低且干茶黄片多、色泽差、不显毫、可塑性差、加工的产品品种单一没有卖相，无法满足消费者对高端茶叶显毫率高、外观好、色泽佳的需求，只能做附加值较低的低端茶。优良品种"马绿 1 号"的覆盖率仍需要提高；"彝黄 1 号"处在推广阶段，并且该品种存在种植成本过高而不易推广的问题。

（二）缺少专业茶市辐射带动

主要茶叶产区和消费市场都会形成大型专业化茶市，如安徽芜湖"峨桥

茶市"，北京"马连道茶城"，河南"信阳国际茶城"，广西横县"西南茶城"，福建安溪"中国茶都"等。这些茶市不仅有利于茶产业集聚，降低产业内部交易费用，而且会成为集文化、休闲、购物于一体的综合性市场，并形成以茶市为中心的辐射圈，有助于产业链延伸和产业融合。作为优质茶叶产区，马边县缺少专业茶市带动，仅作为鲜叶原料产地被业内人士熟知，难以刺激终端销售、获得消费市场关注，限制公共区域品牌价值和市场占有率提升。

（三）经营主体规模小，茶叶加工水平较低

茶叶经营主体是茶产业发展的内生动力。当前，马边县茶叶生产大多以家庭为单位，大部分茶叶企业仅进行茶叶初加工。马边县茶产业经营主体规模小，主要体现在以下三个方面：首先，茶农的农业经营规模小、机械利用率低；其次，茶叶专业合作社的数量少且农业经营规模小；最后，茶叶企业的数量较多，但龙头企业的数量较少。在小规模经营模式下，马边县茶产业的生产成本高，茶叶种植机械化普及率低，农业社会化服务需求小，由此造成马边县茶叶的品质和产量不稳定，茶叶产品难以标准化。

此外，由于茶叶加工主体数量和茶叶产量不匹配，马边县无法在当地对茶叶进行深加工。马边县茶叶生产者和经营者主要出售鲜叶和初加工的茶叶，缺少茶叶的精深加工和增值加工。因此，马边县茶产业抵抗自然风险和市场风险的能力较为薄弱，更重要的是无法享受到产业链延长带来的产业附加值。

（四）茶叶品牌建设体系尚未完善

品牌强农是马边县茶产业发展的必然要求。在区域公用品牌建设方面，首先，虽然"马边绿茶"的品牌价值逐年提升，出产的茶叶分别在国内外平台获得大量奖项和有机认证，但是行业内分散经营、无序竞争，造成整体市场竞争力弱，市场占有率低。其次，"马边绿茶"尚未发布地方标准，不利于行业协会对地理区域品牌下的企业推广标准化种植，茶叶品质无法得到保证。再次，愿意申请使用"马边绿茶"及统一茗茶包装的企业占比较低，企业之间经营分散、沟通联系弱，难以进行统一管理。最后，区域内缺乏具有带动性的名牌企业，大部分茶产品销售模式仍停留在四川省内传统茶叶批发和茶叶专卖店零售，其他地区消费者对"马边绿茶"品牌和茶叶品质并不了解，造成"马边绿茶"市场占有率和覆盖率低。

（五）人力资本水平较低

人才是产业转型升级的智力支撑。在人力资本方面，马边县茶产业也存在以下两个问题：一是当前马边县从事茶叶种植和经营管理工作的茶农人力资本水平较低，影响马边县茶产业的发展。马边县的茶叶种植、茶园管理、茶叶加工、茶叶销售等方面均急需专业人才。例如，茶农采摘技术至关重要，在很大程度上影响茶叶的销售价格。茶农的采摘茶叶的技术水平差异较大，不利于鲜叶分级别销售，未精细分类的茶叶售价难以反映其真实价值。二是茶农的收入较低，从事茶叶种植和采摘工作的多为老年人，年轻人对茶叶经营的积极性不高。马边县农村劳动力减少和老龄化加剧的问题日益突出，极大地影响了当地茶产业的发展。

六、政策建议

茶产业的发展对马边县茶农增收、产业提质增效、实现巩固拓展脱贫攻坚成果同乡村振兴有效衔接具有重要意义。基于上述分析，我们提出如下政策建议：

（一）统一种植品种，提高良种化水平

茶树良种是发展茶产业的有力保障，提高茶树良种化水平有利于拓展茶农增收空间。一是马边县应继续推进马边县茶产业经营主体和高校、科研院所等研究机构之间的合作，建设区域性的茶树良种繁育基地，加快茶树良种的培育和推广。二是马边县应在因地制宜的基础上，结合茶叶的市场需求情况，引导和激励茶农增产适合本地产业发展的优良高产高效茶树品种，加大优质茶树品种的推广应用力度，扩大良种的种植面积，不断优化茶树的品种

结构。三是马边县应加强茶叶园区基础设施建设，深入推进茶叶现代农业园区建设，提升茶产业配套服务，提高优质茶树良种的产能。

（二）打造"彝茶之乡"，形成产业集群

一是马边县应打造以"彝茶""高山绿茶"为主题的专业化茶市，将销售终端延伸到各主要中心城市和茶叶集中消费地，并与国内其他茶市、茶叶集散地联成网络，形成马边县茶叶大流通格局。二是马边县应发展和壮大茶叶龙头企业，在税收、金融、保险、土地等方面给予适当的政策支持，增强其带动能力。三是马边县应依托已有星级园区、旅游度假区和"小凉山采茶节"等文旅资源和茶事活动，发挥茶市茶文化综合体功能，以点带面，增强马边县茶叶的影响力，促进产业融合发展。

（三）延长产业链，留住产业附加值

培育茶叶全产业链、提高产业附加值是实现马边县茶农增收、产业增效的实际需要。一是马边县应大力发展茶叶的农业社会化服务，尤其是开展农村集体经济组织社会化服务。例如，荍坝镇茶叶村农机队推广夏秋茶机械化采摘，降低茶叶种植成本，提高农业综合效益。二是马边县应打造茶产业全产业链，推动茶叶从种植采摘环节向茶叶加工流通等环节延伸，整合小而散的家庭式、作坊式经营主体，以茶叶龙头企业带动马边县茶产业发展。马边县应推广"服务主体+农村集体经济组织+茶农""服务主体+各类新型经营主体+茶农"等组织形式，加快构建完整的现代农业产业组织体系。三是马边县应促进马边县茶产业链条延伸，提高茶叶初加工机械购置的补贴水平，推动茶叶初加工设备的升级换代。

（四）完善茶叶品牌建设

壮大马边县茶产业的重要任务之一是提升"马边绿茶"区域公用品牌在消费市场的知名度。一是马边县应精准识别茶叶消费对象，明确市场定位，讲好属于马边县茶叶的品牌故事，提高"马边绿茶"的品牌溢价。二是马边县应充分发挥马边县茶叶行业协会的组织和引领作用，支持其建立统一的茶叶产品追溯系统，建设统一的茶叶品牌标准，整合公共区域品牌内企业，共同制定品牌维护培养的长期计划。三是马边县应积极参与国内外的茶事活动，利用传统媒体和新媒体进行品牌推广，鼓励发展茶旅融合、茶叶电商销售、茶叶定制生产、跨界合作等模式。四是马边具应细分高山绿茶市场，叫响"登高问道峨眉山，品茗静心马边茶"等宣传口号。

（五）提升茶叶从业者人力资本水平

一是马边县应培育高素质茶农，鼓励茶农参加继续教育，使其持续学习茶产业的相关知识，提高其专业技术水平。二是马边县应引导茶叶相关科研院所帮助支持马边县茶产业发展，为高素质茶农提供学习和实践机会，比如开展专门的茶叶种植和采摘培训课程。三是马边县应充分利用本地学习资源，组织开展优秀茶农的典型挖掘宣传工作，鼓励当地的茶叶种植能手和茶叶采摘能手分享经验，开展跨村、跨镇的学习交流。四是马边县应培养新型农业经营主体带头人，夯实马边县茶产业发展的人才基础，带动当地茶产业发展。马边县应鼓励年轻人返乡从事茶叶生产经营工作，加强对年轻茶产业从业者的培养和创业支持。

新型农村集体经济
可持续发展的路径探索

——基于四川省乐山市马边彝族自治县的实地调查

促进各地区新型农村集体经济可持续发展是实现乡村振兴的重要途径。我们以四川省乐山市马边县为研究对象，实地调研了劳动镇、荍坝镇和民建镇，并利用实地观察、调研和深度访谈所获得的数据，剖析了新型农村集体经济的发展现状、路径探索以及有益经验，分析了其存在的现实问题，并探讨了可持续发展的对策。总体来看，2022 年，马边县集体经济从入股分红、租赁出租、自主经营、合作经营四个方面进行了新的路径探索，资金总收入为 1 232.49 万元，取得了不错的成效。具体来看，马边县成立了强村公司，能够统筹各村资源，促进集体经济共同发展；注重为成员提供良好的发展环境，更能推动成员内生性发展；将发展经济的运营管理权交给更加专业的人，是新型农村集体经济未来的发展方向。我们进一步调研发现，新型农村集体经济发展过程中存在管理人员权责不清晰、资源整合难度大、人才匮乏、发展模式比较单一等困境。为此，我们提出推动集体经济运营机制改革、盘活村中闲置资产、加强人才队伍建设、鼓励发展多种集体经济形式等对策建议。

一、引言

农村集体经济是农村经济的重要组成部分，是乡村振兴的重要途径，如何促进新型农村集体经济有效发展是值得思考的重要问题。2023 年中央一号文件明确提出，鼓励各地积极探索资源发包、物业出租、居间服务、资产参股等多样化途径发展新型农村集体经济，深入开展新型农业经营主体提升行动，为新型农村集体经济下一步的发展指明了方向。截至 2020 年年底，四川省集体经济清产核资工作全面完成，大部分地区的农村集体产权制度改革有了初步成效，为新型农村集体经济的发展奠定了基础。但四川省面积辽阔，区域间集体经济发展极不平衡。为此，四川省人民政府出台了一系列壮大农村集体经济的政策文件，特别是 2021 年 10 月实施的《四川省农村集体经济组织条例》，为农村集体经济的发展提供了良好的外部环境。如何有效推动四川省新型农村集体经济发展，提高各地区发展的可持续性和内生性，各地积极进行了探索。本调研报告从四川省基本情况出发，深入剖析新型农村集体经济发展过程中的探索途径、面临的困境与挑战，对壮大新型农村集体经济，逐步实现乡村振兴、共同富裕具有重要的现实意义。

梳理相关研究，从历史演变的角度来看，农村集体经济的发展经历了"不适应—调整—改革—适应—不适应"的不断循环变化[1]，传统的农村集体经济在发展中不断向新型农村集体经济迈进。传统的农村集体经济以政府主导的统购统销为主。1978 年的改革开放使得农村集体经济逐步与市场接轨[2]。2016 年 12 月，中共中央、国务院出台了《关于稳步推进农村集体产权制度改革的意见》，首次提出"发展新型农村集体经济"[3]，标志着传统农村集体经济向新型农村集体经济迈进的新阶段。进入新时代，新型农村集体经济有了新发展，也面临新要求。2023 年中央一号文件从土地、产权制度、运行机制、发展途径、资产监管体系五个方面对新型农村集体经济做出了新要求，同时也为下一步的发展指明了方向。对新型农村集体经济的发展，各地开始

---

① 高鸣，芦千文. 中国农村集体经济：70 年发展历程与启示 [J]. 中国农村经济，2019（10）：19-39.

② 仝志辉，陈淑龙. 改革开放 40 年来农村集体经济的变迁和未来发展 [J]. 中国农业大学学报（社会科学版），2018，35（6）：15-23.

③ 韩香哲. 乡村振兴背景下的新型农村集体经济发展路径探析 [J]. 贵州社会科学，2023（4）：154-160.

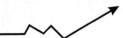

了多元化的探索，主要途径有经营型、联营型、租赁型、服务型和党建型等发展模式①，并取得了不错的成果。分区域来看，浙江省安吉县的村集体经济依靠村庄生态、资源要素的积累，以租赁、入股的方式将资源要素权与外部市场对接，充分发挥各类主体的功能，致富各村农民②。浙江省何斯路村以农民草根休闲合作社为基础，通过创建合作机制，进行自主治理，充分发挥了村集体公共池塘资源的价值③。天津市韩村通过股份合作，建立现代企业制度，形成了市场激励型路径，2019年村集体经济收入达到1.92亿元。山东省庄村结合当地实际情况，发展出党组织领办专业合作社带动集体经济发展的组织引领型新路径，2020年增收75万元④。

已有研究可以说明一些地区新型农村集体经济发展较好，但这些地区往往是资源较为丰富的沿海发达地区⑤。数据显示，2019年，收益超过5万元的村集体经济占比为42.3%，而西部地区的这一比例只有27.4%，反映了村集体经济发展存在区域不平衡的问题。究其原因，一方面，中西部地区资金资源匮乏、经济发展相对落后，村集体经济的发展呈现小、散、弱的特征⑥；另一方面，对政府扶持的依赖性导致其缺乏内生动力，农村集体经济发展缺乏持续稳定性⑦。在这种情况下，如何缩小各区域间村集体经济的发展差距？

---

① 高鸣，魏佳朔，宋洪远.新型农村集体经济创新发展的战略构想与政策优化［J］.改革，2021（9）：121-133.

② 靳永广.比较优势转化、优质要素集聚与村级集体经济发展：基于浙江省安吉县的经验观察［J］.农业经济问题，2023（4）：64-77.

③ 王辉，金子健.新型农村集体经济组织的自主治理和社会连带机制：浙江何斯路村草根休闲合作社案例分析［J］.中国农村经济，2022（7）：18-37.

④ 余丽娟.新型农村集体经济：内涵特征、实践路径、发展限度：基于天津、山东、湖北三地的实地调查［J］.农村经济，2021（6）：17-24.

⑤ 郑世忠，谭前进，赵万里.辽东山区新型农村集体经济可持续发展研究［J］.农业现代化研究，2023，44（2）：285-294.

⑥ 李娜.民族地区农村集体经济发展的困境与路径选择［J］.贵州民族研究，2023，44（2）：155-162.

⑦ 周立，奚云霄，马荟，等.资源匮乏型村庄如何发展新型集体经济？基于公共治理说的陕西袁家村案例分析［J］.中国农村经济，2021（1）：91-111.

如何增强中西部地区新型农村集体经济的可持续发展和内生性？中西部地区新型农村集体经济应该走什么样的路径？其存在怎样的困境？回答好这些问题，对壮大新型农村集体经济，推动乡村振兴，逐步实现共同富裕，具有重大现实意义。

已有研究颇为丰富，为我们的研究提供了思路和参考。但是，在新型农村集体经济的研究中，基于全国和东部地区的研究较多，中西地区的经验分析较少，并且对发展中面临的困境与挑战的分析不足。鉴于此，笔者以四川省乐山市马边县为研究对象，于2023年7月走访调研了马边县劳动镇、荍坝镇和民建镇，并多次访谈了马边县各部门领导，对其他各乡镇的发展情况加以了解。笔者剖析了新型农村集体经济的发展现状、路径探索以及有益经验，分析了存在的问题，并提出针对性的政策建议。此次调查研究的重要意义在于：一方面，为四川省新型农村集体经济的发展提供政策建议，以提高其发展的内生动力和可持续性；另一方面，为其他地区发展新型农村集体经济提供可参考的有益经验，对促进区域共同发展、实现共同富裕具有重大意义。

二、马边县新型农村集体经济的发展现状

（一）基本情况

1. 产业现状

马边县地处乐山市、宜宾市、凉山州接合部，县域面积2 293平方千米，下辖15个乡镇、114个行政村（社区），人口22.5万人，其中彝族占比51.9%。马边县自古以来就是彝族、汉族为主多民族杂居的地区，民族特色文化丰富多元。近年来，马边县围绕南丝绸之路古彝文化生态旅游走廊目标，按照"生态立县、旅游兴县、产业强县"发展定位，以脱贫攻坚统揽经济社会发展，全面建设"山水彝乡、秀美马边"。马边县先后获得四川省脱贫攻坚先进县、四川省农民增收工作先进县、四川省县域经济发展先进县荣誉称号。马边县地处亚热带季风气候带，境内水资源丰富，土壤类型复杂多样，

适宜发展茶叶、水果、中药材等经济作物。目前，马边县注重茶叶、竹笋、青梅三大产业发展。马边县有茶园面积 23 万亩，投产面积 18.5 万亩，干茶总产量 10 844 吨，产值 10.47 亿元。"马边绿茶"区域品牌价值达 22.1 亿元。马边县拥有竹林总面积 149 万亩，常年认证有机竹笋基地 12 万亩，全县竹笋产量约 7 000 吨，产值约 1.78 亿元。马边县现有青梅 6 万亩，有人工种植中药材 2.8 万余亩①。

2. 村集体经济现状

从资金角度来看，2016—2019 年，马边县累计产业扶贫资金为 9 503.45 万元。截至 2023 年 6 月底，产业资金还有 1 700 万元未使用，占比 18%；村集体经济自主发展产业使用了 3 016.85 万元，占比 31.7%；入股分红使用了 4 675 万元，占比 49.2%。从收益的角度来看，2022 年，集体经济资金收入为 1 232.49 万元，其中自主发展产业资金产生的收入为 265.71 万元，入股分红收入为 422.8 万元，转包资产出租收入为 119.3 万元。马边县村集体经济收入累计万元以上的村共有 48 个，其中 10 万元以上的村有 25 个，50 万元以上的村有 5 个，还有一半以上的村集体经济收入在 5 万元以下②。

（二）数据统计分析

我们此次调研根据集体经济组织所在村庄情况、新型农村集体经济组织资产管理情况、新型农村集体经济组织收益分配情况、新型农村集体经济组织产业发展情况、党建与新型农村集体经济组织发展情况五个方面的具体情况，设计行政村基本情况调查表，并收集了马边县 15 个乡镇、114 个行政村（社区）的有效调查表。具体分析情况如下：

1. 马边县发展情况

我们选取了人口务工情况、居民收入情况、农业生产经营情况、集体经

---

① 数据来源，《马边招资指南》小册子。
② 数据来源：2023 年 7 月 24 日西南财经大学中国西部经济研究院来马边调研座谈会中，马边县农业农村局发言人的发言稿。

济情况四个层面的 14 个指标进行数据分析（见表 1）。从人口务工的角度来看，马边县常住人口约 248 873 人，外出务工人数约 59 169 人。平均每村常住人口为 2 242.1 人，平均每村外出务工人数为 528.29 人，约占常住人口均值的 1/4。这说明，马边县各村有大量劳动力外出务工。从居民收入情况来看，各村居民人均收入为 1.416 万元。其中，人均农产品收入 0.35 万元，人均其他收入 0.35 万元。务工收入占比最高，人均务工收入为 0.87 万元，务工收入最高为 6 万元。这说明，务工收入是当前马边县农民的主要收入来源。从农业生产经营情况来看，各村农业生产土地总规模均值为 2 315.96 亩，最大规模为 16 000 亩，中间值为 1 420 亩，各村农业生产土地总规模差异较大。平均每个村拥有 2 家合作社和家庭农场，但农业企业的数量还达不到每村 1 家，说明新型农村经营主体有待发展。从集体经济情况来看，村集体资产总额均值为 402.19 万元，最大值为 4 500 万元，最小值为 0 元。集体经济2022 年总收入约为 943.776 9 万元。其中，每村平均集体经济收入约为 9.63 万元，而集体经济收入最高的村可达到 178.872 万元；集体经济年收入最低的村为 0 元，可见各村集体经济发展差异较大。

表 1 马边县行政村变量描述性统计

指标名称	样本数	均值	标准差	最小值	中间值	最大值	总值
常住人口/人	111	2 242.10	3 003.319	305	1 496	20 800	248 873
外出务工人数/人	112	528.29	389.856	46	464	2 373	59 169
人均收入/万元	111	1.416	0.399	0.121	1.45	4	162.405 2
农产品收入/万元	106	0.35	0.264	0	0.3	1.52	37.333
务工收入/万元	104	0.87	0.808	0	0.8	6	90.713
其他收入/万元	97	0.35	1.822	0	0.1	18	34.335
农业生产土地总规模/亩	95	2 315.96	2 689.761	0	1 420	16 000	220 016.4
合作社/家	103	2.55	2.375	0	2	11	268

表1(续)

指标名称	样本数	均值	标准差	最小值	中间值	最大值	总值
农业企业/家	91	0.68	1.584	0	0	10	62
家庭农场/家	100	2.59	3.108	0	2	15	259
村集体资产总额/万元	101	402.19	680.508	0	89.07	4 500	40 621.36
总收入/万元	98	9.63	22.557	0	3.828	178.872	943.776 9
总支出/万元	88	4.40	14.378	0	0	113.795	387.246 7
集体经济产值/万元	82	13.09	30.194	0	2.713	177.672	1 073.409

2. 各乡镇发展情况

我们此次深入调研了劳动镇、苏坝镇和民建镇 3 个镇的村集体经济情况，笔者将着重对这 3 个镇的情况进行具体分析。从各乡镇的集体经济发展情况来看，马边县各乡镇 2022 年村集体经济收入最多的是荣丁镇，为 273.428 万元，收入最少的镇为 0 元（见表2）。从图 1 可以看出，平均每个乡镇的村集体经济收入为 51.565 万元，只有 26.67% 的乡镇在平均水平线以上，说明各乡镇村集体经济发展差异较大，且发展水平较低的乡镇居多。2022 年，在 15 个乡镇中，劳动镇的村集体经济收入排名第二，苏坝镇的村集体经济收入排名第五，民建镇的村集体经济收入排名第八，村集体经济收入分别为 204.001 万元、48.056 万元、29.752 万元。

表2 马边县各乡镇 2022 年村集体经济收入排名

序号	乡镇	收入/万元
1	荣丁镇	273.428
2	劳动镇	204.001
3	下溪镇	116.324
4	苏坝镇	70.749

表2(续)

序号	乡镇	收入/万元
5	苋坝镇	48.056
6	民主镇	41.523
7	雪口山镇	41.293
8	民建镇	29.752
9	建设镇	28.410
10	梅林镇	25.310
11	永红乡	24.783
12	大竹堡乡	17.229
13	烟峰镇	11.700
14	三河口镇	11.220
15	高卓营乡	0
平均水平		51.565

注：数据来自调研收集的各村统计问卷。平均水平的计算为去掉最大值和最小值后的结果。

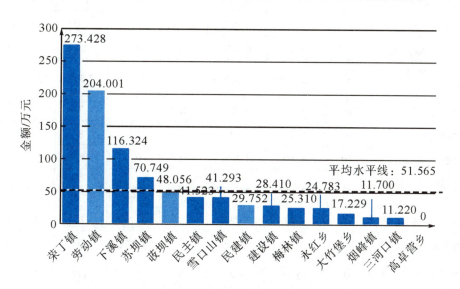

图1 马边县各乡镇2022年村集体经济收入情况

3. 莜坝镇发展情况

莜坝镇有 10 个行政村（社区），常住人口约为 11 370 人。2022 年，莜坝镇各村外出务工人数均值为 547.10 人，约占常住人口均值的 48%；务工收入均值为 1.03 万元；人均收入均值为 1.58 万元，最大值为 2 万元，最小值为 1.3 万元。各村农业生产土地总规模均值为 1 948.40 亩，但各村规模差距过大，最大值为 7 390 亩，最小值仅为 4 亩。平均每个村拥有 2 家合作社、1 家家庭农场。2022 年，莜坝镇村集体经济总收入为 48.056 万元，各村集体经济总收入约为 4.81 万元（见表 3）。

表 3 莜坝镇各行政村变量描述性统计

指标名称	样本数	均值	标准差	最小值	中间值	最大值	总值
常住人口/人	10	1 137.00	535.081	368	1 226	1 871	11 370
外出务工人数/人	10	547.10	249.854	150	518.5	920	5 471
人均收入/万元	9	1.58	0.204	1.3	1.518 9	2	14.264
农产品收入/万元	9	0.44	0.340	0.225	0.3	1.3	3.985
务工收入/万元	8	1.03	0.362	0.58	1	1.7	8.28
其他收入/万元	7	0.11	0.070	0	0.1	0.2	0.798 9
农业生产土地总规模/亩	8	1 948.40	2 371.823	4	1 163.27	7 390	15 587.24
合作社/家	10	2.50	2.321	0	1.5	7	25
农业企业/家	8	0.75	1.389	0	0	3	6
家庭农场/家	10	1.50	1.900	0	0.5	5	15
村集体资产总额/万元	9	817.46	1 421.426	85	185	4 500	7 357.105
总收入/万元	10	4.81	3.095	1.7	4.143	12.4	48.056
总支出/万元	9	2.44	3.358	0	1.071	10	21.967
集体经济产值/万元	9	19.45	39.451	0	2.1	118	175.02

4. 民建镇发展情况

民建镇有 11 个行政村（社区），常住人口约为 90 438 人。相对来说，民建镇各村外出务工人数较少，外出务工人数均值占常住人口均值的约 13.3%。各村居民人均收入为 1.83 万元，最大值为 4 万元，最小值为 1.1 万元。各村农业生产土地总规模均值为 2 725.20 亩，最大值为 8 671.6 亩，最小值为 170 亩，各村农业生产土地总规模差异较大。平均每个村拥有 2 家合作社和家庭农场，但农业企业的数量还达不到每村 1 家。村集体资产总额均值为 452.03 万元，最大值为 1 200 万元，最小值为 10 万元。2022 年，民建镇村集体经济总收入为 29.752 万元，各村集体经济总收入约为 2.7 万元（见表 4）。

表 4　民建镇各行政村变量描述性统计

指标名称	样本数	均值	标准差	最小值	中间值	最大值	总值
常住人口/人	11	8 221.64	7 010.328	1 832	7 338	20 800	90 438
外出务工人数/人	11	1 094.09	635.094	190	1 086	2 373	12 035
人均收入/万元	11	1.83	0.869	1.1	1.5	4	20.171 8
农产品收入/万元	11	0.38	0.214	0	0.5	0.62	4.22
务工收入/万元	10	1.16	0.569	0.6	1	2.3	11.606 8
其他收入/万元	9	0.05	0.085	0	0	0.25	0.47
农业生产土地总规模/亩	8	2 725.20	2 941.002	170	1 600	8 671.6	21 801.6
合作社/家	10	2.10	2.079	0	1.5	6	21
农业企业/家	9	0.22	0.667	0	0	2	2
家庭农场/家	9	1.67	2.958	0	0	9	15
村集体资产总额/万元	10	452.03	512.462	10	220.8	1 200	4 520.328
总收入/万元	11	2.70	4.281	0	1.2	14.712	29.752
总支出/万元	10	0.82	2.523	0	0	8	8.24
集体经济产值/万元	7	24.65	41.250	0	5.32	114	172.52

5. 劳动镇发展情况

劳动镇有 12 个行政村（社区），常住人口约为 18 989 人。相对来说，劳动镇各村外出务工人数均值约占常住人口均值的 36.6%。各村居民人均收入为 1.51 万元。各村农业生产土地总规模均值为 2 302.60 亩。劳动镇各村的新型经营主体情况较好，平均每个村拥有 4 家合作社、5 家家庭农场，2 家农业企业。2022 年，劳动镇村集体经济总收入为 204.001 万元，各村集体经济总收入约为 18.55 万元（见表 5）。

表 5 劳动镇各行政村变量描述性统计

指标名称	样本数	均值	标准差	最小值	中间值	最大值	总值
常住人口/人	12	1 582.42	889.119	431	1 414	3 300	18 989
外出务工人数/人	11	578.64	333.395	252	465	1 222	6 365
人均收入/元	11	1.51	0.252	1.05	1.468	1.985	16.603
农产品收入/万元	10	0.37	0.292	0.052	0.3	1.021	3.657
务工收入/万元	10	0.87	0.447	0.038	0.95	1.5	8.992
其他收入/万元	9	0.16	0.105	0.006	0.174	0.385	1.495
农业生产土地总规模/亩	10	2 302.60	2 241.826	0	1 508.5	6 930	23 026
合作社/家	12	4.50	2.316	2	4	11	54
农业企业/家	10	2.30	3.199	0	1	10	23
家庭农场/家	12	5.25	3.166	2	5	11	63
村集体资产总额/万元	11	1 099.01	1 040.978	48	570	2 642.07	12 089.07
总收入/万元	11	18.55	33.857	2.835	10	119.459	204.001
总支出/万元	11	6.30	14.255	0	0	47.917	69.257
集体经济产值/万元	8	8.98	20.101	0	0.5	57.860	71.86

三、马边县新型农村集体经济的发展路径探索

（一）苏坝镇探索路径——镇级层面成立马边荞小二有限责任公司

从 2015 年 8 月开始，苏坝镇集体经济总额为 1 457 万元，明股实债（入股）总额为 711 万元，占比 48.8%；自主发展为 746 万元，占比 51.2%，2022 年，苏坝镇的集体经济收入合计共 157 万元，投资回报率为 3.85%[①]。

2023 年 6 月，苏坝镇 10 个村组建了村集体经济联盟，每村以 10 万元作为股金，加上供销合作社的 20 万元资金、上级资金 150 万元进行整合，成立马边荞小二农业科技发展有限责任公司（以下简称"荞小二"），在机制上以公司化的实体运行。在运营管理方面，10 个村组成股东大会，由 10 个村的支部书记推选经营管理团队。经营管理团队设立联合党委，由镇事业编主任兼任联合党委的党委书记，但不参与公司的日常经营管理，只是作为监管者对重大决策事项进行监督。

具体来说，荞小二的运作包含茶小二、竹小二、工小二三个板块。

1. 茶小二

茶小二主要为各村农户提供社会化服务。首先，茶小二推动茶叶种植现代化，运用茶叶管家应用程序，打造智慧茶园、低碳茶园、数字茶园，为农户提供现代化的种植技术。其次，茶小二负责茶叶的统防统治统销，为农户提供社会化服务。在农资服务方面，茶小二预计年销售额为 30 万元。在集采、植保社会化服务方面，茶小二预计年服务收入为 5 万元。统销方面，预计年销售额为 100 万元[②]。

2. 竹小二

竹小二打造竹笋优质生产基地，对生产的竹笋进行中国有机产品标志认

---

① 数据来源：2023 年 7 月 24 日西南财经大学中国西部经济研究院来马边调研座谈会中，苏坝镇镇长徐亚雄讲话内容。

② 数据来源：2023 年 7 月 26 日苏坝镇调研座谈会中，苏坝镇镇长徐亚雄讲话内容。

证，使得销售单价从 1 元/千克提升到 3 元/千克，预计竹笋年销售额为 100 万元。此外，竹小二结合竹笋种植地区原来种植的杉木或村里的秸秆进行农林废弃物综合利用，与公司合作，村集体入股土地和资金，创建生物质燃料公司，预计年收入 120 万元①。

3. 工小二

工小二涉及三方面的内容：第一，办公耗材的采集。工小二与县厂商合作，统筹五个镇十几个村共同参与，通过以租代购的形式采集办公耗材，可以赚取 30%的利润，预计年收入 20 万元②，其中一部分与村集体分红，另一部分返给合作伙伴。第二，以工代赈项目。此项目的利润较高，年收入可以达到 50 万元左右，工作门槛比较低，能够很好地解决农村劳动力的就业问题。第三，资产代管，盘活资源，以地入股。例如，村集体建设用地问题，可以盘活村中闲置的厂房、教室等，也可以解决镇外用地问题。

莜坝镇通过整合各村资源，在镇级层面成立莜小二具有以下优势：

（1）强村公司的再发展。当前，强村公司利用东西协作，能够解决"好东西到好市场"的问题。莜小二通过在此基础上的再发展，能够更好地整合现有资源，释放效能，实现强村公司的 2.0 版本。

（2）充分发挥政策红利。一是莜小二与基层供销示范社合作，充分利用其中的政策优势。例如，莜小二通过社会化服务的相关政策，获得了相关农机设备的使用权。二是莜小二通过现有平台公司的整合和混改契机，使得闲置资源和社会资本充分融合。例如，莜小二盘活闲置的小学这一房产资源，打造休闲饭庄，使闲置资源充分发展。

（3）充分发挥集体经济社会化服务功能。莜小二发展的初衷就是"公司不一定要挣到钱，但要让农户能挣到钱。"因此，莜小二大力发展对农户的社会化服务业务，为农户发展提供良好的环境，充分激发农户的发展内生性。

---

① 数据来源：2023 年 7 月 26 日莜坝镇调研座谈会中，莜坝镇镇长徐亚雄讲话内容。
② 数据来源：2023 年 7 月 26 日莜坝镇调研座谈会中，莜坝镇镇长徐亚雄讲话内容。

（4）打破边界，统筹整合。荞小二的成立，更好地整合了各村的资源，打破了各村独立发展的局面，在一定程度上扭转了有资源的行政村缺少项目、有项目的行政村缺少资源的尴尬局面。

（二）民建镇探索路径——成立兴红公司

红旗社区属彝族、汉族、苗族聚居社区，距镇政府所在地 2 500 米，平均海拔 700 米，面积 7 平方千米，下辖 6 个村民小组①，现有劳动力 2 258 人，以"种养殖协会+农户"模式为主导产业模式，现人均纯收入 22 830 元②。

当前，红旗社区产业发展不够成熟，农户主要以种养殖和进城打零工为主，种养殖都是以家庭为单位开展的，未形成规模化、标准化。红旗社区现有竹林 620 亩，退耕还林 1 167.2 亩，果园 1 200 亩，主要种植柑橘、梨、李子、桃子等，大头菜约 300 亩，养殖主要是以家庭为单位养猪、鸡，未形成规模化③。为发展壮大社区经济，巩固脱贫攻坚成果，带动社区居民脱贫增收，解决社区经费困难，马边县民建镇红旗社区股份经济合作社于 2022 年 11 月成立，并以贷款资金 200 万元注资成立马边兴红企业管理服务有限公司（以下简称"兴红公司"），每年按 12%的比例进行固定回收成本加分红，共计 24 万元。从 2023 年开始，连续 10 年回收成本加分红，每年 12 月 31 前完成，回收资金加分红共计 240 万元④。

兴红公司当前的主要业务有三个板块，即物业管理、商铺租赁和集贸市场⑤，具体如下：

1. 物业管理

村级集体经济组织从马边县禾丰国有资产有限公司中承接物业管理业务，向社区内的红旗小区提供物业管理服务。兴红公司现有物业管理人员 3 人，

---

① 数据来源：《民建镇红旗社区集贸市场项目方案》中红旗社区基本情况。
② 数据来源：《2023 年红旗社区集体经济收益分配方案（定版）》中红旗社区基本情况。
③ 数据来源：《2023 年红旗社区集体经济收益分配方案（定版）》中红旗社区基本情况。
④ 数据来源：《民建镇红旗社区集贸市场项目方案》中利益联结与预期效益。
⑤ 数据来源：2023 年 7 月 28 日红旗社区调研座谈会中，红旗社区支书彭泽嵘讲话内容。

保安 6 人，保洁 5 人。红旗小区共计 700 户，物业收费面积达 8.98 万平方米，预计年底收益 15 万余元[①]。

2. 商铺租赁

红旗社区"两委"研究后向上级部门申请，红旗小区后排门市与小区内车位已由马边县禾丰国有资产有限公司以整体出租方式租赁给红旗社区集体经济组织，租赁期暂定为 3 年，现由社区管理、出租，后排门市 2 228.64 平方米（含村民办"红白喜事" 257.66 平方米），车位 156 个，面积 6 633.18 平方米，预计 2023 年收益 8 万余元[②]。

3. 集贸市场

为保证集贸市场正常运营与健康发展，其采用多主体合作运营模式，即"红旗社区党支部+马边兴红企业管理服务有限公司+红旗社区股份经济合作社等 6 个经济合作社+入驻经营商户"[③]。具体来说，马边兴红企业管理服务有限公司（由红旗社区股份经济合作社注资）作为最大股东，占股 51%，统筹管理集贸市场。民建镇其余 6 个村（社区）股份经济合作社投资入股资金 122 万元，共占股 49%，参与集贸市场的经营管理[④]。集贸市场一楼为农贸市场，规划摊位 73 个，全年出租收入 24.24 万元。二楼打造大型生活超市，超市前三年预计年销售额 600 万元，年销售额毛利润为 120 万元[⑤]。集贸市场主打建立大型超市，为居民提供生活服务，目标年收入 500 万元。聘请运营团队进行超市的运营、筹备、商品招商等工作让超市走上正轨[⑥]。

红旗社区集体经济组织成立兴红公司，运营项目有效统筹各村的资源，实现抱团发展。其收益通过一定比例进行分配，更注重为社区成员创造良好

---

① 数据来源：《2023 年红旗社区集体经济收益分配方案（定版）》中红旗社区目前发展情况。
② 数据来源：《2023 年红旗社区集体经济收益分配方案（定版）》中红旗社区目前发展情况。
③ 数据来源：《红旗社区集贸市场建设运营方案》运营模式。
④ 数据来源：《红旗社区集贸市场建设运营方案》运营模式。
⑤ 数据来源：《红旗社区集贸市场建设运营方案》效益分析。
⑥ 数据来源：2023 年 7 月 28 日红旗社区调研座谈会中，红旗社区支书彭泽嵘讲话内容。

的发展环境。具体分配如下[①]：

（1）10%用于发展妇女、儿童、老年协会事业（主要是进行妇女权益保护、儿童权益保护以及妇女和儿童文化活动，老年协会活动的开展）。

（2）40%用于村级集体产业的再投入（如扩大规模、完善项目基础设施、其他项目投资等）。

（3）20%用于集体经济成员分红。

（4）20%用于村级办公经费、公共设施的建设与维护（环境卫生、安全、道路维护、水利设施看管维护工资等）。

（5）10%用于社区干部、社工等的奖金发放。

（6）经居民代表表决在人均500元以内不予分发，用于积分制奖励集体经济成员。

（三）劳动镇探索路径

劳动镇邻近城关镇，下辖12个村、90个村民小组，面积145平方千米，距离马边县县城5 000米，有较好的区位优势和产业基础。目前，村集体经济年收益10万元以上的村占比50%，村集体经济年收益30万元的有一个村，村集体经济年收益50万元的有一个村[②]。自脱贫攻坚以来，财政和各界的资金投入，使得集体经济发展产生了较好的经济效益和社会效益。一方面，村集体有增收；另一方面，提供了一些就业岗位，增加了群众收入。此外，集体经济收益一部分用于公益事业，增加了群众的获得感。

劳动镇集体经济的四种发展模式：入股分红、租赁出租、自主经营、合作经营。当前，劳动镇正在探索合作经营，把经营权交给市场主体，村集体主要负责管理监督[③]。此次调研，我们主要对以合作经营为主的柏香村和以

---

① 数据来源：《2023年红旗社区集体经济收益分配方案（定版）》中分配细则。

② 数据来源：2023年7月24日西南财经大学中国西部经济研究院来马边调研座谈会中，劳动镇发言人讲话内容。

③ 数据来源：2023年7月24日西南财经大学中国西部经济研究院来马边调研座谈会中，劳动镇发言人讲话内容。

自主经营为主的红椿村进行了深入了解。

1. 柏香村——合作经营为主

柏香村距离马边县县城 8 000 米，具有交通优势，是马边县唯一一个进行了三次产业融合发展的行政村①。柏香村从资源盘活和管理着手，村集体每月的收入为 5 000~6 000 元，优势是整合更多的资源（吸引大学生返乡且为村干部储备人才）、对集体经济的管理更加灵活（简化了一些手续）②。柏香村集体经济合作经营的主体主要为龙头企业、家庭农场和种植能人。

马边文彬茶业有限公司是村集体经济以土地入股的形式与当地龙头企业合作的村集体经济发展模式，建设了柏香村茶叶现代农业园区（以下简称"茶园"）。2009 年，茶园老板以 65 万元地租租下茶园，目前估值 2 000 万元，发展前景较为乐观。该茶园已经打造出了三星级园区，目前拥有智慧农业平台，实现了水肥一体化，并且可以通过现代设备远程操控，基本实现了现代化。茶园的发展方向是打造生态农旅结合，拓展三次产业融合。目前，该茶园主打茶叶的高端品牌，但由于当地茶产业没有抱团发展，各种品牌良莠不齐，并未形成知名品牌，后期发展需要注重品牌打造和质量提升③。

马边旺达种养殖家庭农场是村集体经济以土地和基础设施入股的形式与当地家庭农场合作的村集体经济发展模式。养殖场地由村集体出资建立在当地的坡地上，因为饲料主要是粮食，产出的有机蛋品质较高，价格比市场价稍高，每月收入能达到 5 000~6 000 元。该产业产品销路依靠政府部门等单位消费扶贫，鸡蛋销售没有进行市场化销售，未来自主发展存在一定困难④。其发展优势在于有利于资源整合、管理灵活。

高山草莓采摘园是村集体经济以土地和资金入股的形式与当地种植能人合作的村集体经济发展模式。18 亩的采摘园内种有草莓、火龙果、蓝莓、阳

---

① 数据来源：2023 年 7 月 25 日劳动镇柏香村调研座谈会中，第一书记曾誉讲话内容。
② 数据来源：2023 年 7 月 25 日劳动镇柏香村调研座谈会中，第一书记曾誉讲话内容。
③ 数据来源：2023 年 7 月 25 日劳动镇柏香村调研中，柏香村第一书记曾誉交流内容。
④ 数据来源：2023 年 7 月 25 日劳动镇柏香村调研中，柏香村第一书记曾誉交流内容。

光玫瑰葡萄等，为有机种植。采摘园每年只需要交给村集体 1.7 万元的土地流转费用，且发展第一年享受优惠。采摘园准备发展订单农业，草莓品质较好获得一定收益，未来尝试打造产学研发展和村民会员制购买①。

2. 红椿村——自主经营为主

红椿村位于马边河中游的西岸，面积 8 平方千米，距离马边县县城 4 000米，下辖 7 个村民小组，全村有 647 户、1 924 人。红椿村主要发展产业蜂糖李 600 亩，有年出栏 250 头肉牛的养殖场 1 个，茶叶 100 亩，无花果 15 亩。村内有专业合作社 5 家，专业大户 3 家，村民主要收入为务工收入②。红椿村集体经济主要发展的产业包括养牛、有机肥生产和蜂糖李种植，目前主要是由村"两委"直接管理，建立了由村干部领导、村民参与的生产经营队伍。部分集体经济资金还会用于资助当地贫困大学生以及支持大学生暑假在村委会实习③。

红椿村养牛场建于 2019 年，是由东西部协作资金投入 180 万元建成的一个面积 3 000 平方米，年出栏量 250 头肉牛的标准化养牛场。该养牛场于2019 年 8 月投入使用，2019 年投入 342.2 万元用于购牛和流动资金，其中贷款 200 万元、脱贫户产业发展金 58.2 万元、产业扶持资金 49 万元、补充资金 35 万元。2020 年，该养牛场出栏肉牛 116 头，收益 20.1 万元。2021 年，该养牛场出栏肉牛 170 头，收益 24.2 万元。2022 年，存栏肉牛 236 头，保底收益 42.48 万元，收购秸秆 1 800 吨④。养殖期间，5~6 人即可运作养牛场，基本实现了现代化养殖。同时，该养牛场在村里各农户家中收集秸秆用于喂牛，实现了农民增收。红椿村还有扩大养牛场规模的目标，在目前养牛场的旁边建立二期养牛工程，村支书对养牛产业的发展信心满满⑤。

---

① 数据来源：2023 年 7 月 25 日劳动镇柏香村调研中，柏香第一书记曾誉交流内容。
② 数据来源：劳动镇红椿村脱贫攻坚作战图。
③ 数据来源：2023 年 7 月 25 日劳动镇红椿村调研座谈会中，红椿村魏书记讲话内容。
④ 数据来源：马边兴椿畜禽养殖专业合作社简介。
⑤ 数据来源：2023 年 7 月 25 日劳动镇红椿村调研中，红椿村魏书记交流内容。

青山莲有机肥厂是红椿村依托财政资金 60 万元、自筹资金 20 万元从私人手中盘下的[①]。该有机肥厂主要利用的原料是旁边的养牛场的牛粪。经过高温灭菌搅拌腐熟等工序，即可制成用于售卖的有机肥。该有机肥厂还为附近的蜂糖李产业提供了天然的有机肥，进一步降低了成本，实现了良性循环。该有机肥厂 2022 年生产了有机肥 250 吨，每吨利润 350 元，2022 年保底收益 8 万元。该有机肥厂的成本较低，生产利润大，有较大的发展空间。

红椿李子园面积 600 亩，李子质量较高，能卖到 180 元/箱。2019 年，红椿村发动村民种植蜂糖李，由村集体经济带头，全村 100 多户种下 600 多亩蜂糖李。2023 年，红椿村的蜂糖李全面挂果，产量达 3 万千克。红椿村的地理条件适合蜂糖李生长，加上使用村里生产的牛粪有机肥种植，红椿村的蜂糖李酥脆爽口、皮薄汁多、味甘如蜜。2023 年 6 月，李子成熟，劳动镇干部群众齐心协力多渠道推广，优良的品质吸引了不少客商，蜂糖李卖得很好，均价在 6 元/千克，产值超过 80 万元，村集体经济增收 12 万元。

（四）小结

我们从三个镇的村集体经济发展路径可以发现：第一，成立强村公司能够统筹各村资源，促进集体经济共同发展。苋坝镇和民建镇均成立了强村公司——荞小二和兴红公司，并充分发挥了其优势。强村公司的成立充分整合了各村的村集体经济资产，大大缓解了有能力的村但没有发展产业资金、有发展产业资金却没有发展方法的矛盾。第二，注重为成员提供良好的发展环境，更能推动成员内生性发展。荞小二注重为成员提供社会化服务，劳动镇柏香村和兴红公司注重完善基础设施建设。与收益直接分红相比，这样做可以为成员提供良好的发展环境，更能推动成员的内生性发展。第三，将发展经济的运营管理权交给更加专业的人，是新型农村集体经济未来的发展方向。当前，新型农村集体经济在发展过程中存在政经任务混乱的问题，而将发展

[①] 数据来源：马边兴椿畜禽养殖专业合作社简介。

经济的运营管理权交给更加专业的人，是实现政经分离的有效途径。通过对比劳动镇柏香村和红椿村集体经济的发展模式可以发现，柏香村的集体经济发展风险更低、更加稳定。柏香村集体经济通过合作经营的方式，将经营管理权交给专业人员，避免了政府人员不善处理经济运营管理方面的问题。红椿村集体经济主要是由村委自主经营，一方面，村委会干部既要做好本职工作，又要承担产业发展的相关责任，工作量明显超额，并且一般没有额外补贴，导致发展村集体经济的积极性不高；另一方面，村委会干部缺乏经济头脑，不善于产业的运营管理，发展产业有一定风险。红椿村村支书也强调，把产业发展的经营管理权交给专业的人是红椿村集体经济发展的规划之一。

四、面临困境

（一）管理人员权责不清晰

一是村"两委"班子既要承担集体经济的政治任务，又要承担集体经济的经济任务，造成村"两委"班子工作压力较大。在红椿村集体经济发展中，这个问题尤其严重。在蜂糖李成熟期间，为免错过李子最佳收获期，村委干部经常需要加班至凌晨①。

二是管理人员只拿行政工资，激励不足。《四川省集体经济管理条例》未明确规定村干部在集体经济组织中的兼职情况及报酬，并且由于投资周期长、资金回报率小，导致村干部积极性受影响②。

（二）资源整合难度大

一是资金使用的局限性大。例如，民建镇村集体经济在发展过程中，产业发展资金不能用于龙桥夜市项目的发展，只能滞留在账上，导致集体经济

---

① 资料来源：2023 年 7 月 25 日劳动镇红椿村调研座谈会中，红椿村魏书记讲话内容。

② 资料来源：2023 年 7 月 24 日西南财经大学中国西部经济研究院来马边调研座谈会中，荍坝镇镇长徐亚雄讲话内容。

发展的方式较为单一，产业资金未有效使用[①]。

二是闲置资产产权管理不够明晰。例如，乡镇的医院、学校、办公场所等闲置较多[②]，集体经济发展失败的项目较多。这些资源由于产权归为国有资产还是村集体经济资产没有明确界定，导致使用申请难度大，耗费时间长[③]。

三是各村独立发展。各村之间联系较少，有的村之间基本没有联系。脱贫村有 85 万元的村集体经济发展资金，非贫困村有 25 万元的村集体经济发展资金，经济发展较好的村（社区）只有 10 万元的村集体经济发展资金。资金不同，各村集体经济发展产生的效益不同，导致各村发展项目难度较大。有的村没项目却有资源资金，如民建镇兴隆村；而有的村有项目却没有资源资金，如民建镇红旗社区。

（三）人才匮乏

一是缺乏有能力的领导班子。之前村干部的选择标准是威望高、能够解决纠纷的人，但其往往缺乏搞活经济、带头致富的能力。村干部学历普遍不高，114 个行政村（社区）中，有大学学历的村支书有 10 人，大专学历的村支书有 49 人；在其他村干部中，大专及以上学历只占比 28.7%。村干部整体年龄偏大，村支书的年龄在 44 岁左右，其他村干部的年龄在 42 岁左右[④]。这些人员普遍缺乏企业管理的经验及对市场的把控能力。

二是缺乏一心为公的致富带头人。各村普遍缺乏懂生产、会经营的人

---

① 资料来源：2023 年 7 月 24 日西南财经大学中国西部经济研究院来马边调研座谈会中，民建镇镇长讲话内容。

② 资料来源：2023 年 7 月 24 日西南财经大学中国西部经济研究院来马边调研座谈会中，马边县农业农村局发言人讲话内容。

③ 资料来源：2023 年 7 月 24 日西南财经大学中国西部经济研究院来马边调研座谈会中，民建镇镇长讲话内容。

④ 资料来源：2023 年 7 月 24 日西南财经大学中国西部经济研究院来马边调研座谈会中，马边县委组织部发言人讲话内容。

才①。务工收入是马边县农民的主要来源，有能力的青年人大多选择外出务工，能参与到村集体经济发展的人员较少。有能力的致富带头人缺乏一心为集体经济发展的责任心，甚至有人获得利益后离开，给村集体留下一系列问题②。

（四）发展模式比较单一

马边县集体经济的发展主要以农业为主、入股为主。问卷调查数据显示，仅用于入股分红发展村集体经济的资金就达到了 4 575 万元，在马边县已使用的产业发展资金中占比 49.3%。一方面，由于涉农资金及各类其他产业项目投入形成的分红比较高，大部分村集体经济发展都采用入股形式；另一方面，包括村干部在内的农户对村集体经济认知不足，对其发展模式更是知之甚少，难以提出适合当地发展的模式或产业。

五、对策建议

（一）推动集体经济运营机制改革

一是明晰管理人员职责，政治功能与经济功能分离。村"两委"班子发展集体经济应该以政治任务为主，经济任务为辅，大力发展村中基础设施建设、社会化服务等。村集体经济应充分发挥辐射带动作用，充分激发农户内生性发展动力。经济方面的运营指标应交给专人去做，充分提高村集体经济发展效率。

二是制定专项奖励机制。一方面，上级相关规定中应增加管理人员发展村集体经济的激励比例，并设定一个基础工资，提高发展村集体经济的积极性；另一方面，上级部门应将发展村集体经济成效纳入干部晋升考量指标，

---

① 资料来源：2023 年 7 月 24 日西南财经大学中国西部经济研究院来马边调研座谈会中，荣丁镇发言人讲话内容。

② 资料来源：2023 年 7 月 24 日西南财经大学中国西部经济研究院来马边调研座谈会中，民建镇镇长讲话内容。

提升村集体经济发展的重要性。

（二）盘活村中闲置资产

一是调整资金管理办法。一方面，上级部门和各村应改革村集体经济资产管理办法，减少村集体经济资金使用的限制，发展壮大村集体经济的方法都值得去投入和尝试；另一方面，上级部门和各村应增加对村集体经济资产去向的监测，以防止相关人员利用政策钻空子，损害集体利益。

二是明晰村中闲置资产的产权。目前，我们已进入乡村全面振兴新时期，可以调整脱贫攻坚期间的资金管理办法。闲置的办公用房、老教室、厂房、仓库等，符合规定的应按照程序准备划分到村集体进行统一经营管理，以发展休闲农业、乡村旅游等，以此增加村集体经营收入[①]。

三是各村资源联合发展。各村应利用村集体全资，或者和其他企业（包括央企、国企、民企）合资成立市场化的有限责任公司，依托本地资产资源，采取入股、资产托管、租赁、承包经营等模式，同社会资本合作，围绕资源开发、乡村服务、产业发展、资产盘活、主体带动等发展农业产业、乡村旅游等[②]。

（三）加强人才队伍建设

一是健全基层管理人员的引才育才机制。一方面，上级部门和各村应增加基层人员的福利待遇，吸引有知识、有文化、有经验的大学生返乡创业，推动家乡实现乡村振兴；另一方面，上级部门和各村应鼓励大学生通过发展致富项目、优化农村产业结构、拓展销售渠道等促进村集体经济发展[③]。

二是加对强留守村民的培训。上级部门和各村应通过组织开展现代农业

---

① 资料来源：2023 年 7 月 24 日西南财经大学中国西部经济研究院来马边调研座谈会中，马边县农业农村局发言人讲话内容。

② 资料来源：2023 年 7 月 24 日西南财经大学中国西部经济研究院来马边调研座谈会中，马边县农业农村局发言人讲话内容。

③ 郑世忠，谭前进，赵万里. 辽东山区新型农村集体经济可持续发展研究［J］. 农业现代化研究，2023，44（2）：285-294.

的生产培训，积极与科研院所和龙头企业合作，引进先进的管理团队。各村可以对村集体经济进行托管，请专业的人做专业的事，村"两委"主要负责协调相关资源，配合相关工作，同时参与一定管理和监督，以保证村集体的收益①。

（四）鼓励发展多种集体经济形式

一是鼓励发展服务经济。村级集体经济组织可以领办、创办社会化的服务组织，发展农业生产的托管、代耕、代种、代收、集中运输、冷链物流、统购统销、电子商务等，包括创立综合合作社等②。

二是发展旅游经济。马边县有很多优质的历史景观、民俗景观、自然景观。马边县应鼓励村集体经济领办、创办乡村产业的经济实体，包括休闲农庄、乡村民俗体验园、采摘园等项目③。

三是因地制宜做好产业引领。一方面，针对本地的农业产业，如猕猴桃、梯田等，马边县应进行深度融合，村集体经济发展农旅融合；另一方面，马边县应指导村集体经济参与绿色农业发展，如有机肥生产（废弃的秸秆和养殖废弃物）、高山蔬菜分解运置、秸秆综合利用等④。

---

① 资料来源：2023 年 7 月 24 日西南财经大学中国西部经济研究院来马边调研座谈会中，荣丁镇发言人讲话内容。

② 资料来源：2023 年 7 月 24 日西南财经大学中国西部经济研究院来马边调研座谈会中，马边县农业农村局发言人讲话内容。

③ 资料来源：2023 年 7 月 24 日西南财经大学中国西部经济研究院来马边调研座谈会中，马边县农业农村局发言人讲话内容。

④ 资料来源：2023 年 7 月 24 日西南财经大学中国西部经济研究院来马边调研座谈会中，荣丁镇发言人讲话内容。

中江县新型农村集体经济发展蹲点调研报告

　　党的二十大报告提出："巩固和完善农村基本经营制度，发展新型农村集体经济，发展新型农业经营主体和社会化服务，发展农业适度规模经营。"为深入学习贯彻习近平新时代中国特色社会主义思想和党的二十大精神，扎实开展推进主题教育，加强乡村振兴博士服务站建设和乡村振兴高层次人才培养，本调研组在德阳市中江县开展新型农村集体经济发展蹲点调研。中江县是全国"双百人物"、抗美援朝特级英雄黄继光的故乡，粮食总产量连续 16 年稳居四川省第一名，油料产量、生猪出栏长期保持四川省前三名，是名副其实的农业大县、产粮大县，先后两次被农业农村部授予"全国粮食生产先进县标兵"、10 次被授予"全国粮食生产先进县"，6 次荣获四川省粮食生产丰收杯奖。2021 年，中江县成功入选全国首批 100 个农业现代化示范区创建名单。本次调研通过观察中江县新型农村集体经济组织的工作特色、主要做法，总结经验启示，查找问题难题，以期为推动中江县新型农村集体经济组织高质量发展提出对策建议。

　　调研于 2023 年 7 月 26 日到 8 月 2 日开展，为期 8 天。调研过程如下：一是在德阳市中江县农业农村局、中江县乡村振兴局、中江县发展和改革委员会等部门召开调研座谈会，得到中江县政府各职能部门关于新型农村集体经济、农业经济尤其是粮食生产的基本情况、工作动态和统计数据；二是在永太镇石狮村、高坝村、多宝村和东北镇觉慧村等地深入调研与实地走访，观察和搜集中江县新型农村集体经济的组织建设、经营状况、日常管理、资产负债等情况；三是对各村村委和村民开展问卷访谈，完成新型农村集体经济访谈问卷和村民访谈问卷。

一、基本情况

（一）自然地理条件

中江县位于四川盆地西北部、川中丘陵地带，属于亚热带湿润季风气候，全县地域呈狭长带状分布，南北长110千米，东西宽20~30千米。中江县东邻绵阳市三台县，南达遂宁市蓬溪县、资阳市乐至县，西接成都市金堂县、广汉市，北邻德阳市罗江区、绵阳市涪城区。中江县县城距德阳市37千米，距绵阳市51千米，距成都市66千米，中金快速通道、国道G350、国道G245、成南高速、成巴高速、成都经济区环线高速、遂德高速穿境而过，通过境内的轨道为成达铁路，交通便利。中江县总面积为2 200平方千米，绝大部分地区海拔在500~600米，丘陵、低山、平坝的占比分别为77%、17%和6%。中江县建有黄继光纪念馆，并以英雄的名字命名了继光镇和继光水库，红色旅游资源丰富、氛围浓厚。加上"中国挂面村"等其他旅游资源，吸引众多游客，为中江县新型农村集体经济的发展提供了有利条件。

（二）社会经济发展情况

中江县隶属于四川省德阳市，2019年行政区划调整前下辖29个镇、16个乡、760个村，调整后下辖26个镇、4个乡、522个村（社区），成立了436个村级集体经济组织，实现了所有行政村的全覆盖。2022年年底，中江县户籍人口为134.9万人，常住人口为94.9万人。常住人口中城镇人口为41.4万人，乡村人口为53.5万人，占比分别为43.6%和56.4%。2022年，中江县城镇居民人均可支配收入为40 413元，同比增长5.8%；农村居民人均可支配收入为19 781元，同比增长6.8%。经过产业结构的不断优化调整，2022年，中江县三次产业构成比例为22.8∶38.8∶38.4，与上一年相比，第二产业和第三产业的比重分别上升了 0.5 个百分点和 0.1 个百分点,第一产业的比重下降了 0.6 个百分点。2022 年,中江县地区生产总值为 439.2 亿元,其中第一产业 100.2 亿元,第二产业 170.4 亿元,第三产业 168.6 亿元。

如图 1 所示,通过对比梳理中江县与四川省以及全国的人均地区生产总值可以看出,虽然中江县总体上呈现了增长的趋势,但实际数值和增长速度都远远低于全国乃至四川省的平均水平。如图 2 所示,2018—2022 年,中江县城乡居民人均可支配收入虽然呈现增长态势,但涨幅不大,远低于四川省和全国的平均水平,差距较大。

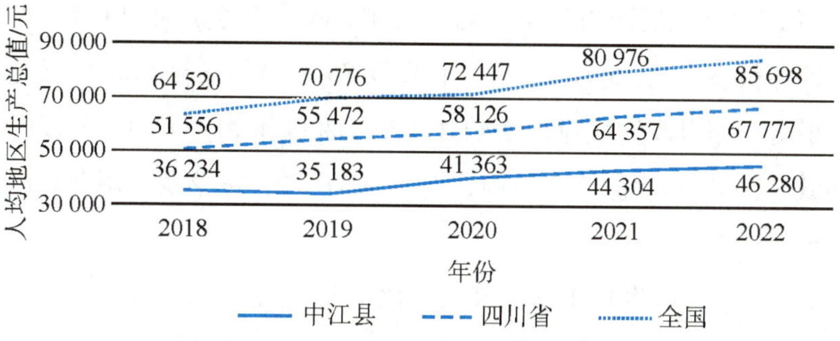

图 1 中江县人均地区生产总值与四川省和全国的比较(2018—2022 年)

数据来源:中江县 2018—2022 年国民经济和社会发展公报。

图 2 中江县城乡居民人均可支配收入与四川省和全国的比较(2018—2022 年)

数据来源:中江县 2018—2022 年国民经济和社会发展公报。

（三）农林牧渔业生产经营情况

2022 年，中江县的农业生产稳定发展，农村经济运行平稳。2022 年，中江县农林牧渔业总产值达到 169.8 亿元，比上年增长 4.4%。其中，农业产值 91.9 亿元，增长 4.7%；林业产值 6.5 亿元，增长 7.2%；牧业产值 65.0 亿元，增长 3.8%；渔业产值 2.6 亿元，增长 6.1%；农林牧渔专业及辅助性活动产值 3.8 亿元，增长 4.0%。

2022 年，中江县粮食农作物播种面积 324.3 万亩，比上年增长 3.6%。其中，粮食播种面积 221 万亩，增长 2.0%。全年粮食产量 80.3 万吨，比上年下降 2.4%，但仍稳居四川省第一名。其中，小春粮食产量 14.8 万吨，增长 1.4%；大春粮食产量 65.5 万吨，下降 3.3%；稻谷产量 22.6 万吨，下降 0.2%；小麦产量 12.5 万吨，增长 1.1%；油料作物产量 14.5 万吨，增长 8.8%（其中油菜籽产量 11.1 万吨，增长 10.1%）；蔬菜及食用菌总产量 49.9 万吨，增长 4.0%。

畜牧业全年出栏生猪 116.0 万头，比上年增长 4.9%；出栏牛 3.8 万头，增长 4.4%；出栏羊 18.0 万头，增长 3.4%；出栏小家禽 2 213 万只，增长 1.6%。肉类总产量 14.0 万吨，增长 4.1%。其中，猪肉产量 8.4 万吨，增长 5.8%；牛肉产量 0.5 万吨，增长 4.5%；羊肉产量 0.3 万吨，增长 3.6%；禽肉产量 3.8 万吨，增长 1.2%。禽蛋产量 5.5 万吨，增长 4.1%。年末生猪存栏 63.2 万头，下降 1.9%。

2022 年年末，中江县耕地面积 142.1 万亩，有效灌溉面积 83.0 万亩，农用机械总动力 66.2 万千瓦。2023 年，中江县完成小春播种面积 49.2 万亩，平均单产 315.3 千克，总产量 15.5 万吨，增长 4.7%；大春播种面积 172.8 万亩，平均单产 396.5 千克，总产量 68.5 万吨，增长 4.5%。

二、中江县新型农村集体经济发展的主要做法与成效

2016 年以来，中江县对村级领导班子进行了选优配强调整，建好党支

部、培育好带头人，紧紧抓牢脱贫攻坚机遇，充分发挥中央、四川省和德阳市各级扶持村集体经济发展资金作用，主动实施农村"三变"改革，探索实践自主发展型、抱团发展型、资源开发型、物业经营型、资产盘活型"五大模式"，建立流转土地收租金、务工就业挣薪金、入股分红获股金、委托经营拿酬金、集体反哺得先现金的"五金"利益联结机制，不断发展壮大农村集体经济。2022 年，中江县村集体经济收入总额 3 376 万元，同比增长 49%，其中收入在 100 万元以上的村 3 个，20 万~100 万元的村 16 个，10 万~20 万元的村 71 个，5 万~10 万元的村 121 个。中江县主要有以下做法：

（一）出台扶持政策，支持村集体经济健康发展

近年来，新型农村集体经济的发展壮大得到了中江县的高度重视，相关的配套政策和文件陆续制定并出台（见表1），中江县运用了较多有效措施来壮大集体经济。针对村集体经济组织缺乏领头羊和组织者的问题，中江县委组织部、中江县财政局和中江县农业农村局联合印发出台了《中江县激励村组干部发展村级集体经济暂行办法》，明确提出了选任政治素养高、工作能力强的村组干部进入村级集体经济组织任职，明确最高可用集体经济年纯收益的 20%作为村组干部激励报酬，将村集体经济发展情况纳入各单位目标绩效考核、抓党建述职评议考核、乡村振兴先进考核、评先评优的重点内容，完善了对村组干部的激励政策和监管机制，激发了村干部发展动力的同时又加强了约束监管，促进新型农村集体经济良性发展。

表1　各级政府发展新型农村集体经济相关政策文件

年份	发文机关	政策名称
2017	中共中央组织部、财政部、农业农村部	《关于坚持和加强农村基层党组织领导扶持壮大村级集体经济的通知》

表1（续）

年份	发文机关	政策名称
2020	中江县委组织部、中江县财政局、中江县农业农村局	《中江县激励村组干部发展村级集体经济暂行办法》
	中江县委组织部、中江县财政局、中江县农业农村局	《中江县扶持壮大村级集体经济发展项目管理暂行办法》
2021	四川省人大常委会	《四川省农村集体经济组织条例》
	德阳市农业农村局、德阳市委组织部、德阳市民政局	《关于开展村集体经济组织"七规范"行动的通知》
	德阳市政府办公室	《德阳市加快新型农村集体经济高质量发展二十条措施（试行）》
2022	中江县委组织部、中江县财政局、中江县农业农村局、中江县乡村振兴局	《中江县加快新型农村集体经济高质量发展的若干措施（试行）》

在经营风险防范上，中江县贯彻落实《四川省农村集体经济组织条例》，指导农村集体经济组织发展新型农村集体经济要坚持量力而行，开展市场经营活动应当通过合同、章程、协议等方式控制经营风险，要求乡镇人民政府要对农村集体经济组织的投资规模和经营性债务规模加强监控和提示。

就实施扶持壮大新型农村集体经济项目的问题，中江县委组织部、中江县财政局和中江县农业农村局联合出台了《中江县扶持壮大村级集体经济发展项目管理暂行办法》，明确了项目申报程序，强化了项目过程管理，确保了项目产生效益，提高了农村集体经济组织自我发展、自我服务、自我管理能力和水平，实现了村集体经济和农村经济社会共同发展、农民共同富裕。

针对新型农村集体经济自身"造血"功能不强、农村集体经济发展缺乏长效机制的问题，中江县委组织部、中江县财政局、中江县农业农村局和中江县乡村振兴局联合出台了《中江县加快新型农村集体经济高质量发展的若干措施（试行）》，从资金、项目、土地、税费以及金融等方面大力支持中江县新型农村集体经济的发展壮大，持续增强发展后劲。

（二）专题部署研究，加大财政和项目扶持力度

为了扶持壮大新型农村集体经济，中江县多次专题研究部署措施，大力解决新型农村集体经济的发展难题。一是定期组织召开中江县发展壮大村集体经济联席会议。近年来，中江县每季度对全县村集体经济发展情况、存在的问题等至少研究一次，会议由中江县委组织部牵头，中江县财政局、中江县农业农村局等13个联席会议成员单位和30个乡镇分管领导参加。会议学习传达2022年四川省发展新型农村集体经济工作推进视频会议精神，学习借鉴四川省新型农村集体经济发展十大优秀案例以及西昌市等地区的新型农村集体经济发展经验做法，研究制定中江县村集体经济发展规划，明确发展目标和推进措施。

二是不断加大财政投入和项目扶持力度，为村集体经济发展提供坚实保障。中江县财政每年安排不低于500万元的专项资金用于支持村集体经济发展，并向乡村振兴重点帮扶村倾斜。德阳市财政每年安排1 000万元用于进行相关激励奖补。中江县共实施城乡建设用地增减挂钩项目29个，产生节余指标4 332.38亩。按照城乡建设用地增减挂钩项目有关规定，项目区将按不低于30%的标准预留指标给村社，村社可以依托预留指标优先满足村民修建住宅，剩余部分可以用于完善公共设施和公益设施、与乡村振兴相衔接的三次产业融合发展项目用地，发展壮大集体经济。中江县将增减挂钩节余指标收益分年度逐年投向农业农村，用于支持农业农村发展和改善农民生产生活条件。2023年，中江县计划投入资金1.2亿元，重点倾斜于农村道路、农用地整治、农文旅融合发展等契合农民切身利益的项目。2023年，中江县计划新建农村道路500余千米，进行土地整理、旱改水等项目16 000余亩，开展农文旅项目近50个。

中江县紧密围绕县委、县政府确定的现代农业"2+2"产业体系，以全力创建国家农业现代化示范区为契机，以五大园区为载体，引领带动所涉村

集体经济发展，对历年中央、四川省扶持村集体经济项目进行指导和规划，积极建设中央、四川省扶持村集体经济扶持项目45个，选定9个村作为县级资金扶持重点村，通过注入集体资金，做大做强产业链条，以点带面，持续推动中江县新型农村集体经济发展，巩固提升效益、扩大生产规模，示范带动周边村集体经济发展壮大，进一步增强农村自我造血功能和服务群众能力，进一步提升农村基层党组织的组织力、凝聚力、战斗力，形成"双促进"的良好态势。

中江县严格落实《中江县扶持壮大村级集体经济发展项目资金管理办法》，明确资金使用管理和监督管理相关要求，规定资金用途和拨付程序，对集体资产及时入账，强化部门联合检查，全面落实公开公示制度，接受社会和群众的监督，严格考评制度，进一步管好用好村集体经济发展资金，规范项目管理，提高资金使用率和回报率。

（三）强化贯彻落实，创新村集体经济发展模式

一是中江县印发《中江县贯彻落实〈四川省农村集体经济组织条例〉实施方案》。截至2023年5月，中江县已开展《四川省农村集体经济组织条例》培训会、解读学习会五次，培训1 330余人次，发放条例单行本、宣传手册以及宣传折页3万余份，规范建立农村集体经济组织，完善组织法人治理机制，夯实集体经济发展基础，以发展新型农村集体经济推动乡村振兴。中江县印发《中江县农业农村局 中共中江县委组织部 中江县民政局关于转发〈德阳市农业农村局 中共德阳市委组织部 德阳市民政局关于开展农村集体经济组织"七规范"行动的通知〉的通知》，组织开展村集体经济组织"七规范"行动，按照"五个一"标准，进一步完善组织法人治理机制，健全集体经济组织运行机制，中江县已进行登记赋码的集体经济组织有451个，其中村级（含涉农社区）444个、乡镇级3个、组级4个，均规范有序运行，夯实了集体经济发展基础。

二是2022年中江县组织召开发展壮大村集体经济"五种模式"推介会，

发布《中江县关于支持农村集体经济高质量发展的十二条政策措施》，从各县级相关部门和乡镇抽调骨干力量 222 人成立中江县发展壮大村集体经济服务团，为村集体经济发展提供技术指导、智力支持、做好服务和提供保障，同时推介中江县发展壮大村集体经济"五种模式"。中江县坚持做好规划统筹，实现全县"一盘棋谋划、多点化发展"，立足本地资源禀赋，着眼特色资源优势，多渠道多形式探索发展路子，因地制宜，一村一策发展村集体经济，避免同质化竞争，确保项目能够发挥效益，促进村集体经济全面协调发展。

（四）推进"三变"改革，加强对农村集体资产监管

一是全面深化改革，明晰农村集体资产归属。农村"三变"改革是指通过"资源变资产、资金变股金、农民变股东"的模式，大力增强新型农村集体经济实力，拓宽农民增收致富渠道。中江县聘请全国"三农"专家卢水生到永太镇石狮村等 6 个县级试点村开展农村"三变"改革宣讲会；组建"三变"改革工作队，细化方案研究，重点开展石狮村、小桥村试点村改革工作；召开镇村两级动员会、推进会、坝坝会等 40 余场，多方位宣传农村"三变"改革；积极稳妥推进人员身份确认、股权量化、清产核资、搭建数字大平台等工作，规范化、程序化、制度化推进改革工作，为实现分红目标任务奠定了坚实基础。中江县印发《中江县农村集体产权制度改革工作方案》，有序开展集体资产清产核资、成员身份确认、股份量化和登记赋码工作，制定章程，建立"三会"制度，并全面开展"回头看"工作。中江县重点对集体经济组织成员进行查重、核实和完善，防止成员确认出现"两头占"或"两头空"等情况。截至 2022 年年底，中江县在产权管理系统中筛查出 8 659 名重复成员，已核对并向省外发出 1 584 名、向省内发出 5 736 份成员重复核查函，已完成 740 名重复成员的核查工作。

二是加强资产监督，保障农村集体资产安全。中江县用好信息化监管平台，发挥德阳市"三农"服务平台作用，探索推行非现金结算，推进集体经

济组织和村民委员会账务分设，坚持上墙公开和网上公开相结合，对农村集体经济组织财务收支和重大经济活动进行及时、全面公开，接受群众监督。中江县加强项目资金管理，印发《中江县扶持壮大村级集体经济发展项目资金管理暂行办法》，确保项目资金使用规范，发挥效益。中江县规范资产市场化流转交易行为，印发《中江县鼓励和引导农村产权入场流转交易办法》和《中江县农村产权流转体系建设实施方案》，进一步鼓励和引导各类农村产权入场流转交易，充分发挥农交所平台作用，规范流转交易行为，促进生产要素在城乡之间规范流动。

三、中江县新型农村集体经济发展存在的问题难题

近年来，中江县新型农村集体经济发展突飞猛进，村容村貌焕然一新，农民收入显著提高。2022 年，中江县 436 个行政村的村集体经济组织实现全覆盖，所有村集体经济组织都取得了经营性收益，并涌现了一批党建强村、工业兴村、产业富村的先进典型，其中永太镇石狮村、东北镇觉慧村等已经成为中江县乃至德阳市、四川省发展新型农村集体经济的模范典型。虽然中江县已经取得比较不错的成绩，但仍然面临发展问题难题，新型农村集体经济发展任重道远。

（一）村集体经济基础薄弱，不同地区发展不平衡

从农业经营现状上看，中江县新型农村集体经济发展经济基础薄弱，"多而不强"。中江县大多数农村集体经济组织收入不高，资产积累较少。许多村庄除少量没有承包出去的集体土地外，可用的资源资产很少，经营性收入很低。2022 年，在中江县 436 个行政村中，所有村集体都有经营性收入，村集体经济经营性收入在 1 万元以下的村有 33 个，占总数的 7.57%；收入在 1 万~5 万元的村有 192 个，占总数的 44.04%；收入在 5 万~10 万元的村有 121 个，占总数的 27.75%；收入在 10 万~50 万元的村有 85 个，收入在 50 万~100万元的村有 2 个，收入在 100 万元以上的村有 3 个（见表2）。资产

积累主要是固定资产积累，其中固定资产大部分是非经营性资产，如村委会大楼、提灌站、学校等，难以形成资本。根据中江县农业农村局数据，2022年，中江县村集体经营性总资产为 3.52 亿元，村均集体资产仅有 80.73 万元，远低于全国村均 816.4 万元的水平。

表2　2022 年中江县村集体经济经营性收入情况

项目	1 万元以下	1 万~5 万元	5 万~10 万元	10 万~50 万元	50 万~100 万元	100 万元以上
村数/个	33	192	121	85	2	3
占比/%	7.57	44.04	27.75	19.50	0.46	0.67

数据来源：中江县农业农村局。

农村集体经济组织发展不平衡。中江县地域呈狭长带状分布，南北长达110 千米，村庄（不含社区）数量高达 436 个。由于各村地理位置、资源条件、集体经济基础等因素有所不同，村庄之间新型集体经济发展存在着较大差异。例如，距离成都都市圈环线高速公路金堂县竹篙新城收费站不到 10 千米的冯店镇李都村仅集体经营性资产就达到了 660 万元，占全县的 1.88%，2022 年村集体经济收入突破 38 万元；而资源匮乏的冯店镇妙丰村集体经济经营性收入仅有 200 元，两村同属冯店镇，但形成了鲜明对比，体现出中江县集体经济发展呈现两极分化趋势，收入差距悬殊。

村集体经济收入来源单一。万福镇长征村、继光镇袁家桥村、黄鹿镇思源村等 52 个村没有经营性资产，占总行政村的 11.93%。虽然各村都有集体经济收入，但大多数是靠入股分红，经营性收入不多，抵御风险的能力还比较脆弱。少数保留有集体积累和生产资料的农村集体经济组织主要以发包林地、土地、水面、自然景观等租赁性收入和土地征用后的补偿性收入为主，集体资产利用率过低，村级企业不多。个别村缺乏长远规划和思路，缺乏具有"造血"功能的集体经济项目，造成后期无资源可开发利用的被动局面，严重影响了村级集体经济组织的发展。

（二）村干部发展动力不足，群众参与积极性不高

从村干部和普通群众的参与情况来看，一些参与主体对发展壮大村集体经济的重要性认识不足，导致其在全国上下大力推进乡村振兴的历史机遇面前犹豫不前。加之部分村干部的综合能力弱，不仅缺乏敢想敢干、开拓创新的魄力，还没有较强的管理知识和经验。这些因素在很大程度上阻碍了新型农村集体经济组织的决策和行动倾向。

一是"领头雁"作用发挥较差，对新型农村集体经济发展重视不够。中江县政府各职能部门在组织领导、风险防范、项目管理、激励配套等方面出台了一系列政策文件，但部分村干部由于思想、精力、能力等原因，发展村集体经济的内生动力不足。

二是发展村集体经济的主观能动性不强。一些村干部对农村集体经济组织发展存在着认识模糊、理解片面等问题，对村集体经济发展的重要性认识不到位。部分村干部存在着被动应付的现象，遇事推诿怕难，存在着"求稳怕进"的消极思想，缺乏为集体谋划的责任感，提及发展便过分强调缺乏资金、人才、技术等客观条件，不能立足已有的土地、资源等优势发展产业，对集体经济的发展信心不足、发展方法不够，不愿意承担经营风险，缺乏工作的主动性和创造性。

三是村集体经济自主发展权利受限。我们通过对村干部的访谈得知，在中江县新型农村集体经济发展过程中，村庄的自主发展权利会受到上级乡镇政府的限制，镇政府会规定各村"选择什么产业，如何使用资金，如何分配利润"。有的村干部认为："村委会不是政府，不存在实权，项目建设、资金使用、利润分配等都是由上级政府决定，村委只能执行决策。"这造成了某些村干部对农村集体经济组织发展缺乏主动性、积极性。

四是农民群众合作意愿不强。笔者调研发现，在中江县新型农村集体经济发展过程中，部分村民错误地将新型农村集体经济与传统农村集体经济画等号，认为会重新走上"吃大锅饭"的老路，对村集体流转自己承包的土地

感到忧心忡忡，合作意愿自然也不强。现有大部分集体经济组织效益不高，能够提供的集体福利主要是减免医保和水费、发放节日礼品等有限的形式，无力为村民提供涉农生产生活的福利补贴，在提高农民收入方面的效果不明显。中江县某政府工作人员谈道："目前在实际工作中，不管是发展农村集体经济组织或者其他工作，农户表现出的是漠不关心的态度，只有在发钱等关系他们切身利益的事情上，他们才有积极性。"

（三）村集体经济资金短缺，缺乏有力的金融支持

一是涉农资金投入相对不足、农业基础设施较为落后。尽管各级地方政府都在积极加大对农业领域的投资，但中江县是四川省第一产粮大县和百万人口大县，全县现有耕地 142.5 万亩，其中永久基本农田 129.1 万亩，耕地保护目标面积 137.6 万亩，农业资金需求巨大。2023 年，中江县获得中央财政常规产粮大县奖励资金 5 286 万元，其中 1 890 万元用于高标准农田建设，1 196 万元用于现代农业园区建设，2 000 万元用于水利设施建设。资金总体来看不少，但这些财政资金对于规模庞大的中江县而言，可以说是杯水车薪。农村基础设施落后、农业抵御自然灾害的能力较弱，影响农村集体经济组织经营性收入。

二是集体经济发展主要依靠"僧多粥少"的财政补贴，发展条件差的农村集体经济组织引进项目更为困难。中江县财政资金投入有限，2021 年一共只投入了 180 万元用于 9 个集体经济扶持试点村建设，并且政府项目资金过于集中在发展得比较好的"明星村"身上。10 个村进入了中江县村集体经济扶持村名单，永太镇石狮村单独拿到了 100 万元的集体经济发展补助项目资金。然而大多数地理条件和经济条件较差的农村集体经济组织，除得到保障办公等基本开支的财政转移支付外，没有得到农村集体经济组织产业发展资金，这些村集体经济发展缓慢。反过来，这些羸弱的农村集体经济组织的管理水平和项目运行能力又难以达到产业项目引进的条件，形成恶性循环。

三是银行贷款等融资渠道不畅通。农村集体经济组织规模偏小、产权单

一、经营规模和市场竞争力不足，这种弱势状态制约了农村集体经济组织从正规金融机构获得资金支持，获得的贷款除基础利息外还有额外的服务费用。截至 2023 年 8 月底，仅有永太镇小桥村从中国建设银行获得了中江县首笔村集体经济发展贷款，该贷款由四川省农业融资担保公司德阳分公司中江办事处提供担保服务，并在基本利息的基础上加收 1% 的服务费用。

但是，东北镇觉慧村新型农村集体经济组织融资渠道通畅，各大银行授信 500 万元，可用信用总额度 3 000 万元以上；挂面村招商引资达 3.2 亿元。发展条件好、发展成效明显的新型农村集体经济组织在项目引进、融资等方面不存在困难。反之，发展条件差、发展成效不显著的新型农村集体经济组织很难获得低成本的资金支持和产业项目，进一步限制了集体经济组织的发展壮大。

（四）经营管理人才缺口大，集体经济可持续性差

一是农村优质劳动力外流严重，难以吸引高素质人才。虽然目前农村各项基础设施，如交通、水电、网络、住房以及人居环境等，比过去都有了很大的改善，但是由于大多数新型农村集体经济组织缺乏产业支撑，村内无法为青壮年劳动力提供就业机会，农村大量优质劳动力资源纷纷到成都市、德阳市和绵阳市等地务工或创业。2010—2020 年，中江县流出了 24.1 万人。新型农村集体经济组织难以吸引高素质人才。据调研，新型农村集体经济组织发展得最好的觉慧村返乡就业人员占比达 6.55%。高坝村返乡就业仅有 17 人，占比仅为 1.51%，大多数发展条件更差的农村集体经济组织更难吸引到返乡就业人员（见表 3）。

表 3　实地调研村庄人口相关情况

村名	类别	65 岁及以上老人	从事农业生产活动	返乡就业人员	受过高中及以上教育	常住人口
觉慧村	人数/人	483	1 228	187	1 127	2 856
	比例/%	16.91	43.00	6.55	39.46	100

表3(续)

村名	类别	65 岁及以上老人	从事农业生产活动	返乡就业人员	受过高中及以上教育	常住人口
石狮村	人数/人	405	350	56	478	1 360
	比例/%	29.78	25.74	4.12	35.15	100
高坝村	人数/人	457	721	17	89	1 129
	比例/%	40.48	63.86	1.51	7.88	100
多宝村	人数/人	631	912	89	268	1 509
	比例/%	41.82	60.44	5.90	17.76	100

数据来源：笔者 2023 年 7 月底的实地问卷调查①。

二是党员队伍建设和村干部队伍建设较为落后。如表 4 所示，四个调研村党支部中 50 岁以下的青壮年党员占比较低，比例最高的觉慧村也只有 41.33%，比例最低的高坝村仅有 28.57%，可以"挑大梁"、起"顶梁柱"作用的党员较少。35 岁以下的青年党员比例更低，多宝村仅有 5 名青年党员，占比为 5.62%，后备干部资源非常匮乏。拥有大专及以上学历的党员总体上不多，除觉慧村外，普遍占比在 10% 左右。除觉慧村外，50 岁及以上的老党员占比均在 60% 以上，他们大部分是转业退伍军人，其中不乏光荣在党 50 年以上的老党员，年轻时为村集体做出了很多贡献，但目前由于年龄大、身体差、学习能力弱，对村集体经济发展推动作用有限。调研村庄普遍存在着党员年龄偏大、年轻党员少、党员参与度有待提高、党组织学习力度不够和党建政策支持不完善等问题，党员先锋模范作用发挥不明显。

---

① 有很大部分 65 岁及以上老人仍在从事农业生产活动。

表 4　实地调研村庄党建统计情况

村名	年龄段	35 岁及以下	35~50 岁	50 岁及以上	合计	其中：大专及以上学历
觉慧村	人数/人	19	12	44	75	29
	比例/%	25.33	16.00	58.67	100	38.67
石狮村	人数/人	10	13	41	64	6
	比例/%	15.63	20.31	64.06	100	9.38
高坝村	人数/人	7	11	45	63	8
	比例/%	11.11	17.46	71.43	100	12.70
多宝村	人数/人	5	23	61	89	9
	比例/%	5.62	25.84	68.54	100	10.11

数据来源：笔者 2023 年 7 月底的实地问卷调查。

　　三是村领导班子成员队伍建设较落后。目前，很多集体经济组织力量较薄弱，乡镇财务人员配备严重不足，并且很少有专职人员，兼职人员往往身兼数职，疲于应付各项工作。中江县新型农村集体经济组织的经营决策权和促进发展的职责都集中在村"两委"身上，目前村党支部书记一般同时兼任村委会主任以及村级集体经济组织的法定代表人，主要经理人则由副书记、副主任或其他村"两委"成员担任。如表 5 所示，在调研的村庄村干部中，超过 75% 的人受教育程度为高中及以下，大专学历人数占总调研人数的比例不足 25%，没有本科及以上学历的村干部。此外，调研对象的平均年龄达到了 53 岁，并且年龄处于 50 岁及以上的人数占到总调研人数的 87.5%，50 岁以下的人数仅占调研总人数的 12.5%。由此可以看出，中江县新型农村集体经济组织的村干部年龄普遍偏大、年龄结构不合理、知识结构老化、文化程度不高，不利于新形势下农村集体经济组织产业发展的需要。

表5　实地调研村庄集体经济组织情况

类别	村名	觉慧村	石狮村	高坝村	多宝村
法定代表人	年龄/岁	54	54	63	55
	学历	大专	高中	初中	中专
主要经理人	年龄/岁	37	52	52	55
	学历	大专	初中	高中	中专

数据来源：笔者2023年7月底的实地问卷调查。

（五）资产经营管理不规范，财务等制度不够完善

一是集体资源资产管理不规范。由于承担公共事务和公共财物管理职能，村中的大小事务基本都由村党组织书记、村委会主任或村财务人员经手，他们有时还需协助基层政府行使一定的公权力。个别村干部把集体"三资"当成个人"自留地"，从中牟取利益。个别村干部通过入股分红，利用职务便利，出具虚假材料帮助企业变更村集体土地性质，并入股参与企业利润分红，或者暗中包装，利用职务便利，将村集体资源包装在个人名下，套取专项资金。个别村干部优亲厚友，将村集体项目擅自发包给亲朋好友，收取"好处费"。个别村干部挥霍浪费或违规使用集体资金，有的村委会将工作人员吃喝费用列入村下属集体企业支付，为他人兑换承兑汇票、帮商业银行完成存款任务、滥发通信补贴等。还有极个别村干部违反中央八项规定精神，违规接受管理服务对象宴请、收受礼卡礼金等。

二是村级财务管理制度不完善。在财务管理方面，农村集体经济组织缺乏完善的制度和财务民主公开的监督管理原则，财务公开度和透明度有待提高，收支分配不按流程等现象比较普遍，居民的参与度也不高。我们实地调研发现，中江县农村集体经济组织和村委会的"三资"是由乡镇政府统一代管，村会计进行专项负责，但村会计既是村委会的记账员，又兼任集体组织的记账员，还兼任出纳，可能会出现记账不及时、错混账目和审批不规范的问题，缺乏内部监督。2022年，高坝村接受了4次财务审计，石狮村接受了

2 次财务审计，觉慧村和多宝村各接受了 1 次财务审计，审计项目均为村财务收支审计，没有村干部经济责任审计。审计人员是乡镇政府或县审计局派出的审计人员。

村级监督流于形式也不同程度地存在。村党支部纪检委员监督和村务监督委员会监督是村级财务监督的重要形式，本应在"村账镇管"中发挥积极作用，但在实践中却存在一些漏洞。例如，有的监督人员由村支书指派，不少监督人员与村干部同宗同族，有时碍于情面，对需要审核的票据没有认真把关。镇财经服务中心对村监督人员的监督结果往往照单全收、听之任之。这主要是由于村干部缺乏有效监督、村级财务管理混乱且监管不严、小微权力监管存在盲区。此外，少数村依旧私设账目，村干部坐收坐支、白条入账等现象还在一定程度上存在，导致农村账目查处困难不少。部分村干部趁财务管理混乱、监管不严之机，利用职务之便，伺机权力寻租。以涉农保险为例，对保费收取、保险理赔中的小微权力的监管目前还有死角。一些农户反映，2022 年 7~8 月的高温限电中损失的农作物根本没有收到保险理赔。农业补贴方面同样存在不透明问题，农户难以公平参与市场竞争，补贴资金不能落地，大大降低了资源配置效率。

四、促进中江县新型农村集体经济发展的对策建议

（一）因地制宜发展，拓展收入渠道

习近平总书记指出："要尊重农民意愿和维护农民权益，把选择权交给农民，由农民选择而不是代替农民选择，可以示范和引导，但不搞强迫命令、不刮风、不一刀切。"

一是传统农业村镇要围绕农业做文章。仓山片区等一些偏远地方和中江县大部分传统农业村镇应由农村集体经济组织牵头，规模化流转农民手中零散的土地，通过建立村集体所有的土地合作社的形式，以规模化生产实现收益最大化。黄鹿镇、永太镇和南华镇等农业较发达的村镇，应充分利用农业

基础优势，发展设施农业、生态农业、特色农产品种植，打造特色农产品品牌。传统农业村镇应利用集体"四荒"地、林地、果园、养殖水面等资源，开发现代农业项目，发展新型农村集体经济。

二是城市近郊或交通便利的村镇要围绕商贸服务业做文章。城市近郊或交通便利的村镇可以充分利用区位、交通等优势，通过资产租赁、合作经营、组建劳务公司等模式，发展壮大新型农村集体经济。这些村镇可以把集体"四荒"地、林地、果园、养殖水面、非农用地、宅基地、土地整理后新增的耕地等资源，以引入企业注资等途径，增加租金收入，促进集体经济发展。同时，这些村镇可以充分利用区位优势、资源优势和交通条件发展旅游观光，在这个过程中通过服务经营和资源开发为集体创收。这些村镇可以通过提供农业配套服务、建立劳务服务平台等，发展新型农村集体经济。

三是生态资源丰富的村镇要围绕生态环境做文章。中江县面积广大，除做好农业文章和商贸业服务业文章外，生态和环境优势比较突出的村镇应该深入贯彻落实"绿水青山就是金山银山"理念，因地制宜推进农旅融合，发展资源经济。中江县名优特产有手工挂面、中江白芍、中江丹参、中江柚、八宝油糕等，风景名胜有西南界洞峡群风景区、继光湖、中国芍药谷、中国挂面村、中江北塔、黄继光纪念馆等，旅游资源丰富。中江县应围绕红色旅游资源做文章，在风景秀丽的地方，以土地入股的方式，与外来投资企业一起开发风景旅游、休闲度假的特色休闲农业，通过打造休闲观光园区、森林人家、康养基地、乡村民宿等，发展生态农业、观光旅游、健康养老等产业，壮大新型农村集体经济。

（二）强化党建引领，转变群众观念

坚持党的领导是推动新型农村集体经济发展的重要政治保障。中江县必须发挥村级党组织的领导核心作用，强化村级党组织在群众中的引领力、组织力、号召力，团结带领广大农民谋求新发展、探索新机遇，脚踏实地、真抓实干。

一是中江县要加强村级党组织的政治理论学习，对增加集体经济收入和维护稳定等工作中表现优异的村党支部书记的典型事迹及时进行挖掘和宣传，在推荐党代表、人大代表、政协委员时，积极向上级相关部门争取名额，优先考虑工作突出的村党支部书记。

二是中江县要培育树立集体经济思想，转变群众保守观念。鉴于计划经济体制下农村集体经济的弊端，加之家庭联产承包责任制实施以来"分"的思想不断固化，农民集体意识淡薄，对新型农村集体经济认识不足。中江县需要通过增强村民集体意识和村民集体认同感，凝聚发展合力。中江县应采取群众能够接受和理解的方式宣传集体经济的相关政策和文件，并进行深入解读，以此来提高群众的知晓度和参与度，增强群众对发展集体经济的信心。此外，中江县应建立新型农村集体经济组织和社员科学合理的利益分配机制，平衡好集体福利与成员增收的关系，构建起个体与集体紧密的利益联结和共生机制。

（三）加大财税扶持力度，完善金融保障

中江县新型农村集体经济组织发展面临着提质增效资金不足的难题。中江县应持续加大财政支持力度，继续严格落实"四个优先"要求，设立专项扶持资金，探索建立培育孵化机制，落实好税收减免政策以降低新型农村集体经济经营成本。此外，中江县应运用市场调节手段，畅通融资渠道，搞好金融扶持；落实乡村振兴相关政策文件精神，推动涉农金融机构，如农村商业银行、农村合作银行、农村信用社等涉农金融产品和服务向集体经济薄弱村倾斜，积极为村集体经济发展提供贷款担保，提供专项信贷资金、利率优惠，根据集体经济的发展情况提供差异化的金融支持和金融产品创新；充分调动各种社会资源、主体为集体经济发展提供资金支持。

（四）优化引进机制，培养激励人才

全面推进乡村振兴，关键在乡村人才振兴。中江县要实施人才引进和培育协同发力的人才发展策略，多措并举优化农村人才队伍，强化集体经济发

展的智力支撑。

一是促进人才回流引进。中江县应畅通引进人才渠道，加强对专业人才的引进。组织部门要为农村选派懂经营、善管理，同时具备一定专业能力的"第一书记"或驻村干部、西部计划志愿者、大学生等青年人才，配套相应的人才激励和保障机制，确保既要"引得进"，也要"留得住"。中江县应主动对接四川省内外涉农高校，采取补助、奖励等方式，吸引高校毕业生投身农村集体经济建设。中江县应加大宣传力度，积极谋划产业发展，吸引更多村内能人返乡创业。返乡人才是发展壮大新型农村集体经济的生力军。中江县应坚持打好"乡情牌"，深挖在外人才"富矿"，畅通"回引"渠道，健全和完善在外优秀人才和返乡人才结对联系机制，积极用好人才政策杠杆。中江县要以现代特色产业为导向，打造特色产业项目，通过登门走访慰问、电话微信宣传返乡创业政策、帮助解决困难等方式织牢"乡愁"纽带，让在外务工的乡土人才实时了解家乡发展新型农村集体经济带来的新变化、知晓农村经济未来发展蓝图，制定激励机制积极吸引项目回迁、资金回流、技术回乡、智力回哺，助力乡村振兴。中江县要鼓励本村的致富能手、模范带头人带领村民一起发展，用他们的成功经验和管理方法为村庄发展贡献力量。

二是加强党员队伍建设，选拔培养后备村干部。调研发现，凡是集体经济发展好的村，都有一个坚强的村"两委"班子，有思路清、头脑活、能创新、敢作为的"领头雁"。在选任村"两委"班子成员上，中江县要打破行业、身份、地域限制，从优秀党员、致富带头人、返乡创业人员、退伍军人等群体中发现人才，大胆选用思想解放、事业心强、懂经营、会管理、有奉献精神的"能人"。同时，中江县要通过定向委培、院校合作、第三方培训等形式，加强青年人才培育，确保村级组织建设和集体经济发展始终有新鲜血液。中江县要积极创新党组织阵地建设，做到"产业发展到哪里，党组织就设到哪里"，让基层党组织真正成为引领农村各类经济主体健康发展的核心力量。

三是积极培育本地的乡土人才。农民特别是高素质农民，是新型农村集体经济发展的持久动力源泉。首先，中江县要加大带头人培训力度，开展新型农村集体经济组织带头人示范培训，在产业、实践、理论学习培训中促进其发展，提高其进行市场经营、获取信息以及应对风险的能力，最终带动小农户及乡村产业发展。其次，中江县要通过线下教育、远程教育、实践教育等形式，深入开展农业职业教育，坚持教育与产业融合发展相结合，培育具有较高学历层次的"新农人"。最后，中江县要兼顾小农户发展，全面提升小农户综合素质及其自身发展能力，以实现小农户与经营主体带头人之间"跟得上、带得动"的良性互动。

（五）健全"三资"监管机制，加强集体经济组织建设

中江县要规范组织运行、加强"三资"管理，在壮大农村集体经济发展实力的同时，增强广大农民群众的获得感、幸福感、安全感，落实各项制度，抓好"三资"管理工作。首先，中江县要健全并落实各项制度，制定村党支部、村委会和村股份合作社议事决策工作规范，理顺村党组织与合作社理事会的领导与被领导关系，理顺合作社理事会与公司经理层的委托代理关系，建立完善的奖惩激励机制，落实定期召开村党支部会、合作社理事会等制度。其次，中江县要建立严格的财务制度，做好各项财务收支"留痕"，开展集体资产清理核实、清产核资等工作，建立集体资产账，规范村集体、合作社、公司账务和利益分红，切实做到"家底清、权属明"，确保村集体经济良性可持续发展。最后，中江县要坚持政社分立、政经分离，建立健全股东大会、股东代表会、理事会和监事会"四会"治理架构，完善村集体经济合作社运营管理办法，严格规范重大决策、运营管理、利益分配等行为。

附件： 行政村基本情况调查表

_____镇（乡）_____村（社区） 填报时间： 年 月 日

村（社区）填报人：_____ 联系电话：_____

一、集体经济组织所在村庄情况

1. 地理位置及特征			
本村是否实施过合村并居		请简要说明合并情况（如几村合一/一村拆分/合村并镇等）	
村委会离乡镇距离/千米		摩托/开车需花费时间/小时	
村委会离县城距离/千米		摩托/开车需花费时间/小时	
离最近的高速路口距离/千米		摩托/开车需花费时间/小时	
地理特征：①山区；②丘陵；③平原；④其他（可多选）			
2. 资源情况			
管辖面积/平方千米		耕地面积/平方千米	
林地面积/平方千米		建设用地面积/平方千米	
农业生产用水是否匮乏			
主要矿产资源品种		其中储量/万吨	年开采量/万吨	年产值/万元
3. 人口情况			
户籍人口/人		常住人口/人	

表（续）

常住人口中 65 岁及以上人数／人			户均子女数／人	
外出务工人数／人			返乡就业人数／人	
人数排名前三的民族			人数排名前三的姓氏及占比	
高中及以上学历人数／人			改革开放以来大学生人数／人	

4. 公共服务与基础设施情况

村道及户道公路里程数／千米			
是否有公交车站点		若有，发车频率	
当前是否开办小学		若有，小学学位数／个	
是否曾经开办小学		小学关闭的年份	
是否设有公共卫生站点		其中，常在医护人员人数／人	
是否有文化活动中心或其他休闲娱乐场所	是否有垃圾处理厂		是否有污水处理厂

5. 居民生活情况

居民居住方式：①连片（或小区）集中为主；②独户分散居住为主；③其他			
居民自有住房主要类型：①土房；②砖房；③其他		户均面积／平方米	
居民人均年收入／万元		其中，农产品收入／万元	
务工收入／万元		其他收入／万元	
本村是否设有快递点			

表（续）

6. 农业生产经营情况			
1	本村从事农业相关生产经营的土地总规模/亩		
	a-1	其中，村级集体经济组织流转土地数量/亩	
	a-2	村级集体经济组织流转土地的主要用途为 ①主粮耕种；②特色经济作物种植；③发展养殖业； ④发展旅游业；⑤农产品加工、存储、运输；⑥其他	
	b	其中，租赁给其他经营主体的数量/亩	
2	本村耕种面积最多的粮食有哪些？耕种面积分别是多少亩？		
3	本村承包土地30亩及以上的规模户人数/人，平均规模为/亩		
4	村中是否有撂荒地，若有，撂荒地的面积/亩		
5	在村内的新型经营主体中		
	合作社/家	农业企业/家	家庭农场/家

二、新型农村集体经济组织资产管理情况

1	村集体资产总额/万元		生产性固定资产原值/万元	
2	经营性资产总额/万元		存款余额/万元	
3	对外投资余额/万元		现金余额/万元	
4	借出款余额/万元		待收款余额/万元	
5	其他资产加总/万元		村集体负债总额/万元	
6	集体资产经营方式：①厂房、商铺、办公楼等租赁；②投资入股；③集体组织经营；④其他（请注明）＿＿＿＿			
7	是否将集体资产量化成股份：①是；②否；③正在进行			
	股权量化的最早年份			
	若完成，是否设置集体股股权		若有，集体股股份所占比例/%	
	提留产业发展金占比			
8	本村哪些农地权利可以到银行抵押贷款：①农地承包经营权；②自家宅基地；③自家宅基地上的住房；④以上都不行；⑤其他			

表（续）

9	2022 年，本村新增集体债务/万元	
	其中，负债主要来源：①个人；②银行、信用社；③企业；④上级政府；⑤其他	
	主要借债原因：①垫付村各种赋税；②村大型工程；③村务开销；④村工作人员工资发放；⑤其他	
	是否因村大型工程而借债：①市政建设（包括社区办公场所建设）；②交通运输设施；③保障性住房；④农林水利建设；⑤当地特色产业；⑥其他（请注明）_____	
10	2022 年，共归还集体债务/万元	
	其中，主要资金来源：①村集体收入；②上级政府资助；③各类借款；④土地抵押；⑤其他（请注明）_____	
11	2022 年，村共接受审计次数/次	
	其中，接受审计类型：①村居干部经济责任审计；②村居财务收支审计；③其他（请注明）_____	
	接受审计机构类型：①乡镇政府自己的审计机构；②区审计局派出的审计人员；③社区/村自己委托的会计师事务所；④其他（请注明）_____	
12	是否成立股份经济合作联社	

三、新型农村集体经济组织收益分配情况

2022 年收入情况	金额/万元	开支情况	金额/万元
1. 经营收入		1. 经营性总支出	
2. 投资收入			
3-a. 补助收入		2. 行政管理费支出	
4-b. 补助资金来源			
5. 其他转入		3. 其他支出合计	
6-a. 分红总额			
6-b. 成员分红总额			
6-c. 集体分红总额			
总收入合计		总支出合计	

四、新型农村集体经济组织产业发展情况

1	请列举本村的主要（特色）产业，创办时间以及主要模式（按规模顺序）			
2	2022 年集体经济总产值/万元		其中，产业总产值/万元	
	土地总规模/亩		其中，流转土地/亩	
3	集体经济产业在本村吸纳就业人数（包括长期与临时就业）/人			
4	集体经济经营产品是否已经开展电商销售			

五、党建与新型农村集体经济组织发展

2023 年 6 月底，本村所辖居民中党员人数/人		35 周岁及以下的党员人数/人	
35~50 岁周岁的党员人数/人		大专及以上学历的党员人数/人	
村级集体经济组织管理人员中党员人数/人		集体经济组织的党员人数/人	
村级集体经济组织是否由村"两委"班子代行职能